DIE MAUER

DIE MAUER

FAKTEN • BILDER SCHICKSALE

Herausgegeben von
Kai Diekmann

Autoren:
Ulrich Mählert, Ralf Georg Reuth
Hans-Wilhelm Saure

Piper München Zürich

Mehr über unsere Autoren und Bücher:
www.piper.de

ISBN 978-3-492-05485-0
3. Auflage 2011

Redaktion: Dr. Ralf Georg Reuth, Hans-Wilhelm Saure
ArtDirection: Veronika Illmer
Gestaltung: Vivian G. Gödicke, Barbara Böttcher-Hillen
Fotoredaktion: Tanja Belli, Oliver Porst, Peter Müller (Zeitzeugenfotos)
Technische Koordination: Melanie Seidel
Umschlaggestaltung: www.buero-jorge-schmidt.de
Umschlagabbildung: Peter Leibing
Druck und Bindung: Mohn media · Mohndruck GmbH, Gütersloh
Printed in Germany

VORWORT

Mit Begeisterung erinnern wir uns an den 9. November 1989, an jene Sternstunde der deutschen Geschichte. Wir erinnern uns an die Bilder von den Menschen, die auf der Berliner Mauer tanzten und damit vor aller Welt manifestierten, dass das Monstrum gefallen ist. In diesem Augenblick wurde die Mauer zum Symbol der wiedererlangten Freiheit – zum Symbol ihrer eigenen Überwindung.

Hingegen droht die Erinnerung an die Mauer als Symbol für die Spaltung Deutschlands, Europas und der Welt in Vergessenheit zu geraten. Und damit verblasst auch das Bewusstsein für das, was die Mauer konkret bedeutete – nämlich Schmerz, Leid und Tod.

Mauer und innerdeutsche Grenze teilten nicht nur Berlin und Deutschland. Sie trennten Menschen. Der Tag des Mauerbaus, der 13. August 1961, war für viele ein Schock. Fassungslos standen sich die West-Berliner auf der einen und die Ost-Berliner auf der anderen Seite der Demarkationslinie gegenüber. Niemand konnte sich damals vorstellen, dass aus den Stacheldrahtsperren die am stärksten gesicherte Grenze der Welt werden sollte, eine Grenze mit Signalzäunen, Selbstschussanlagen und Schießbefehl. Und niemand erahnte damals, dass es bis zu ihrer Überwindung mehr als 28 lange Jahre dauern sollte.

Am 13. August 2011 jährt sich der Tag des Mauerbaus zum 50. Mal. Bücher über die Mauer gibt es viele. Unzählige Fotos sind ausgestellt, gedruckt und besprochen worden. Warum also ein weiteres Buch? Mit dem in Zusammenarbeit mit der Bundesstiftung Aufarbeitung der SED-Diktatur entstandenen Werk „Die Mauer – Fakten. Bilder. Schicksale" wollen wir etwas Nichtalltägliches versuchen. Wir wollen historische Information, einzigartige Fotografien und Zeitzeugenberichte verbinden, um auf diese Weise ein lebendiges Bild von Mauer und innerdeutscher Grenze zu zeichnen.

Das Buch nennt historische Hintergründe, erzählt aber auch menschliche Schicksale, wie das von Michael F. Als 4-jähriger Junge wurde er bei der Flucht von seinem Vater aus dem Fenster einer im vierten Stockwerk gelegenen Ost-Berliner Wohnung geworfen und landete im Sprungtuch der West-Berliner Feuerwehr. Eine andere Geschichte handelt von den beiden Brüdern Bethke, die in einer tollkühnen Aktion ihren dritten Bruder mit einem Ultraleichtflugzeug in die Freiheit holten. Erzählt wird aber auch vom menschlichen Leid, wie es Jürgen Litfin widerfuhr, dessen Bruder Günter durch den Humboldthafen in den freien Teil Berlins schwimmen wollte und von DDR-Grenzpolizisten erschossen wurde.

Mit dem Buch wollen wir einen Beitrag leisten, um die Erinnerung an das menschenverachtende Monstrum Mauer und damit die Erinnerung an die zweite Diktatur in Deutschland wachzuhalten. Denn nur wer um die Unfreiheit weiß, weiß auch um den Wert der Freiheit. Nur der Wissende wird erkennen, dass Freiheit keine Selbstverständlichkeit ist, sondern dass sie Tag für Tag von Neuem erarbeitet werden muss.

Kai Diekmann

INHALT

Noch herrscht Einvernehmen. Der britische Premierminister Winston Churchill, US-Präsident Harry S. Truman und der sowjetische Gewaltherrscher Josef Stalin auf der Potsdamer Konferenz Anfang August 1945

KAPITEL I

Der Weg zur Mauer

Der 13. August 1961 hat eine lange Vorgeschichte. Sie beginnt mit dem Sieg der Anti-Hitler-Koalition über das Dritte Reich und deren Überlegungen über die Zukunft Deutschlands. Auf der Potsdamer Konferenz im August 1945 haben sich die „Großen Drei", der britische Premier Winston Churchill, US-Präsident Harry S. Truman und der sowjetische Diktator Josef Stalin, schließlich darauf verständigt, das in Trümmern liegende Deutschland gemeinsam zu verwalten. Es wird hierzu in Besatzungszonen und seine Hauptstadt Berlin in Sektoren aufgeteilt. Amerikaner, Briten und Sowjets – später kommen noch die Franzosen dazu – sollen ihre Territorien jeweils in eigener Verantwortung administrieren.

Durch ganz Deutschland verläuft eine Weltanschauungsgrenze

Über Deutschland als Ganzes betreffende Fragen wollen sie fortan in einem Kontrollrat in Berlin entscheiden und dabei nach gleichen Grundsätzen vorgehen. Doch die Hoffnung auf eine einvernehmliche Verwaltung Deutschlands erweist sich schnell als trügerisch – zu groß sind die Unterschiede, was die Vorstellungen von einer künftigen politischen Ordnung anlangt. Die Sowjets machen sich konsequent an die gesellschaftliche Umgestaltung ihres Einflussbereichs in Richtung sozialistischer Einparteien-Herrschaft. Die westlichen Siegermächte beginnen in ihren Zonen und Sektoren damit, ein demokratisches System aufzubauen. Die Grenze zwischen den Westzonen und der Ostzone wird so zu einer Weltanschauungsgrenze.

Winston Churchill, einst Bewunderer Stalins, erklärt im Verlauf einer Rede im US-amerikanischen Fulton am 5. März 1946: „Von Stettin an der Ostsee bis nach Triest am Adriatischen Meer ist längs durch den Kontinent ein Eiserner Vorhang gefallen: Hinter dieser Linie liegen die Hauptstädte der alten, geschichtlichen Staaten Mittel- und Osteuropas: Warschau, Berlin, Prag, Wien, Budapest, Belgrad, Bukarest und Sofia. Und die Völker um sie herum leben in dem, was ich die sowjetische Sphäre nennen muss. Sie alle unterliegen in der einen oder anderen Form nicht nur sowjetischem Einfluss, sondern zu einem sehr hohen und in vielen Fällen steigenden Maße auch der Kontrolle Moskaus." Besonders in der Vier-Sektoren-Stadt Berlin tobt bald der Kampf der Weltanschauungen. Dabei kommt es zu harten Konflikten. Von Frühjahr 1946 an eskalieren diese – sowohl offen in Form von Propagandaschlachten als auch verdeckt in Geheimdienstoperationen. Aus den einvernehmlichen Partnern der Anti-Hitler-Koalition sind innerhalb nur weniger Monate erbitterte Gegner geworden, die einen Kalten Krieg gegeneinander führen.

Im Oktober 1946 finden in ganz Berlin freie Wahlen statt. Die Partei der Sowjets, die aus der Zwangsvereinigung der SPD mit der KPD hervorgegangene Sozialistische Einheitspartei Deutschlands (SED), erreicht gerade ein Fünftel der Stimmen. Sieger der Wahl (es ist die erste seit 1932 und letzte bis 1990) sind die demokratischen Parteien SPD und CDU. Doch die Sowjets verweigern dem gewählten sozialdemokratischen Oberbürgermeister Ernst Reuter die Bestätigung. Im Juni 1948 erreicht der Kalte Krieg in Berlin seinen dramatischen Höhepunkt. Als in den Westzonen die D-Mark eingeführt wird und wenig später auch in Berlin, antwortet Stalin mit einer totalen Blockade der Land- und Wasserwege in den freien Teil der Stadt. Doch nicht nur das: Die Sowjets kappen auch die Stromversorgung und die Nahrungsmittellieferungen. Ihr Ziel ist es, den Selbstbehauptungswillen der West-Berliner zu brechen und die Teilstadt in ihren Machtbereich zu integrieren.

Zonen und Sektoren. Die in Potsdam unter den Siegermächten des Zweiten Weltkriegs vereinbarte Aufteilung Deutschlands und dessen abgetretene Gebiete

Versorgung über eine Luftbrücke. Kinder beobachten einen amerikanischen „Rosinenbomber" bei der Landung auf dem Flughafen Tempelhof. Elf Monate dauert die größte Lufttransportoperation der Weltgeschichte

Geteilte Stadt. West-Berlin ist von der Versorgung auf dem Landweg abgeschnitten. Um Schmuggel zu unterbinden, kontrollieren Ost-Berliner Polizisten die Sektorengrenze scharf

Doch die West-Alliierten weichen nicht. Der amerikanische Militärgouverneur Lucius D. Clay greift die Planungen des britischen Air Commodore Rex Waite auf und setzt durch, dass die Westsektoren Berlins fortan aus der Luft versorgt werden. Insgesamt werden in den folgenden elf Monaten über die Luftkorridore 2,34 Millionen Tonnen Fracht nach West-Berlin gebracht. Im Mai 1949 sieht sich die Sowjetunion schließlich gezwungen, die Verkehrswege über Land wieder freizugeben. Dazu beigetragen hat nicht nur die größte Lufttransportoperation der Geschichte, in deren Verlauf aus amerikanischen, britischen und französischen Besatzern Schutzmächte wurden, sondern auch der damit einhergehende Wille der West-Berliner, ihre Teilstadt als Hort der Freiheit zu behaupten. Ein eindrucksvolles Zeugnis dieses Selbstbehauptungswillens ist die Rede Ernst Reuters vor der Ruine des Reichstagsgebäudes. Vor Hunderttausenden appelliert der Sozialdemokrat am 9. September 1948 an die freie Welt: „Heute ist der Tag, wo das Volk von Berlin seine Stimme erhebt. Dieses Volk von Berlin ruft heute die ganze Welt. (...) Ihr Völker der Welt, ihr Völker in Amerika, in England, in Frankreich, in Italien! Schaut auf diese Stadt und erkennt, dass ihr diese Stadt und dieses Volk nicht preisgeben dürft, nicht preisgeben könnt." Drei Tage vor der denkwürdigen Reuter-Rede haben kommunistische Provokateure den Tagungsort des Gesamtberliner Parlaments gestürmt, woraufhin dessen Präsident Otto Suhr die Sitzungen vom sowjetischen in den britischen Sektor verlegt. Ende November, als eine von der SED einberufene außerordentliche Stadtverordnetenversammlung den frei gewählten Berliner Magistrat für abgesetzt erklärt und eine eigene Stadtregierung für den Ostsektor bildet, ist die politische Spaltung endgültig vollzogen.

Hilflose Wut. Demonstranten schleudern am 17. Juni 1953 Steine auf sowjetische Panzer. Die Rote Armee walzt den Volksaufstand gegen das SED-Regime in der ganzen DDR rücksichtslos nieder

Auch im übrigen Deutschland lässt eine solche Entwicklung nicht mehr lange auf sich warten. Mit dem Grundgesetz wird im Mai 1949 eine Demokratie nach westlichem Muster aus der Taufe gehoben. Die Antwort erfolgt im Oktober desselben Jahres: Auf dem Gebiet der sowjetischen Besatzungszone wird die „Deutsche Demokratische Republik“ ausgerufen. Während sich in der Bundesrepublik die Lebensbedingungen stetig verbessern, propagieren Moskaus Ost-Berliner Statthalter die Vorzüge der Planwirtschaft. Die Versorgungslage gestaltet sich schwierig. Als im Juni 1953 eine Steigerung der Arbeitsnormen um zehn Prozent angekündigt wird, formieren sich die Ost-Berliner Bauarbeiter der Stalinallee zu einem Demonstrationszug. Am 17. Juni weitet sich der Protest auf die ganze DDR aus. Gefordert werden nunmehr auch freie Wahlen. Die SED-Herrschaft steht vor dem Zusammenbruch. Doch sowjetische Panzer walzen den Volksaufstand mit brutaler Gewalt nieder und retten damit ihre Marionetten-Regierung. Mindestens 55 Menschen kommen dabei ums Leben, Tausende werden inhaftiert.

Der Volksaufstand ist ein Schock für die SED, die nun ihren Repressionsapparat weiter ausbaut. 1958 scheint die Krise überwunden, die Staatspartei gibt sich selbstbewusst. Sie

Platte Parolen. Mit leeren Versprechungen versucht die SED, die Menschen in der DDR für ihre Ziele zu gewinnen. Doch die tägliche Erfahrung widerlegt alle hochtrabenden Ankündigungen

will jetzt den „Aufbau des Sozialismus" wieder beschleunigen. Neben der ideologischen Kampagne, zu der die Drangsalierung der Christen gehört, stehen ganz konkrete Maßnahmen: die Kollektivierung der Landwirtschaft und die Zerschlagung des privaten Handels und des Handwerks. Doch all dies bringt den „Arbeiter- und Bauernstaat" nicht voran. Stattdessen stagniert die Landwirtschaft, sodass am Anfang des neuen Jahrzehnts Versorgungsengpässe stehen.

Der „Aufbau des Sozialismus" führt zum Exodus aus der DDR

Die DDR-Mangelwirtschaft und die ideologische Gängelung des Einzelnen führen in den 50er-Jahren zu einem regelrechten Exodus aus der DDR. Abgesehen von 1959 verlassen jährlich 150 000 oder noch mehr zumeist jüngere Leute die DDR. Der SED-Chef Walter Ulbricht klagt gegenüber dem sowjetischen Generalsekretär Nikita Chruschtschow: „Der konjunkturelle Aufschwung in Westdeutschland, für jeden Einwohner der DDR sichtbar, ist der Hauptgrund dafür, dass im Verlaufe von zehn Jahren rund zwei Millionen Menschen unsere Republik verlassen haben. ... Westdeutschland erhöhte die Löhne 1960 um ca. neun Prozent und verkürzte die Arbeitszeit, sodass bereits in einem Teil der Betriebe die Fünftagewoche besteht. ... Bei uns sind solche Lohnerhöhungen und Arbeitszeitverkürzungen nicht im Plan enthalten."

Seit die SED-Staatsführung im Mai 1952 als Antwort auf die Unterzeichnung des Deutschlandvertrages durch die Bundesrepublik, der damit wieder ein Stück Souveränität zugebilligt worden ist, die 1381 Kilometer lange Zonengrenze hat sperren lassen, setzen sich die Menschen aus der DDR zunehmend über den freien Teil Berlins ab. Wer das dortige Notaufnahmelager Marienfelde durchlaufen hat, das heißt, wer als Flüchtling anerkannt worden ist, erhält eine Wohnung in West-Berlin zugewiesen oder wird wie die meisten in die Bundesrepublik ausgeflogen. Die Westsektoren sind damit zu einem Stachel im Fleisch des „Arbeiter- und Bauernstaates" geworden. Schon 1958 schickt sich die Sowjetunion an, den Stachel zu ziehen. Am 27. November fordert Chruschtschow ultimativ die Entmilitarisierung West-Berlins und dessen Umwandlung in eine „Freie Stadt". Das Ziel Moskaus sei „die Wiedervereinigung des westlichen Teils Berlins ... mit dem östlichen Teil, wodurch Berlin zu einer vereinigten Stadt im Bestande des Staates würde, auf dessen Gebiet sie sich befin-

Anlaufadresse in der Freiheit. Menschenschlangen vor dem West-Berliner Notaufnahmelager Marienfelde. Hier beginnt für die Flüchtlinge aus der DDR das neue Leben in der Freiheit

Verunsicherte Blicke. Weil viele jüngere Menschen in der DDR für sich und ihre Kinder die besseren Lebensperspektiven im Westen sehen, verlassen sie die Heimat

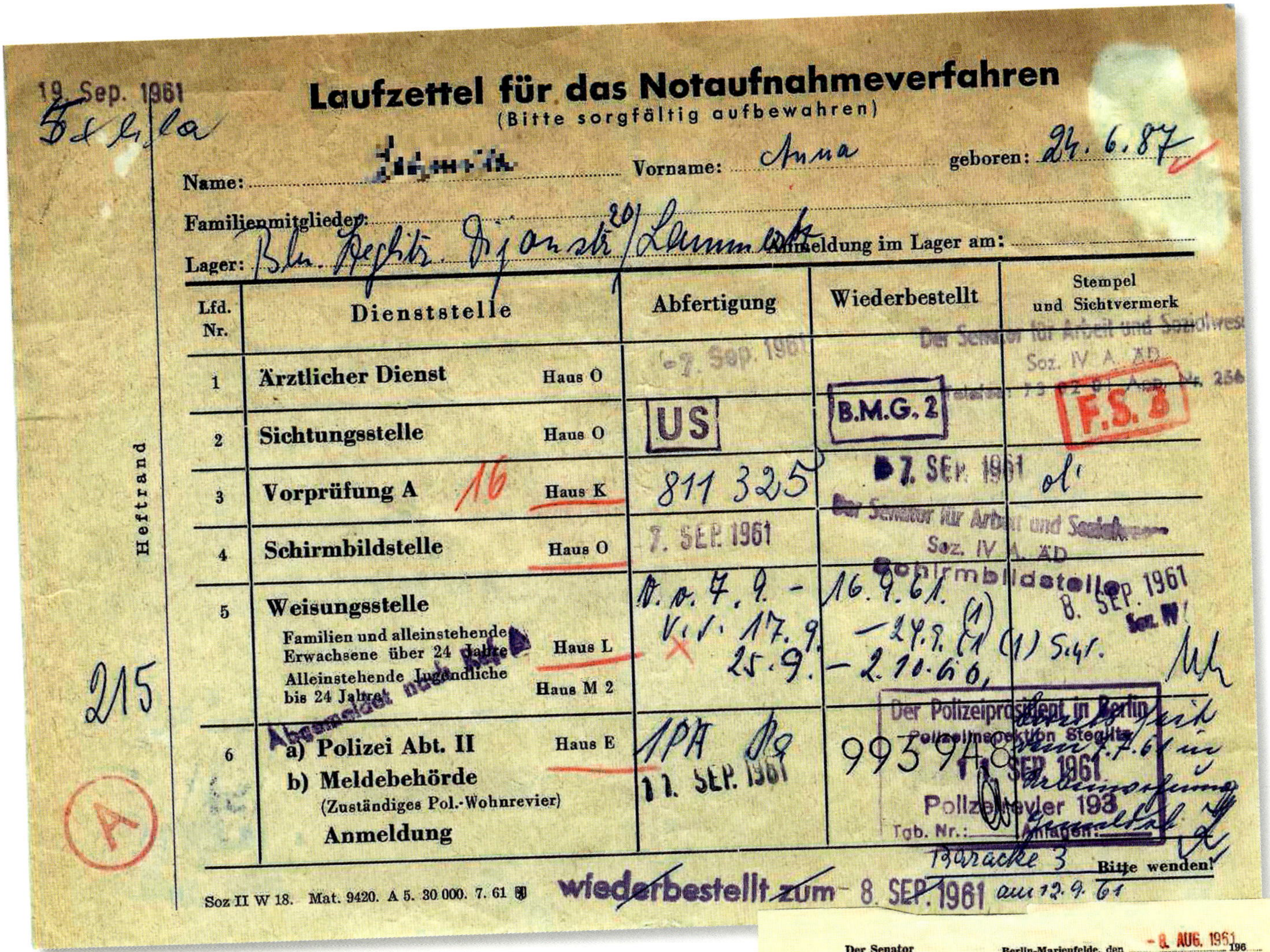

19. Sep. 1961

Laufzettel für das Notaufnahmeverfahren
(Bitte sorgfältig aufbewahren)

Name: Vorname: Anna geboren: 24. 6. 87

Familienmitglieder:

Lager: Anmeldung im Lager am:

Lfd. Nr.	Dienststelle		Abfertigung	Wiederbestellt	Stempel und Sichtvermerk
1	Ärztlicher Dienst	Haus O	7. Sep. 1961		
2	Sichtungsstelle	Haus O	US	B.M.G. 2	F.S. 8
3	Vorprüfung A	Haus K	811 325	7. SEP. 1961	
4	Schirmbildstelle	Haus O	7. SEP. 1961		
5	Weisungsstelle Familien und alleinstehende Erwachsene über 24 Jahre Alleinstehende Jugendliche bis 24 Jahre	Haus L Haus M 2			8. SEP. 1961
6	a) Polizei Abt. II b) Meldebehörde (Zuständiges Pol.-Wohnrevier) Anmeldung	Haus E	11. SEP. 1961	995 948	Der Polizeipräsident in Berlin Polizeiinspektion Steglitz Polizeirevier 193

Heftrand

Soz II W 18. Mat. 9420. A 5. 30 000. 7. 61

wiederbestellt zum 8. SEP. 1961

Bitte wenden!

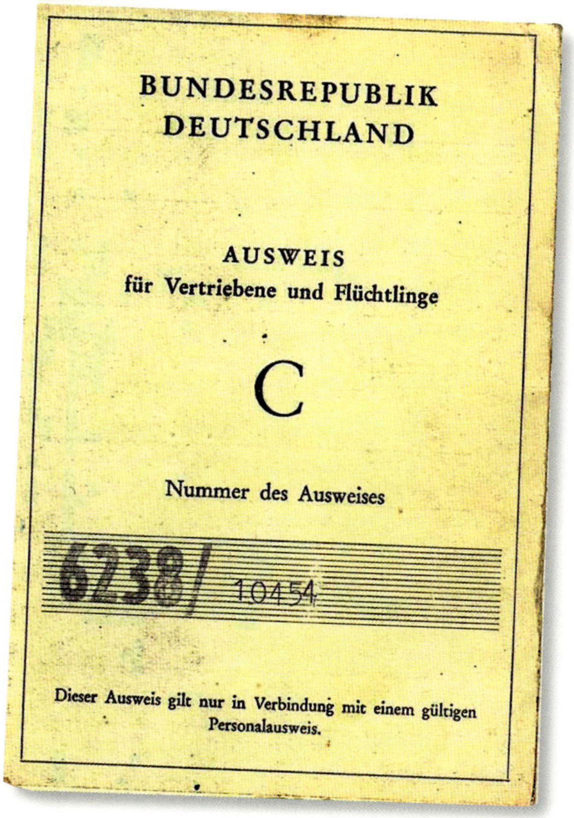

BUNDESREPUBLIK DEUTSCHLAND

AUSWEIS
für Vertriebene und Flüchtlinge

C

Nummer des Ausweises

6238/ 10454

Dieser Ausweis gilt nur in Verbindung mit einem gültigen Personalausweis.

Bürokratie in der Freiheit. Im Notaufnahmelager Marienfelde erhalten die Flüchtlinge einen Gesundheitspass (rechts) und einen Laufzettel (oben). Sie müssen ein bürokratisches Verfahren mit zwölf Stationen durchlaufen, die auf dem Laufzettel abgestempelt werden. Nach erfolgreichem Abschluss werden die Flüchtlinge in das Bundesgebiet ausgeflogen. Dort erhalten politisch Verfolgte einen Flüchtlingsausweis (links)

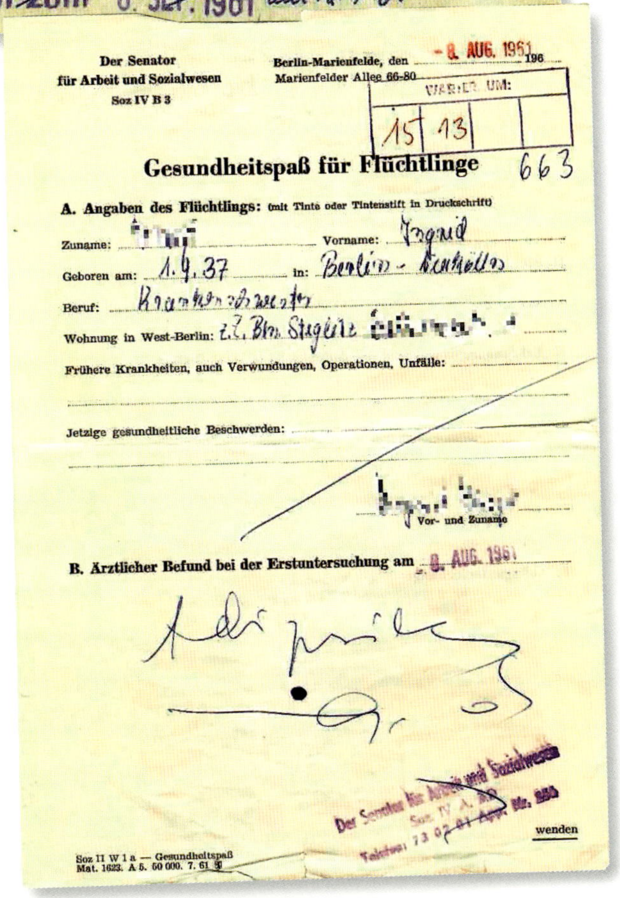

Der Senator für Arbeit und Sozialwesen
Soz IV B 3

Berlin-Marienfelde, den 8. AUG. 1961
Marienfelder Allee 66-80

Gesundheitspaß für Flüchtlinge

A. Angaben des Flüchtlings: (mit Tinte oder Tintenstift in Druckschrift)

Zuname: Vorname: Ingrid

Geboren am: 1. 4. 37 in: Berlin - Neukölln

Beruf:

Wohnung in West-Berlin:

Frühere Krankheiten, auch Verwundungen, Operationen, Unfälle:

Jetzige gesundheitliche Beschwerden:

Vor- und Zuname

B. Ärztlicher Befund bei der Erstuntersuchung am 8. AUG. 1961

Soz II W 1 a — Gesundheitspaß
Mat. 1623. A 5. 60 000. 7. 61

wenden

Zurückgekehrt. Am ehemaligen Arbeitsplatz kehrt die Erinnerung wieder

Vor dem Lager stand immer eine endlose Menschenschlange

„Vorzimmer des Westens" oder „Tor zur Freiheit" – so nennen die Menschen Ende der 50er-Jahre das Notaufnahmelager in Berlin-Marienfelde. Als 22-Jährige nimmt Ursula Hagemann im Februar 1958 hier ihren Dienst als Krankenschwester auf. „Wir arbeiteten in drei Schichten rund um die Uhr. Die Flüchtlinge kamen den ganzen Tag. Nur wenn nachts die S-Bahn für ein paar Stunden nicht fuhr, war es etwas ruhiger." Jeder DDR-Bürger, der in Marienfelde aufgenommen wird, muss sich einem Gesundheits-Check unterziehen. 13 Ärzte arbeiten in dem Lager.

Ursula Hagemann: „Das Wichtigste war, dass die Leute keine ansteckenden Krankheiten wie Tbc hatten. Wir Krankenschwestern untersuchten sie außerdem nach Filzläusen und Flöhen." Der Flüchtlingsansturm ist in den Monaten vor dem Mauerbau so groß, dass die Menschen in Zelten und alten Fabrikhallen untergebracht werden. „Wenn ich aus dem Fenster guckte, sah ich fast immer eine endlose Menschenschlange, die vor dem Lager anstand", erinnert sich Ursula Hagemann heute. Alle Flüchtlinge, die in diesen Tagen nach West-Berlin kommen, müssen das Notaufnahmeverfahren durchlaufen. Erst dann gibt es einen Ausweis der Bundesrepublik. „Manchmal standen Kinder vor uns, die zu ihrem Vater in den Westen wollten. Viele waren tieftraurig und hatten Angst. Wir haben versucht, sie ein bisschen zu trösten. Aber leider blieb uns bei dem Ansturm kaum Zeit dafür", erzählt die inzwischen pensionierte Krankenschwester. Nachts weinen in Marienfelde nicht nur Kinder, auch Erwachsene brauchen Zuspruch. „Die Leute gaben ihr altes Leben komplett auf, flüchteten nur mit ein paar Habseligkeiten in die Freiheit. Da habe ich oft am Bett gesessen und versucht, ein bisschen Mut zuzusprechen."

Zuspruch für die Flüchtlinge. Ursula Hagemann beginnt 1958 ihren Dienst als Krankenschwester im Notaufnahmelager

Marienfelde wird zu einem politischen Ort. Westliche Politiker erscheinen medienwirksam zu Besuchen. Die Stasi spioniert Lager und Mitarbeiter aus. Geheimdienste der West-Alliierten befragen die Ankömmlinge. Und Ursula Hagemann untersucht jeden Tag über 100 Flüchtlinge. Nur in die DDR darf sie aus Sicherheitsgründen nicht fahren. „Es war trotz allem eine schöne Zeit. Ich habe die Arbeit gerne gemacht", resümiert die alte Dame. „Und wenige Wochen vor dem Mauerbau brachten wir sogar unverhofft ein Mädchen auf die Welt. Das ist eine meiner schönsten Erinnerungen."

det". Geschehe dies nicht, so droht der Kreml, würden der DDR binnen Jahresfrist im Rahmen eines Friedensvertrages die vollen Souveränitätsrechte übertragen werden. Dies bedeutet nichts anderes, als dass Ulbricht in die Lage versetzt werden würde, nunmehr seinerseits legal die Zufahrtswege nach West-Berlin zu Land, zu Luft und zu Wasser zu kontrollieren und damit das Schlupfloch in die Freiheit zu schließen.

Unterschätzt. US-Präsident John F. Kennedy (links) ist entschlossen, für die Freiheit Berlins alles zu riskieren. Auf dem Wiener Gipfeltreffen im Juni 1961 nötigt er Nikita Chruschtschow Respekt ab

Chruschtschows Ultimatum markiert den Beginn der zweiten Berlin-Krise nach der ersten, der Blockade 1948/49. Da die Truppen in den Westsektoren in die Schutzgarantie der Nato mit einbezogen sind, zöge die Übertragung der Souveränitätsrechte durch die Sowjetunion an die DDR das Risiko eines militärischen Konflikts nach sich. Chruschtschow setzte bei seiner Drohpolitik darauf, dass der Westen am Ende Berlin aufgeben werde. Doch er irrt sich. Als er im Juni 1961 beim Wiener Gipfel mit dem amerikanischen Präsidenten John F. Kennedy zusammentrifft, sein Ultimatum erneuert, indem er für den kommenden Dezember einen Friedensvertrag mit der DDR ankündigt und erklärt, dass er vor einer direkten militärischen Konfrontation mit dem Westen nicht zurückschrecken werde, erwidert der Präsident: „Ja, wie es scheint, wird es einen kalten Winter geben in diesem Jahr."

Der Plan des sowjetischen Generalsekretärs, den jungen Amerikaner einzuschüchtern, ist damit fehlgeschlagen. Kennedy zeigt sich entschlossen, die Freiheit Berlins notfalls mit militärischer Gewalt zu verteidigen. Die Welt steht damit letztendlich am Rande eines Atomkriegs. Doch der kalte Realismus Chruschtschows bewahrt sie davor, denn er weiß, dass es angesichts des nuklearen Patts keinen Sieger mehr geben wird. Der sowjetische Generalsekretär öffnet sich deshalb für eine andere Möglichkeit, das Schlupfloch Berlin zu schließen – der Abriegelung der westlichen Teilstadt, wie sie Ulbricht als Alternative zum Friedensvertrag gegenüber Moskau längst fordert.

Er will heim.
Der DDR-Grenzsoldat sieht sich verängstigt um, ehe er dem Kleinen über den Stacheldraht hilft

KAPITEL II

Der 13. August 1961

Es geschieht in der Nacht von Samstag auf Sonntag, den 13. August 1961. Am Brandenburger Tor, das sonst hell erleuchtet ist, gehen um 1.05 Uhr die Lichter aus. Im Dunkel der lauen Sommernacht sind schemenhaft Schützenpanzer zu erkennen und Uniformierte, die eine Postenkette bilden. Nicht nur hier an dem Wahrzeichen der deutschen Teilung, sondern überall rund um die drei Westsektoren Berlins marschieren in diesen Minuten bewaffnete Kräfte des „Arbeiter- und Bauernstaates" auf. Mehr als 10 000 Mann sind in dieser Nacht im Einsatz – Angehörige der DDR-Grenztruppen, der Betriebskampfgruppen und diverser Bauarbeiterbrigaden, bespitzelt und überwacht von den Kräften des Innenministeriums und des Staatssicherheitsdienstes. Abgesichert wird die Operation durch mehr als 7000 Soldaten und mehrere Hundert Panzer der Nationalen Volksarmee. Eine dritte Sicherungsstaffel bilden die rund um Berlin stationierten sowjetischen Streitkräfte.

Die sowjetischen Streitkräfte sicherten den Mauerbau ab

Der Westen ist ahnungslos. Einzelne Gerüchte haben zwar den Bundesnachrichtendienst aufhorchen lassen. Jedoch können sich Politiker in Bonn und West-Berlin nicht vorstellen, dass der Osten die Sperrung der innerstädtischen Sektorengrenze wagt. Dabei gab es doch konkrete Hinweise wie die Freud'sche Fehlleistung des DDR-Staats- und Parteichefs Walter Ulbricht, der im Verlaufe, einer Pressekonferenz am 15. Juni 1961 ungefragt von einer Mauer spricht. Auf den Einwand der Korrespondentin der „Frankfurter Rundschau", ob die Schaffung einer „Freien Stadt" West-Berlin bedeuten würde, dass die Staatsgrenze der DDR am Brandenburger Tor errichtet werden würde, antwortet Ulbricht überaus verräterisch: „Ich verstehe Ihre Frage so, dass es in Westdeutschland Menschen gibt, die wünschen, dass wir die Bauarbeiter der Hauptstadt mobilisieren, um eine Mauer aufzurichten ... Niemand hat die Absicht, eine Mauer zu errichten." Tatsächlich steht aber das Thema Abriegelung West-Berlins zwischen der Ost-Berliner Führung und der in Moskau auf der Tagesordnung, denn der Exodus aus der DDR gefährdet den Staat in seiner Substanz. Und je mehr sich für die kommunistischen Machthaber die Vorstellung als unrealistisch erweist, mit einem Abkommen West-Berlin in eine „Freie Stadt" umzufunktionieren, desto mehr drängt Ost-Berlin gegenüber der sowjetischen Vormacht auf die Abriegelung.

Doch die Sowjets zögern noch, würde doch ein solcher Schritt die kommunistische Propaganda von der „friedliebenden Sowjetunion" konterkarieren. Ende Juni/Anfang Juli 1961 erklärt Ulbricht auf seiner Datsche am Döllnsee bei Berlin gegenüber dem Sowjetbotschafter Michail Perwuchin, die Lage in der DDR verschlechtere sich zusehends. Der wachsende Flüchtlingsstrom bringe das ganze Leben in der Republik durcheinander. Schließlich bittet Ulbricht, dem sowjetischen Generalsekretär Nikita Chruschtschow zu übermitteln, „wenn die gegenwärtige Situation der offenen Grenze weiter bestehen bleibe, sei der Zusammenbruch unvermeidlich. Als Kommunist warne er davor und lehne alle Verantwortung dafür ab, was weiter geschehe".

Bedrohlich. Schützenpanzer der Nationalen Volksarmee riegeln das Brandenburger Tor ab. Ob der alte Mann passieren darf?

Aufmarschiert. Vier Angehörige der „Kampfgruppe der Arbeiterklasse“ – einer Miliz der SED – stehen mit dem Gewehr in der Hand vor der westlichen Seite des Brandenburger Tores. Ein Fotograf der DDR-Nachrichtenagentur ADN nimmt das Propaganda-Bild am 13. August 1961 auf. Es ist das wohl am häufigsten in der DDR zum Mauerbau gedruckte Foto. Die vier Männer sind namentlich bekannt: Paul Stiawa, Joachim Behrens, Roland Höfer und Werner Fromm. Paul Stiawa arbeitet im DDR-Außenhandel und verpflichtet sich als Inoffizieller Mitarbeiter der Stasi. Im August 1962 verrät er einen Kollegen, der die Schüsse auf Flüchtlinge als „Verbrechen“ bezeichnet. Zum 20 Jahrestag werden die „DDR-Helden“ noch einmal am Brandenburger Tor abgelichtet. Zur 750-Jahrfeier Berlins – im Jahr 1987 – fährt man sie auf einem Wagen mit Nachbau des Tores beim Festumzug durch den Ostteil der Stadt

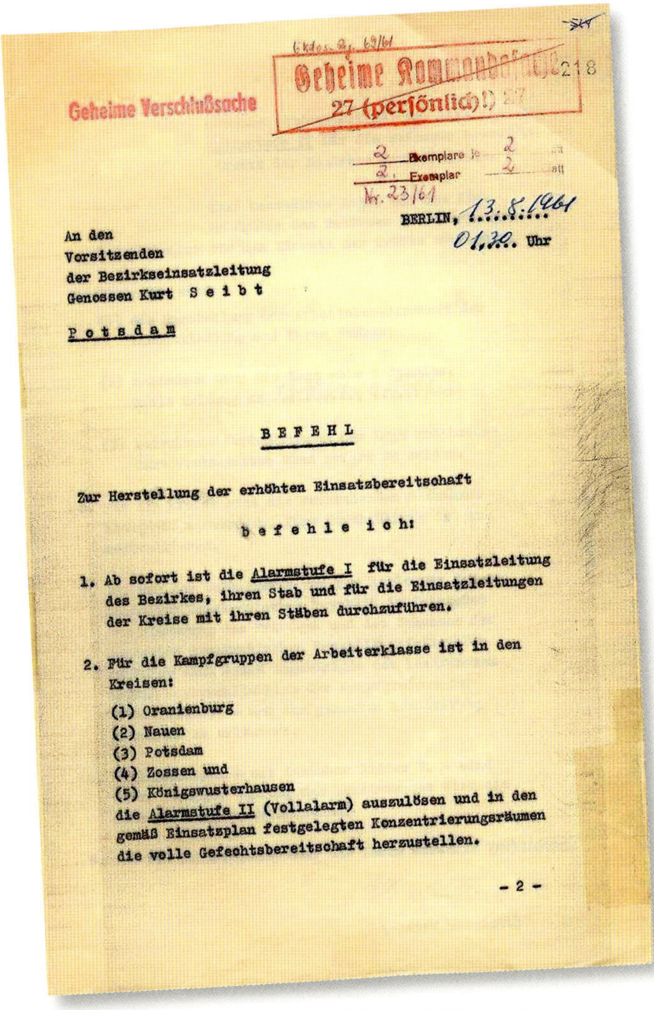

Geheime Verschlußsache

Geheime Kommandosache 27 (persönlich!) 27 218

2 Exemplare je 2
2. Exemplar 2
Nr. 23/61

BERLIN, 13.8.1961
01.30 Uhr

An den
Vorsitzenden
der Bezirkseinsatzleitung
Genossen Kurt S e i b t

P o t s d a m

B E F E H L

Zur Herstellung der erhöhten Einsatzbereitschaft

b e f e h l e i c h:

1. Ab sofort ist die Alarmstufe I für die Einsatzleitung des Bezirkes, ihren Stab und für die Einsatzleitungen der Kreise mit ihren Stäben durchzuführen.

2. Für die Kampfgruppen der Arbeiterklasse ist in den Kreisen:

(1) Oranienburg
(2) Nauen
(3) Potsdam
(4) Zossen und
(5) Königswusterhausen

die Alarmstufe II (Vollalarm) auszulösen und in den gemäß Einsatzplan festgelegten Konzentrierungsräumen die volle Gefechtsbereitschaft herzustellen.

\- 2 -

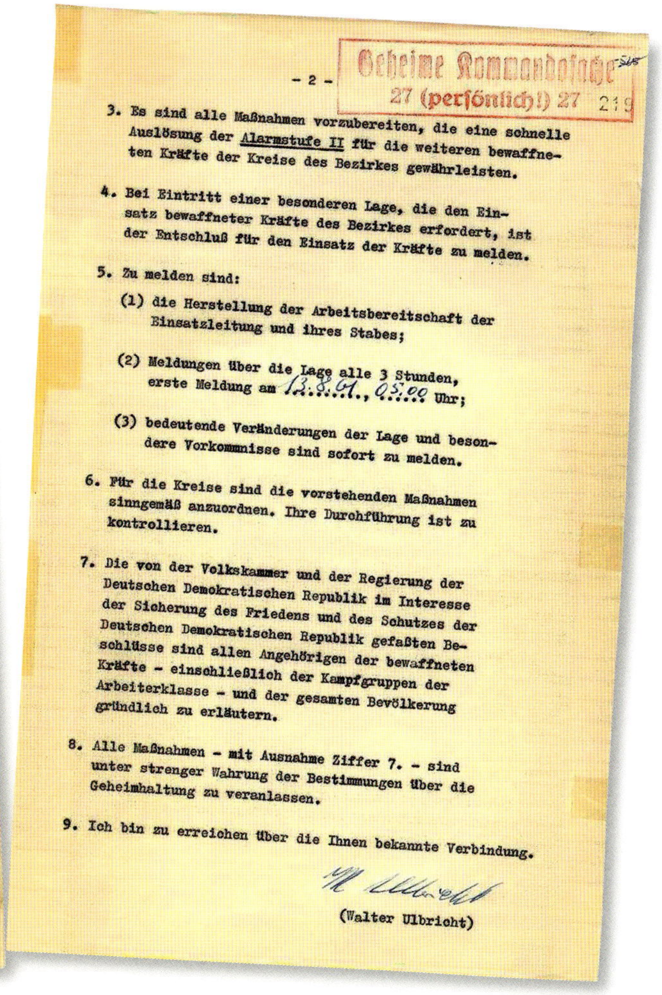

\- 2 -

Geheime Kommandosache 27 (persönlich!) 27 219

3. Es sind alle Maßnahmen vorzubereiten, die eine schnelle Auslösung der Alarmstufe II für die weiteren bewaffneten Kräfte der Kreise des Bezirkes gewährleisten.

4. Bei Eintritt einer besonderen Lage, die den Einsatz bewaffneter Kräfte des Bezirkes erfordert, ist der Entschluß für den Einsatz der Kräfte zu melden.

5. Zu melden sind:

(1) die Herstellung der Arbeitsbereitschaft der Einsatzleitung und ihres Stabes;

(2) Meldungen über die Lage alle 3 Stunden, erste Meldung am 13.8.61, 05.00 Uhr;

(3) bedeutende Veränderungen der Lage und besondere Vorkommnisse sind sofort zu melden.

6. Für die Kreise sind die vorstehenden Maßnahmen sinngemäß anzuordnen. Ihre Durchführung ist zu kontrollieren.

7. Die von der Volkskammer und der Regierung der Deutschen Demokratischen Republik im Interesse der Sicherung des Friedens und des Schutzes der Deutschen Demokratischen Republik gefaßten Beschlüsse sind allen Angehörigen der bewaffneten Kräfte - einschließlich der Kampfgruppen der Arbeiterklasse - und der gesamten Bevölkerung gründlich zu erläutern.

8. Alle Maßnahmen - mit Ausnahme Ziffer 7. - sind unter strenger Wahrung der Bestimmungen über die Geheimhaltung zu veranlassen.

9. Ich bin zu erreichen über die Ihnen bekannte Verbindung.

W. Ulbricht

(Walter Ulbricht)

Chef und Untergebener. Nikita Chruschtschow (vorne) und Walter Ulbricht. Ersterer trifft die Entscheidungen. Mit dem „Befehl zur Herstellung der erhöhten Einsatzbereitschaft" beginnt die Absperrung West-Berlins

Kurz darauf gelangen auch Chruschtschow und seine Deutschlandexperten zu der Überzeugung, dass es tatsächlich um die Existenz der DDR gehen würde. So erhält Ulbricht über Perwuchin Anfang Juli die Anordnung Chruschtschows zum Bau der Berliner Mauer. Gegenüber dem Botschafter der Bundesrepublik in Moskau, Hans Kroll, meint der Generalsekretär der KPdSU später: „Was sollte ich denn tun? Mehr als 30 000 Menschen, und zwar mit die besten und tüchtigsten Menschen aus der DDR, verließen im Monat Juli das Land. Man kann sich unschwer ausrechnen, wann die ostdeutsche Wirtschaft zusammengebrochen wäre ... Es gab nur zwei Arten der Gegenmaßnahmen: die Lufttransportsperre oder die Mauer. Die erstgenannte hätte uns in einen ernsten Konflikt mit den Vereinigten Staaten gebracht, der möglicherweise zum Krieg geführt hätte. Das konnte und wollte ich nicht riskieren."

In die Vorbereitungen des Mauerbaus sind nur wenige Funktionäre aus dem DDR-Staats- und Parteiapparat eingeweiht, unter ihnen Staatssicherheitsminister Erich Mielke, Innenminister Karl Maron und Verteidigungsminister Heinz Hoffmann. „Sie alle hatten Befehl, das Material nur persönlich vorzubereiten, mit der Hand zu schreiben und im eigenen Safe aufzubewahren. Die Ausarbeitung des Gesamtkonzepts übernahm Ulbricht selbst, und erst einige Tage später teilte er mit, dass er beschlossen habe, Erich Honecker als Stabschef einzusetzen", erinnert sich der so-

Ich dachte, jetzt geht ein Krieg los. Wir hatten Angst

Zwiespältige Erinnerung. Seinen Panzerführerschein hat Hartmut Zuprit bis heute aufgehoben

Seit Tagen liegt Hartmut Zuprit mit der Panzerkompanie des NVA-MOT Schützenregiments Prora in einem Wald bei Oranienburg. Der junge Soldat fragt sich, warum seine Einheit von der Ostseeinsel Rügen vor die Tore Berlins verlegt worden ist. Denn es passiert nichts. Kein Manöver. Kein Befehl. Nur warten. „In der Nacht vom 12. auf den 13. August 1961 wurden wir dann plötzlich in Marsch gesetzt", erinnert sich der damalige Panzerfahrer. Mit dem Zug geht es nach Berlin. Endstation Bahnhof Schöneweide. Der Kompaniechef befiehlt im Morgengrauen: „Mündungskappen von den Maschinengewehren und Panzerrohren ab." Für den damals knapp 19-jährigen Gefreiten der Nationalen Volksarmee ein Schock. „Ich dachte, jetzt geht ein Krieg los. Wir hatten Angst." Mit seinem voll aufmunitionierten sowjetischen Gefechtspanzer T 34 rasselt Hartmut Zuprit durch Berlin. Er sieht Kampfgruppen an der Grenze und Soldaten, die Stacheldraht ausrollen. Der junge Mann aus einem kleinen Dorf in Mecklenburg ist zum ersten Mal in der „Hauptstadt der DDR". An der Warschauer Brücke im Berliner Stadtteil Friedrichshain biegen die Panzer auf ein großes Trümmergrundstück ab. „Wir mussten uns in einer Reihe aufstellen, die Panzerrohre auf die Grenze gerichtet. Dann wurden wir mit Stacheldraht eingezäunt", erzählt Hartmut Zuprit. Erst jetzt erfährt der gelernte Traktoren- und Landmaschinenschlosser, warum seine Einheit nach Berlin abkommandiert wird. „Der Kompaniechef ließ uns antreten und erklärte, die Grenze sei abgeriegelt worden."

Gefechtsbereit. Zum Mauerbau wird Hartmut Zuprit als Panzerfahrer nach Berlin abkommandiert

Sechs Wochen campiert der Gefreite mit seiner Einheit in Zelten und Panzern. „Wir lagen ein paar Hundert Meter hinter der Grenze in Bereitschaft. Ich hatte die ganze Zeit Angst, dass ich auf Menschen schießen muss." Informationen zu den Ereignissen gibt es für den jungen NVA-Soldaten nur aus der SED-Parteizeitung „Neues Deutschland". „Wir durften das Lager in der ganzen Zeit nicht verlassen. Nur einmal ging es zum Friseur", erinnert sich der heutige Rentner aus Lübben im Spreewald (Brandenburg). „Wir durften nie unsere Uniformen ausziehen. Es war wie im Krieg."

Die SED missbraucht Zuprit und seine Kameraden für Propagandazwecke: „Einmal kamen Schauspieler, mit denen wir fotografiert wurden. Ich kannte aber keinen davon. Und es tauchten Leute mit Kaffee und Kuchen auf." Bilder von Berlinern, die sich angeblich spontan bei den Grenzsoldaten für ihren Einsatz mit Blumen und Geschenken bedanken, drucken die DDR-Zeitungen in den Tagen des Mauerbaus oft. Und während in der gesamten DDR Mangelwirtschaft herrscht, freut sich Hartmut Zuprit in seinem Panzer über Sonderrationen: „Wir bekamen jeden Tag zehn Zigaretten, eine Tafel Schokolade und zwei Flaschen Bier." Hartmut Zuprit hat sich für zwei Jahre als Soldat verpflichtet, weil er sich bei der Armee einen besseren Lohn erhofft. Sein Vater leidet an einer Lähmung. Er ist eines von sechs Kindern. Die Familie ist im Krieg aus der ostpreußischen Heimat nach Mecklenburg geflohen.

Den zweifachen Vater und vierfachen Opa, der nie SED-Mitglied war, beschäftigen die Tage des Mauerbaus bis heute: „Ich bin nicht stolz darauf, als Soldat am 13. August 1961 in Berlin dabei gewesen zu sein. Ich habe oft gesagt, ich trage eine Mitschuld daran, dass die Mauer gebaut wurde – zum Glück ist sie längst Geschichte."

Was ist da drüben los?
Angehörige verschiedener
Einheiten der bewaffneten
Organe der DDR

wjetische Diplomat Jurij A. Kwizinski. Honeckers kleiner Arbeitsstab wird im Ost-Berliner Polizeipräsidium untergebracht und nimmt am 7. Juli in enger Kooperation mit der inzwischen verstärkten Gruppe der Sowjetischen Streitkräfte in Deutschland (GSSD) seine Arbeit auf. Federführend bei der gesamten Aktion ist der dortige Chef der Operationsabteilung Oberst Anatoli Mereschko. Das für die Abriegelung benötigte Material aufzubringen macht der planwirtschaftlich-maroden DDR große Probleme. In der zweiten Julihälfte fehlen noch „bei Stacheldraht 303 t, Maschendraht 31,9 t, Bindedraht 1700 kg, Krampen 1100 kg, Holz 95 Festmeter, Betonsäulen 2100 Stück", wie aus einer Übersicht hervorgeht. Nur mit einer gewaltigen Anstrengung gelingt es schließlich, die logistischen Vorbereitungen für die Sperrung der Grenze Anfang August abzuschließen.

Auf der Tagung des Warschauer Paktes, die am 1. August 1961 in Moskau beginnt, bekräftigen Chruschtschow und Ulbricht dann noch einmal ihre Entschlossenheit zu dem Schritt und verständigen sich darauf, West-Berlin innerhalb von zwei Wochen abzuriegeln. Chruschtschow empfiehlt dabei Ulbricht, den Überraschungseffekt zu nutzen, denn jede Ankündigung würde die Fluchtbewegung nur stärken. Als Termin wird schließlich die Nacht zum 13. August festgelegt.

Weder der Westen noch der Osten will einen Atomkrieg riskieren

Der sowjetische Generalsekretär rechnet dabei mit einem Stillhalten der Vereinigten Staaten, denn John F. Kennedys Ankündigung auf dem Wiener Gipfel, um der Freiheit West-Berlins willen notfalls einen Atomkrieg zu riskieren, hat sich auf die Freiheit West-Berlins bezogen – und diese würde durch eine Mauer nicht gefährdet werden. Und auch Kennedys drei Essentials seiner Berlin-Politik, die er in seiner Rede an die Nation am 25. Juli nennt – Recht auf Präsenz der Westmächte, freier Zugang und Sicherung der

Kinderwelt. Nach den ersten Straßensperren treffen sich Mütter mit ihren Kindern am Stacheldraht

Ich hatte das Gefühl, wir leben jetzt in einem großen Gefängnis

Fassungslos. Den Mauerbau erlebt Stefan Heyde (vorne) als 14-jähriger Junge (Kreis) in der Bernauer Straße

Gasbetonplatten versperren die Berliner Ackerstraße an der Kreuzung zur Bernauer Straße. Ein Arbeiter steht auf einem der Klötze und mauert. Eine ganze Baubrigade ist im Einsatz, bewacht von einem Uniformierten mit strengem Blick. Der Fotograf Bernd Thiele hält diese Szene im August 1961 fest.

Auf der Westseite schauen zwei Jungen dem seltsamen Treiben zu. Einer der beiden hält einen Tretroller in der Hand. Es ist Stefan Heyde, damals 14 Jahre alt. Der Junge neben ihm ist sein Schulkamerad Klaus Bäsler. Heyde erinnert sich: „Wir haben uns gefragt, was machen die da? Warum riegeln die alles ab? Wir konnten nicht fassen, was sich da vor unseren Augen abspielte." Die Bernauer Straße trennt im August 1961 nicht nur die Berliner Bezirke Wedding und Mitte, sondern auch West und Ost auf besonders brutale Weise. Nachbarn und Familien, die sich seit Jahren gegenüberwohnen, sind plötzlich durch die Mauer voneinander abgeschnitten.

„Ich stand bestimmt eine Stunde vor der Absperrung und guckte den Maurern zu. Sie anzusprechen traute ich mich nicht", erinnert sich Heyde. Er sagt: „Ich hatte das Gefühl, wir leben jetzt in einem großen Gefängnis. Wir konnten nicht mehr zu unserer Schwimmhalle in den Ostteil. Auch der Weg zu unserer Rollschuhbahn durch die Ackerstraße war versperrt." Stefan Heyde ist im Kiez rund um die Bernauer Straße aufgewachsen. 1904 hat sein Großvater hier in Wedding eine Drogerie eröffnet, der Vater hat das Geschäft übernommen.

„Bis zum Mauerbau kamen auch immer noch Kunden aus dem Ostsektor zu uns." Stefan Heyde sieht in diesen Tagen, wie sich Menschen an Bettlaken aus ihren Grenzhäusern in die Freiheit hangeln. Er sieht weinende Berliner, die ihren Angehörigen über die noch provisorischen Absperrungen winken. Stefan Heyde hat viel erlebt, wie etwa die heranrollenden sowjetischen Panzer beim Arbeiteraufstand am 17. Juni 1953. „Doch als wir im August 1961 eingemauert wurden, konnte ich das einfach nicht verstehen. Ich war fassungslos und fühlte mich umzingelt. Ich hatte Angst."

Eskalation. Am Engeldamm, an der Sektorengrenze zwischen Kreuzberg und Mitte, kommt es am 13. August zu einer Auseinandersetzung zwischen einem Passanten und einer Gruppe von Volkspolizisten. Offenbar will der West-Berliner in den sowjetischen Sektor und wird mit Gewalt daran gehindert. Die Volkspolizisten haben Bajonette aufgepflanzt und die Gewehre im Anschlag. Interessant sind die Gesichter der Uniformierten. In ihnen spiegeln sich Fanatismus, Entschlossenheit, Verunsicherung und auch Angst wider

Frühe Absperrung. Stacheldraht und Grenzposten am Potsdamer Platz. Erst ein paar Tage nach dem 13. August beginnt der Bau der Mauer

Freiheit ihrer Bewohner – signalisieren dem sowjetischen Generalsekretär ein Stillhalten des Westen, nicht zuletzt weil der amerikanische Präsident dezidiert von West-Berlin spricht. Bestärkt wird der sowjetische Generalsekretär vor allem auch durch öffentliche Äußerungen des Vorsitzenden des Auswärtigen Ausschusses des US-Senats, William Fulbright, der Ende Juli im Verlaufe eines Fernsehinterviews erklärt: „Die Wahrheit ist doch, dass die Russen sowieso jederzeit die Grenze dichtmachen können. Ich meine, wir geben da nicht allzu viel auf ..., denn wenn sie die Grenze abriegeln wollen, könnten sie das schon nächste Woche machen und sogar, ohne vertragsbrüchig zu werden." Nach Ulbrichts Rückkehr von der Warschauer-Pakt-Tagung geht es dann Schlag auf Schlag: Am 7. August wird das Politbüro informiert. Vier Tage später erläutert Erich Mielke den Führungskadern seines Ministeriums die bevorstehende Maßnahme und gibt den Decknamen „Rose" aus. Am 12. unterschreibt Ulbricht die Befehle für die Schließung der Sektorengrenze.

Berlin ist jetzt endgültig in zwei Hälften geteilt

Die Nationale Volksarmee, die GSSD und die Armeen der übrigen Warschauer-Pakt-Staaten sind in Alarmbereitschaft versetzt. Am 13. August um 1 Uhr verbreitet ADN eine Erklärung des Warschauer Pakts. In dieser heißt es, die Grenzschließung sei auf Vorschlag der Mitgliedsländer erfolgt, um „der Wühltätigkeit gegen die Länder des sozialistischen Lagers zuverlässig den Weg" zu versperren. Der Westen hätte „die jetzige Ordnung an der Westberliner Grenze zu ihren heimtückischen Wühlzwecken ausgenutzt". Der jetzigen „anormalen Lage" müsse „durch eine verstärkte Bewachung und Kontrolle an der Westberliner Grenze ein Ende gesetzt werden". Zur gleichen Zeit beginnt der Großeinsatz. Überall entlang der Sektorengrenze werden Straßenpflaster aufgerissen und Barrikaden errichtet. Über Straßen, Ruinengrundstücke und Parks wird Stacheldraht gezogen. U- und S-Bahn-Linien werden gekappt. Der Intersektorenverkehr soll nur noch über je einen S- und U-Bahnsteig des Bahnhofs Friedrichstraße laufen. Bis auf 13 werden alle 80 Übergänge geschlossen. Als es hell wird, sind die Wege für die Deutschen in Ost-Berlin und der DDR in den freien Teil Berlins versperrt. Berlin ist jetzt de facto unter Verletzung des Viermächteabkommens durch die machtpolitische Wirklichkeit der bipolaren Welt endgültig in zwei Hälften geteilt.

Weltnachricht. Ein Junge mit einem Extrablatt der „Berliner Morgenpost" aus dem Ullstein-Verlag

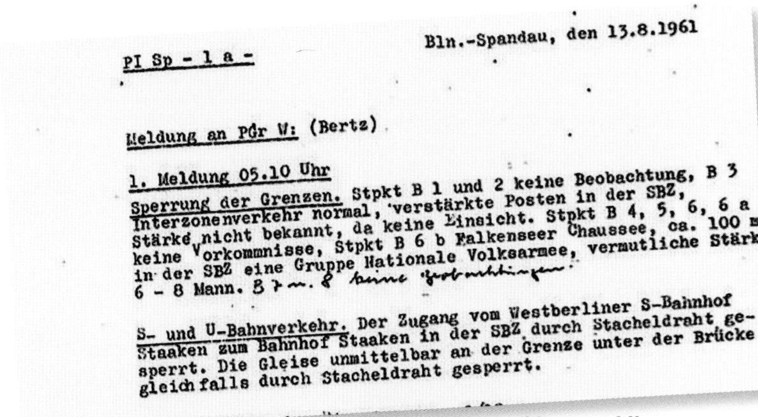

Bln.-Spandau, den 13.8.1961

PI Sp - 1 a -

Meldung an PGr V: (Bertz)

1. Meldung 05.10 Uhr

Sperrung der Grenzen. Stpkt B 1 und 2 keine Beobachtung, B 3 verstärkte Posten in der SBZ, Interzonenverkehr normal, Stpkt B 4, 5, 6, 6 a Stärke nicht bekannt, da keine Einsicht. Stpkt B 6 b Falkenseer Chaussee, ca. 100 m keine Vorkommnisse, vermutliche Stärke in der SBZ eine Gruppe Nationale Volksarmee, 6 - 8 Mann. B 7 u. 8 keine Beobachtungen.

S- und U-Bahnverkehr. Der Zugang vom Westberliner S-Bahnhof Staaken zum Bahnhof Staaken in der SBZ durch Stacheldraht gesperrt. Die Gleise unmittelbar an der Grenze unter der Brücke gleichfalls durch Stacheldraht gesperrt.

Erstmeldung: Um 5.10 Uhr notiert die West-Berliner Polizei die Sperrung der Grenzen

Belobigung. Generalsekretär der Liberal-Demokratischen Partei Deutschlands (LDPD), Manfred Gerlach (l.), zeichnet DDR-Bereitschaftspolizisten für den Einsatz am 13. August aus

Mittwoch, 16. August 1961 • 10 Pf
10. Jahr • Nr. 189 • DRUCK IN HAMBURG • C 1783 A

Bild
ZEITUNG
UNABHÄNGIG · ÜBERPARTEILICH
AUFLAGE ÜBER 3 Millionen EXEMPLARE

Der Osten handelt – was tut der Westen?

Der Westen tut NICHTS!

Präsident Kennedy schweigt...

Macmillan geht auf die Jagd...

...und Adenauer schimpft auf Willy Brandt

rb. **Berlin, 16. August**

Die Berlin-Krise hat sich zugespitzt. Pankow hat Maßnahmen zur völligen Sperrung der Sektorengrenze eingeleitet. Sowjetische Truppen haben einen Ring um Berlin gezogen.

Die alliierten Stadtkommandanten haben gestern scharf gegen die Abschnürung des Sowjetsektors protestiert. Die Maßnahmen Pankows werden als ein schwerer Bruch der Vier-Mächte-Vereinbarungen über Berlin gebrandmarkt.

Die Unruhe in Ost-Berlin wächst. Immer wieder kommt es zu Zwischenfällen mit den überall patrouillierenden „Volksarmisten" und „Vopos".

Die Drahtverhaue, die an einigen Stellen durch Mauer-Absperrungen ergänzt wurden, können trotzdem nicht jede Fluchtmöglichkeit beseitigen. Die „Volkspolizei" hat Befehl erhalten, auf jeden, der flieht, zu schießen.

Unter der Berliner Bevölkerung wächst die Enttäuschung darüber, daß noch immer keine wirksamen Gegenmaßnahmen getroffen worden sind. Empörung hat ein scharfer Angriff des Bundeskanzlers auf den Regierenden Bürgermeister Willy Brandt hervorgerufen.

Mehr über das Thema Berlin auf der letzten Seite

Enttäuscht

Der Osten hat gehandelt. Der Osten handelt noch. Die Stacheldrahtverhaue in Berlin werden dichter. Die Kontrollen werden schärfer. Immer mehr Panzer kommen in die Stadt.

Was tut der Westen? Der Westen tut nichts.

In den westlichen Hauptstädten wird beraten. Nachgedacht. Spekuliert. Fühlung genommen. Man bereitet „Schritte" vor. Man versucht, sich zu einigen. Und inzwischen rennen sich unsere Landsleute am Stacheldraht der Kommunisten die Köpfe blutig.

Was tun die westlichen Staatsmänner?

Kennedy, der junge Präsident, schweigt.

Macmillan, der erfahrene Premier schießt Schnepfen.

Adenauer, der greise Kanzler, spielt Wahlkampf.

In einer der schwersten Situationen deutscher Geschichte bringt es der Kanzler fertig, seinen politischen Gegner Brandt zu beleidigen.

Das ist nicht nur unfair. Das ist – man muß es leider sagen – das Eingeständnis, daß er nicht über den Schatten der engstirnigen Parteipolitik springen kann. Der Kanzler konnte es früher. Jetzt offenbar nicht.

Wir brauchen jetzt keinen innenpolitischen Ringkampf. Wir brauchen keine Beispiele nationaler Unwürde. Wir brauchen das klare Bekenntnis der Demokraten a l l e r Lager zur deutschen Nation.

Nicht der Wahlsieg einer Partei steht im Augenblick auf dem Spiel. Im Augenblick steht die deutsche Sache auf dem Spiel.

Am 13. August hat Ulbricht die Fluchtwege abgeriegelt und den Sowjetsektor in ein Militärlager verwandelt.

Erst drei Tage später hat sich die Bundesregierung zu einer Sondersitzung aufgerafft. Wie kläglich!

Und westliche Diplomaten sind sogar der Meinung, alliierte Rechte in Berlin seien nicht unmittelbar betroffen. Alliierte Rechte sind natürlich e i n d e u t i g verletzt worden. Gerade deshalb ist das lange Schweigen, das hilflose Abwarten, das bedächtige Zögern für uns alle niederschmetternd.

Wir sind enttäuscht.

Wir sind in das westliche Bündnis gegangen, weil wir geglaubt haben, dies sei für Deutschland wie für den Westen die beste Lösung.

Die überwältigende Mehrheit der Deutschen ist auch heute noch davon überzeugt.

Nur wird diese Überzeugung nicht gerade gestärkt, wenn einige unserer Partner in dem Augenblick, in dem die deutsche Sache in größter Gefahr ist, kühl erklären: „Alliierte Rechte sind nicht betroffen."

Die deutsche Sache ist in größter Gefahr. 16 Millionen haben keinen Ausweg mehr. Die Wiedervereinigung in Form der Massenflucht hat aufgehört.

Berlin ist plötzlich kein Tor zur Freiheit mehr. Das Tor ist nämlich zu.

Es ist seit drei Tagen zu. Und bisher ist nichts geschehen – außer einem Papier-Protest der alliierten Kommandanten.

Wir sind enttäuscht.

KAPITEL III

Reaktionen

„Starke Kräfte der Volkspolizei haben heute Nacht die Grenze zwischen Ost- und West-Berlin gesperrt", meldet Rias Berlin um 3.25 Uhr. Eine Stunde später – Berlin schläft noch – wird der Regierende Bürgermeister Willy Brandt in seinem Nachtzug irgendwo in Niedersachsen geweckt. Später erinnert er sich: Ein Bahnbeamter habe an seine Abteiltür geklopft und die Nachricht sowie die Bitte überbracht, er möge auf dem schnellsten Weg zurückkehren. „Mit der kleinen Gruppe meiner Mitarbeiter verließ ich den Zug gegen 5 Uhr in Hannover, flog mit der ersten Morgenmaschine nach Berlin und ließ mich vom Flugplatz Tempelhof sofort an die Sektorengrenze fahren, erst zum Potsdamer Platz, dann zum Brandenburger Tor. Ich sah die Hindernisse, die man in den letzten Stunden herangeschleppt hatte und an denen nun mit deutscher Gründlichkeit weitergearbeitet wurde ... Vor allem sah ich die besorgten und verzweifelten Blicke meiner Westberliner Mitbürger."

Die Berliner schlafen noch, als der Westsektor abgeriegelt wird

Tatsächlich sind die Berliner empört über die Absperrung ihrer Stadt. Ihr Blick richtet sich auf die westlichen Schutzmächte. Werden sie diese neuerliche Provokation der Sowjets hinnehmen? In der Presseerklärung des Berliner Senats vom 13. August 1961 heißt es, nachdem die Absperrung mit der eines Konzentrationslagers verglichen worden ist: „Senat und Bevölkerung von Berlin erwarten, dass die Westmächte energische Schritte bei der sowjetischen Regierung unternehmen werden." Doch diese geben sich unerwartet zurückhaltend. John F. Kennedy reagiert in einer ersten Stellungnahme gelassen. Er spricht von einer „für alle Welt sichtbaren Niederlage des kommunistischen Systems". Neben einiger Rhetorik bleibt es dabei, denn Nikita Chruschtschow hat den drei Essentials Rechnung getragen, die Kennedy als Forderung hinsichtlich West-Berlins soeben noch genannt hat. Denn weder der freie Zugang in die westliche Teilstadt noch die dortige Präsenz der Schutzmächte oder gar das Selbstbestimmungsrecht ihrer Bevölkerung werden durch die Absperrung infrage gestellt.

Für die Berliner wirken die Absperrung und das Nichthandeln der Schutzmächte wie ein Schock. Angst und Enttäuschung machen sich breit. „BILD" gibt die Stimmung wieder. Das Blatt titelt am 16. August: „Der Westen tut NICHTS! Präsident Kennedy schweigt. Macmillan geht auf die Jagd. Und Adenauer schimpft auf Willy Brandt." Der spricht am selben Tag auf einer Großkundgebung vor dem Schöneberger Rathaus, zu der mehr als 300 000 Menschen gekommen sind, das aus, was die allermeisten in der geteilten Stadt umtreibt: „Berlin erwartet mehr als Worte, Berlin erwartet politische Aktionen."

In einem Brief an den amerikanischen Präsidenten hat der Regierende Bürgermeister vor allem seiner Sorge Ausdruck verliehen, dass die Entwicklung in Berlin geeignet sei, „Zweifel an der Reaktionsfähigkeit und Entschlossenheit der drei Mächte zu wecken". Kennedy antwortet dem Sozialdemokraten, dass nur ein Krieg diese Entwicklung rückgängig machen könne, und fordert ihn auf, sich nicht erschüttern zu lassen, denn „West-Berlin ist heute bedeutender als je zuvor, und seine Mission, Symbol für die Freiheit zu sein, ist noch nie so wichtig gewesen wie jetzt".

Doch Kennedy und seine Berater wissen, dass der Selbstbehauptungswille der West-Berliner angeschlagen ist. Der amerikanische Präsident entscheidet daher, die Berliner Garnison um 1500 Mann zu verstärken und diese als Zeichen der Stärke in einem Konvoi über die Transitautobahn in die geteilte Stadt fahren zu lassen. Darüber hinaus entsendet er seinen Vizepräsidenten Lyndon B. Johnson und den „Helden der Luftbrücke", General Lucius D. Clay, in die westliche Teilstadt. Der Besuch der beiden und die Ankunft der Kampftruppen geraten zu einem regelrechten Triumph-

Unverständnis. Eine Frau im Gespräch mit Soldaten der NVA am Brandenburger Tor

Wir hatten kein Verständnis für die Leisetreterei Adenauers

Henning Köhler zeltet mit Freunden in Hohwacht an der Ostsee, als er erfährt, dass der Ostsektor Berlins abgesperrt worden ist. „Die Nachricht traf uns wie ein Schlag – was wird sich daraus entwickeln, fragten wir uns voller Sorge. Weiter in der Sonne liegen war unmöglich."

Der Student entscheidet sich zurückzufahren, denn für Mittwoch, den 16. August, ist eine große Protestdemonstration vor dem Schöneberger Rathaus angekündigt, auf der der Regierende Bürgermeister Willy Brandt spricht. Die Teilnahme ist für ihn selbstverständlich.

Doch zuvor fährt er mit der S-Bahn zum Bahnhof Friedrichstraße. Die Kontrollen seien oberflächlich gewesen, meint Köhler und weist darauf hin, dass es West-Berlinern noch für einige Tage möglich gewesen sei, mit dem Personalausweis in den Ostteil der Stadt zu gelangen. Unter den Linden sieht er dann sowjetische Panzer, die in Richtung Brandenburger Tor rollen, ehe sie in eine Nebenstraße abbiegen. Ihre Aufgabe ist klar. Sie sollen die neuen Absperrungen schützen, falls Demonstranten von Westen her sie überqueren sollten. Noch gut erinnerlich ist Henning Köhler folgende Begebenheit: „Ein Ost-Berliner stand mit seinem kleinen Sohn am Straßenrand. Das Kind wollte den Panzern zuwinken, aber der Vater drückte dessen Hand so fest, dass der Junge aufschrie." Diese kleine Szene sei ihm sehr nahegegangen, erzählt Köhler und merkt noch an: „Ich verstand den Mann: Der sah die sowjetischen Panzer rollen und wusste, das ist das Ende aller Hoffnungen auf Einheit, kein Gedanke mehr an Flucht, er ist zum Bleiben verdammt."

Der Platz vor dem Schönberger Rathaus sei überfüllt gewesen. Es habe eine gespannte Erwartung geherrscht. „Was wird Willy Brandt sagen? Der gab der Empörung Ausdruck, aber er heizte die Stimmung nicht an. Seine Mahnung an die bewaffneten Organe der anderen Seite ist mir im Gedächtnis geblieben: ‚Lasst euch nicht zu Lumpen machen! Schießt nicht auf eure Landsleute!' Die Zahl der Opfer in der Folgezeit sollte zeigen, dass sich nicht alle daran hielten. Heute wissen wir, dass er auch mit dem Schlimmsten rechnet, wie er Präsdent Kennedy schreibt. Aber vor den Berlinern lässt er sich nichts anmerken."

Umgetrieben von der Zeitgeschichte. Der emeritierte Professor Henning Köhler in seinem Arbeitszimmer in Berlin-Lichterfelde

Die Bonner Reaktion bereitet auch dem jungen Henning Köhler Verdruss: „Adenauer wollte nicht nach Berlin kommen. Er wollte die Krise nicht durch seine Anwesenheit verschärfen." Mit mehr als einer Woche Verspätung besucht der Bundeskanzler die Stadt. Die Berliner zeigen sich reserviert. Köhler: „Meine Freunde und ich hatten kein Verständnis für die Leisetreterei. Wir fertigten ein Spruchband an und bauten uns zu seiner Begrüßung am Flughafen Tempelhof auf. Der Spruch lautete: ‚Hurra, unser Retter ist schon da.' Das Wort ‚schon' hatten wir dick unterstrichen."

Zeitungslektüre. Henning Köhler als Student am 15. August 1961

Enttäuscht von
den Schutzmächten.
Der Berliner
Regierende Bürgermeister
Willy Brandt spricht
am 16. August 1961 zu
300 000 Menschen
vor dem Schöneberger
Rathaus

Begeisterter Empfang. Verstärkungen für die amerikanische Garnison treffen im freien Teil der Stadt ein. Kleines Foto: Ein Garant für die Freiheit. US-Präsident Kennedy entsendet den Organisator der Luftbrücke, General Lucius D. Clay, nach Berlin

zug. Laut dem Bericht der Berliner West-Polizei haben sich an der Wegstrecke „etwa 500 000 und vor dem Rathaus Schöneberg weitere ca. 300 000 Personen angesammelt".

Präsident John F. Kennedy erobert die Herzen der Berliner im Sturm

So kehrt das Vertrauen der leidgeprüften Berliner in ihre wichtigste Schutzmacht allmählich zurück. Gefestigt werden die Bande zwischen den Menschen im freien Teil der Stadt und den Vereinigten Staaten, als am 26. Juni 1963 John F. Kennedy Berlin besucht. Der Präsident erobert ihre Herzen im Sturm. Vor dem Schöneberger Rathaus ruft er einer halben Million Menschen zu, er und seine amerikanischen Mitbürger seien stolz darauf, mit den Berlinern die Geschichte der letzten 18 Jahre teilen zu können. „Denn ich weiß nicht, dass jemals eine Stadt 18 Jahre lang belagert wurde und dennoch lebt in ungebrochener Vitalität, mit unerschütterlicher Hoffnung, mit der gleichen Stärke und gleichen Entschlossenheit wie heute Berlin." Die Massen sind vollends aus dem Häuschen, als der Präsident die zur Legende gewordenen, abschließenden Worte spricht: „Alle freien Menschen, wo immer sie leben mögen, sind Bürger dieser Stadt West-Berlin, und deshalb bin ich als freier Mann stolz darauf, sagen zu können: Ich bin ein Berliner."

Anders als das Verhältnis der Berliner zur amerikanischen Schutzmacht bleibt das zum deutschen Bundeskanzler problematisch. Ist bereits seine überaus moderate und ganz auf Beruhigung der Gemüter abzielende Stellungnahme zum Mauerbau mit einem gewissen Befremden aufgenommen worden, so wird es dem christdemokratischen Konrad Adenauer ein Leben lang nachgetragen, dass er erst am 22. August nach Berlin gereist ist. Nicht zuletzt auch die Erinnerung an Adenauers politischen Fehler veranlasst Helmut Kohl 28 Jahre später, als die Mauer fällt, seinen Staatsbesuch in Polen trotz sichtlicher Verärgerung der Gastgeber abzubrechen und unverzüglich nach Berlin zu fliegen.

Die SED begnügt sich nach der Abriegelung West-Berlins derweil nicht mit dem Status quo der vier Mächte. Ulbricht will die West-Alliierten aus dem Ostteil der Stadt Zug um Zug zurückdrängen. Im Oktober 1961 hindern DDR-Grenzer daher Angehörige der US-Streitkräfte am Checkpoint

Umjubelt von den West-Berlinern. Der gemeinsame Auftritt von US-Vizepräsident Lyndon B. Johnson und Willy Brandt am 20. August 1961 macht den Menschen Hoffnung

Drohgebärden. Die Welt hält den Atem an, als sich im Oktober 1961 amerikanische und sowjetische Panzer am Checkpoint Charlie gegenüberstehen

Charlie an der freien Durchfahrt, die ihnen laut Viermächtestatus zusteht. Clay, der sich als Vertreter Kennedys dauerhaft in Berlin aufhält, reagiert entschlossen. Er lässt an dem Kontrollpunkt amerikanische Panzer auffahren. Die Sowjets entsenden nun ihrerseits Panzer.

Amerikanische und russische Panzer stehen sich gegenüber

Nur einen Steinwurf voneinander entfernt stehen sie sich gegenüber. Die Welt hält den Atem an. Über einen informellen Kanal zwischen Washington und Moskau wird jedoch das Schlimmste verhindert. Die Panzer – zunächst die russischen, unmittelbar darauf die amerikanischen – werden abgezogen. Und der SED-Führung wird von sowjetischer Seite untersagt, durch provozierende Maßnahmen die alliierten Rechte in Berlin zu demontieren.

Dennoch bleiben die folgenden Jahre nicht ohne Konflikte.

Immer wieder geht es um die zentrale Frage der Zugehörigkeit West-Berlins zur Bundesrepublik. Bonn hebt diese hervor, indem es Sitzungswochen des Bundestages in Berlin abhält. Die östliche Seite reagiert darauf mehrfach mit

Da niemand half, die Mauer zu beseitigen, wollten wir sie wenigstens durchlässiger machen

Egon Bahr ist im Sommer 1961 Sprecher des vom Regierenden Bürgermeister Willy Brandt geführten Berliner Senats.

Der einflussreichste Berater Brandts, der als Vordenker einer neuen, unter dem Motto „Wandel durch Annäherung“ stehenden sozialdemokratischen Ostpolitik gilt, erinnert sich und zieht Bilanz:

„Im Rathaus Schöneberg mussten wir zur Kenntnis nehmen, dass alle vier Mächte, also auch die drei Westmächte, mit ihren unkündbaren Siegerrechten den Status quo akzeptierten, also die Teilung der Stadt und damit die Teilung Deutschlands. Der Senat musste auf Weisung der drei Mächte sogar unsere Polizei zum Schutz der Mauer einsetzen; es sollte keinen Konflikt geben, und die Studenten wollten zeigen, dass sie mit Plastiksprengstoff umgehen konnten wie ihre Kommilitonen in Algerien. Weil niemand half, die Mauer zu beseitigen, wollten wir sie wenigstens durchlässiger machen, damit Familien, und sei es nur für Stunden, ihre Angehörigen im Ostteil der Stadt besuchen konnten. Passierscheine waren dafür nur von der Regierung der DDR zu bekommen. Dieser Tabubruch verlangte Verhandlungen mit der anderen Seite, aus denen sich die leidenschaftlichste Nachkriegsdebatte entwickelte: ‚Mit Gefängniswärtern verhandelt man nicht‘, sagte die CDU. ‚Kleine Schritte sind besser als große Worte‘, antwortete Brandt. Die Union erwiderte: ‚Die Wunde muss offen bleiben‘, und Brandt fand: ‚Die ganze Politik soll sich zum Teufel scheren, wenn sie den Menschen nichts nützt.‘ Mit der Mauer begann die Politik, unterhalb der Siegerrechte zu definieren, was im deutschen Interesse möglich und wünschbar ist. Daraus ergab sich der zweite Tabubruch, dass Brandt als Bundeskanzler die DDR einen Staat nannte, auch wenn der kein Ausland sein konnte. Daraus entwickelte sich die Ost- und Entspannungspolitik mit den Verträgen von Moskau, Warschau, dem Viermächteabkommen für Berlin, dem Grundlagenvertrag und der Schlussakte von Helsinki. Helmut Kohl als Bundeskanzler setzte diese Politik fort mit dem bekannten Ergebnis: Die vier Sieger behielten ihre unkündbaren Siegerrechte bis zum 15. März 1991, als der Ersatz des Friedensvertrages, das 2+4-Abkommen, in Kraft trat; aber sie konnten gar nicht anders, als die Erstürmung der Mauer und damit ihre Beseitigung durch die Ostberliner am berühmten 9. November 1989 hinzunehmen.“

Lebendige Geschichte. Egon Bahr heute und am 22. August 1968 zusammen mit Willy Brandt und Bundeskanzler Konrad Adenauer

Grenzbefestigungen. Nach der Konfrontation am Checkpoint Charlie errichtete das SED-Regime Panzersperren. Im Hintergrund das ehemalige Reichsluftfahrtministerium

Behinderungen des Straßenverkehrs von und nach West-Berlin. Aber auch mit anderen Schikanen. Vergeblich wenden sich immer wieder westliche Politiker, wie der Regierende Bürgermeister Klaus Schütz im Mai 1969, gegen die Versuche der Sowjetunion und des Ostblocks, die Bindungen West-Berlins an die Bundesrepublik infrage zu stellen.

Erst mit dem Viermächteabkommen, das infolge der Entspannungspolitik am 3. September 1972 nach 17-monatigen Verhandlungen im Alliierten Kontrollratsgebäude unterzeichnet wird, verbessert sich die Lage der eingemauerten Teilstadt. Obwohl die zentrale Frage nach ihrer Zugehörigkeit zur Bundesrepublik letztlich unbeantwortet bleibt, werden in dem Abkommen die Bindungen West-Berlins an die Bundesrepublik anerkannt. Außerdem sollen die Zugangswege einem vereinfachten Kontrollverfahren unterworfen werden und West-Berliner wieder den Ostteil der Stadt und die DDR besuchen können. Am wichtigsten ist jedoch, dass die bestehenden Rechte der drei Schutzmächte für West-Berlin bestätigt werden, denn sie sind es, die die Freiheit der Teilstadt gewährleisten. Der Regierende Bürgermeister Klaus Schütz stellt dann auch mit Genugtuung fest, dass erst jetzt die Bedrohung durch das Chruschtschow-Ultimatum vom Tisch sei.

Das Viermächteabkommen, in dem die Sowjetunion de facto die Anerkennung der DDR durch die Westmächte und durch die Bundesrepublik erreicht, ist ein wichtiger Schritt für die West-Berliner Bevölkerung. Zugleich macht es den Weg frei für das Transitabkommen vom Dezember 1971 und für den Grundlagenvertrag vom Dezember 1972, mit denen die deutsch-deutschen Beziehungen neu gestaltet werden.

Nicht unbedingt Freunde. John F. Kennedy, Willy Brandt und Konrad Adenauer am Brandenburger Tor am 26. Juni 1963

Ich bin ein Berliner. Als Kennedy seine Rede vor dem Schöneberger Rathaus mit diesen Worten beendet, hat er die Herzen der Menschen endgültig erobert

Regelung.
Die Außenminister (v. links) Maurice Schumann (Frankreich), Alec-Douglas Home (Großbritannien), Andrej Gromyko (Sowjetunion) und William Rogers (USA) unterzeichnen am 3. Juni 1972 das Viermächteabkommen

Gestelltes Selbstbewusstsein. Staats- und Parteichef Walter Ulbricht schreitet mit dem deutschen Organisator des Mauerbaus, Erich Honecker, im August 1961 eine Formation der „Kampfgruppen“ ab

KAPITEL IV

Repression und Flucht

Zwei Tage ist es her, dass das SED-Regime West-Berlin abgeriegelt hat, als der 19 Jahre alte Conrad Schumann sich ein Herz fasst. Der Bereitschaftspolizist, der in der Bernauer Straße darüber wacht, dass sich niemand in den Westen Berlins absetzt, rennt los, springt über die Stacheldrahtrollen, wirft sein Gewehr weg und verschwindet in einem Bereitschaftswagen der West-Berliner Polizei. Ein zufällig anwesender Fotograf hält die Szene im Bild fest. Das Foto von dem flüchtenden Conrad Schumann geht um die Welt und macht deutlich, dass es sich bei der Abriegelung West-Berlins um eine Maßnahme handelt, die sich gegen die Menschen in der DDR und im sowjetischen Sektor Berlins richtet.

Ost-Berlin rechtfertigt den Bau der Mauer als Schutzmaßnahme

Eben dies versuchen die SED-Propagandisten seit dem 13. August zu kaschieren, indem sie nicht müde werden, die Abriegelung als notwendige Schutzmaßnahme zur Sicherung der „Errungenschaften“ des Sozialismus gegen die „imperialistischen Aggressoren“ aus dem Westen zu verkaufen. „Jetzt sind die über Westberlin in die DDR greifenden Fangarme des militaristischen Ungeheuers abgehackt“, heißt es im SED-Zentralorgan „Neues Deutschland“ das eine Mal; und das andere Mal wird hervorgehoben: „Die DDR rettet den Frieden“.

Verunglimpft werden auch die westlichen Medien von der kommunistischen Propaganda. Der Chefkommentator des staatlich gelenkten DDR-Fernsehens, Karl-Eduard von Schnitzler, beschimpft im August „Westfernsehen und Rias“ als „Schmutzkübel, die täglich über der DDR entleert werden“. Und im September startet die SED eine Kampagne gegen den Empfang von Westsendern, die „Natosender“ genannt werden. Im Zuge der Maßnahme, die an die nationalsozialistische Zeit erinnert, werden Personen, die Westsender einschalten, an den Pranger gestellt und Antennen so ausgerichtet, dass kein Westempfang mehr möglich ist.

Viel ist dieser Tage in den gleichgeschalteten Medien der DDR auch die Rede von dem vorbildlichen Verhalten der Werktätigen, die neben der Übererfüllung des Plansolls als Angehörige der Betriebskampfgruppen für die Sicherung ihrer „Hauptstadt“ eintreten würden. Schon am Sonntag, dem 13. August, ist hervorgehoben worden, dass es die Hauptaufgabe der Parteifunktionäre sei, dafür Sorge zu tragen, dass sich keine Neugierigen an der Grenze versammelten und vor allem, dass die Arbeit in den Betrieben am Montag wieder reibungslos aufgenommen werde.

Alle Propaganda der SED kann jedoch nicht darüber hinwegtäuschen, dass überall in Ost-Berlin und in der DDR Protest und Widerstand gegen die Abriegelung der Grenzen zu West-Berlin aufkommen. An den Hauswänden sind Losungen zu lesen wie „Weg mit Ulbricht“ und „Russen raus“. In einem Bericht des Staatssicherheitsdienstes wird die Stimmung der Menschen eingefangen. Es heißt, statt der Grenzsperrung hätte man „freie Wahlen“ unter internationaler Kontrolle durchführen sollen. Durch die Maßnahmen, mit denen eine Entvölkerung der DDR hätte verhindert werden sollen, werde die Spaltung „vertieft bzw. verewigt“. Außerdem würden sie die Kriegsgefahr erhöhen bzw. einen Krieg heraufbeschwören.

Hetz-Propaganda. Karikatur aus dem SED-Zentralorgan „Neues Deutschland“ vom 28. August 1961. Brandt ruft nach den West-Alliierten, die ihn „herausschießen“ sollen.

O.U. den 15.08.1961

BStU
000003

Ministerium des Innern
Bereitschaftspolizei
1.Mot.Brigade
- Kommandeur -

An das
Kommando der Bereitschaftspolizei
- Abteilung Org.Nachweis -

Gewaltsame Verschleppung des Oberwachtmeister Schumann.

Betr.: Gewaltsame Verschleppung des Oberwachtmeister Schumann.

Am 15.08.1961 gegen 15.40 Uhr wurde der Genosse Obwm.Schumann, Gruppenführer in der 3.Kompanie der I.Mot.Abteilung an der Kreuzung Bernauerstr.Ecke Ruppinerstrasse, gewaltsam durch Stumpolizei über die Grenzabsperrung (Stacheldrahtrolle) nach Westberlin verschleppt. Genosse Schumann stand mit dem Rücken angelehnt an der Hausecke, direkt an der Stacheldrahtrolle.
Plötzlich griffen mehrere Stumpolizisten um die Hausecke und zerrten ... die Drahtsperre in den Westsektor. ... hängen, wurde von der

Es ist das berühmteste Foto aus der Zeit des Mauerbaus und gehört seit Mai 2011 zum UNESCO-Weltdokumentenerbe. Der Fotograf Peter Leibing steht an der Ecke Bernauer/Ruppiner Straße. Der Volontär einer Hamburger Fotoagentur hat den rauchenden, nervös wirkenden DDR-Grenzer an diesem Nachmittag des 15. August 1961 schon eine Zeit lang beobachtet und geahnt, dass etwas passieren würde. Da läuft der Grenzpolizist plötzlich los, setzt zum Sprung über den Stacheldraht an. Blitzschnell stellt Leibing sein 200-Millimeter-Objektiv scharf und drückt im entscheidenden Moment auf den Auslöser seiner Kamera – ausgerechnet ein DDR-Modell Marke „Exacta“. Ein „BILD“-Reporter nimmt den jungen Fotografen mit in seine Redaktion. Dort entwickeln sie den Film. Am nächsten Tag sehen Millionen Menschen das Foto in der „BILD“-Zeitung, die damit groß aufmacht. „Sperrposten geflüchtet“, lautet die Schlagzeile. Conrad Schumann ist einer der ersten Grenzer, die nach dem 13. August in den Westen flüchten. Für die DDR ist das Foto ein Desaster. Der Staatssicherheitsdienst leitet eine Untersuchung ein und fotografiert den „Tatort“ (unten links), während die DDR-Bereitschaftspolizei in einem internen Schreiben vom 15. August 1961 (Ausriss links) mitteilt, Schumann sei „gewaltsam … über die Grenzabsperrung (Stacheldrahtrolle) nach Westberlin verschleppt“ worden.

Der DDR-Militärstaatsanwalt erlässt Haftbefehl gegen den Oberwachtmeister. Conrad Schumann zieht nach Bayern, lernt dort seine spätere Ehefrau Kunigunde kennen. Er hat noch Jahrzehnte später Angst vor der Rache des Staatssicherheitsdienstes. 25 Jahre nach dem Sprung treffen sich Leibing und Schumann an der historischen Stelle wieder (Foto unten). 1998 erhängt sich Conrad Schumann in einem Schuppen seines Gartens

Schwer bewacht.
Ein VW Käfer passiert einen innerstädtischen Grenzübergang Berlins in Richtung Westsektor

Widersprüchlich. Bei so viel Staatsmacht mag man das „Willkommen in der DDR“ nicht so recht glauben

Die Genossen von der „Sicherheit“ sind im Großeinsatz auf den Straßen, in den Betrieben und Organisationen. Sie machen gezielt Stimmung gegen den Westen, lösen Menschenansammlungen auf, spähen „Provokateure“ aus, die sich der „staatsgefährdenden Hetze“ oder sonstiger Vergehen schuldig machen, und nehmen diese fest. Mehr als 6000 sind es zwischen dem 13. August und dem 4. September 1961. Mehr als die Hälfte davon landen teils aus nichtigen Gründen in den Zuchthäusern des „Arbeiter- und Bauernstaates“, dessen Einheitspartei alles daransetzt, einen zweiten 17. Juni zu verhindern. Damals haben sich die Werktätigen gegen die Staatsmacht erhoben und es hat sowjetischer Panzer bedurft, um den Aufstand niederzuwerfen.

Am 24. August 1961 fallen die ersten tödlichen Schüsse

Auch nach dem 13. August gelingt es vielen, sich abzusetzen. Denn noch sind die Stacheldrahtverhaue, die die Stadt teilen, überwindbar, noch sind die Vergitterungen in der Kanalisation nicht verstärkt, noch schwimmen keine Netze in Seen und Kanälen. In der SED-Führung ist man sich dessen bewusst. Schon am 20. August hat der Staats- und Parteichef Walter Ulbricht erklärt, die heiße Phase der Operationen sei vorüber; jetzt müsse man die Lage konsolidieren und die Grenze befestigen. Der Stacheldraht könne nicht ewig in der Stadt bleiben, er reize die Menschen und provoziere sie zu immer neuen Versuchen, die Grenze zu durchbrechen.

Im Brennpunkt des Fluchtgeschehens steht in den ersten Tagen nach der Abriegelung die Bernauer Straße, wo die Fassaden der Mietskasernen auf der Sektorengrenze stehen und der Bürgersteig bereits zum Westen gehört. Dramatische Szenen spielen sich dort ab. Die Menschen seilen sich ab oder springen aus den Fenstern. Am 19. August kann sich Rudolf Urban an den zusammengeknoteten Betttüchern nicht mehr festhalten und stürzt in die Tiefe. Im Krankenhaus stirbt er einige Wochen später an seinen Verletzungen.Bereits drei Tage später – wiederum in der Bernauer Straße – kommt die Rentnerin Ida Siekmann bei dem Versuch, in die Freiheit zu gelangen, ums Leben. Sie springt aus dem dritten Stock eines Hauses. Erst Ende September, als die letzten 2000 Anwohner ihre Wohnungen räumen müssen und die Hauseingänge und Fenster endgültig zugemauert werden, wird es an der Bernauer Straße ruhiger.

Am 24. August 1961 fallen in Berlin die ersten tödlichen Schüsse. Sie treffen Günter Litfin. Der 24 Jahre alte Schnei-

Mauerbau. Betonblock für Betonblock wächst in der Berliner Zimmerstraße die unmenschliche Grenze

Noch heute dankbar. Elke Rosin lebt nach einem Auslandsaufenthalt seit 1967 wieder in Berlin

Ich hatte schon immer einen ausgeprägten Freiheitsdrang und träumte von der großen weiten Welt

Das blaue FDJ-Hemd hat Elke Rosin nie gemocht. Sie hängt es demonstrativ an den Schrank der elterlichen Wohnung in der Bernauer Straße 11 in Berlin. Es ist der letzte Handgriff der Schülerin, bevor sie mit ihrer Familie in den Westen flüchtet. Bald werden Volkspolizisten kommen und die Wohnung der „Republikflüchtlinge" durchsuchen. „Die sollten als Erstes sehen, dass ich die ungeliebte Bluse gerne in der DDR zurückgelassen habe. Das war mein persönliches Abschiedsgeschenk", sagt Elke Rosin, die damals noch Mathern hieß.

Es ist der 17. August 1961 – vier Tage nach der Abriegelung der Grenzen. Wenn die 16-jährige Ost-Berlinerin nach Hause will, muss sie eine Stacheldrahtsperre passieren, sich als Bewohnerin des Grenzhauses ausweisen. Die Wohnung, in der sie mit ihren Eltern, der vier Jahre jüngeren Schwester Ruth und Großmutter Lina lebt, liegt direkt an der Sektorengrenze. „Wenn ich mich aus dem Fenster lehnte, war ich mit dem Kopf bereits im Westen", erinnert sich die Berlinerin.

Familie Mathern hatte sich in der DDR eingerichtet. Der Vater arbeitet im Verkauf einer Ost-Berliner Firma, fährt sogar ein Dienstauto. Die Mutter verdient ein paar Mark harter Währung im Westteil der Stadt dazu. In Falkensee am Stadtrand Berlins besitzen die Matherns ein Wochenendgrundstück mit Laube. „Wir waren die typisch angepassten Kleinbürger. Ich ging zur Konfirmation und zur Jugendweihe. Politisch anecken wollten meine Eltern nicht, sie waren neutral."

Doch in der dramatischen Lage nach dem 13. August entschließt sich die Familie zur Flucht. „Meinen Eltern wurde klar, dass die Grenzen für lange Zeit geschlossen bleiben würden. Sie befürchteten, dass wir unsere günstige Wohnung im Grenzgebiet verlassen müssten. Und sie erkannten, dass es unsere letzte Chance für eine Flucht mit geringem Risiko war." Nach dem Mittagessen des 17. August eröffnet die Mutter Elke und ihrer Schwester: Wir müssen unsere Sachen packen. Wir gehen in den Westen. Elke rafft ihre Zeugnisse zusammen, holt ihren Kanarienvogel. An lieb gewonnene Erinnerungsstücke wie ihre Sammlung von Postkarten aus aller Welt denkt sie in diesem Augenblick nicht. „Angst hatte ich damals keine. Es musste aber alles schnell gehen." Mit Koffern und Bündeln laufen Elke Rosin, ihre Mutter, die Schwester und Großmutter aus der Wohnung durch den Hausausgang zur West-Berliner Seite in die Freiheit. Der Vater schließt die Wohnungstür von innen ab, reicht weitere Sachen aus dem Fenster. „Zwei West-Berliner Bauarbeiter halfen uns, nahmen Gepäck von meinem Vater entgegen", erzählt Elke Rosin. „Mein Vater war so aufgeregt, dass er alles Mögliche herausreichte. Sogar eine

Familienflucht. Mit einem Bündel in der Hand flüchtet Elke Rosin (heller Mantel) am 17. August 1961 aus der Wohnung ihrer Eltern in der Bernauer Straße. Im Hintergrund reicht ihr Vater Gepäck aus dem Fenster

Schale mit Obst, die auf dem Tisch stand." Dann bekommt sie es plötzlich doch mit der Angst zu tun. „Nachbarn riefen aus dem Fenster: ‚Beeilt euch. Die Polizei ist gleich da'." Sie konnten alles von oben beobachten. Ein Schreck, von dem sie noch viele Nächte träumen wird. Wenige Augenblicke später hämmern Vopos an die Wohnungstür. Vater Mathern springt aus dem Fenster, läuft auch auf die West-Berliner Seite der Bernauer Straße. „Da saßen wir nun mit unseren Koffern und Bündeln. Zum Glück konnten wir bei Bekannten und bei einer Tante in West-Berlin unterkommen."

Nach ein paar Tagen wird Elke mit ihrer Familie nach Westdeutschland ausgeflogen. Sie lernt Bürokauffrau, geht für knapp drei Jahre nach Kanada und kehrt 1967 nach West-Berlin zurück. Die Mutter einer erwachsenen Tochter sagt: „Ich bin meinen Eltern schrecklich dankbar, dass wir damals geflohen sind. Ich hatte schon immer einen großen Freiheitsdrang und träumte schon als kleines Kind von der großen weiten Welt. In der DDR wäre das ein Traum geblieben."

der hat durch den Humboldthafen in den freien Teil der Stadt schwimmen wollen. Bis Ende Oktober sterben bereits 15 Menschen bei dem Versuch, von der einen in die andere Hälfte Berlins zu gelangen. Als das Jahr vorüber ist, weist die Statistik 27 Todesopfer an Mauer und innerdeutscher Grenze aus; 23 davon kommen alleine in Berlin ums Leben. Es werden noch viele folgen.

Bereits am 20. September 1961 haben die für den Mauerbau verantwortlichen SED-Funktionäre eine Zwischenbilanz gezogen. Neben weiteren Maßnahmen zum Ausbau der Grenze mit dem Ziel, alle Durchbruchsversuche „unmöglich“ zu machen, wird einmal mehr festgelegt: „Gegen Verräter und Grenzverletzer ist die Schußwaffe anzuwenden“ – eine Maßnahme, die vom sowjetischen Staats- und Parteichef Nikita Chruschtschow genehmigt wird, was einmal mehr zeigt, wer in der DDR das Sagen hat.

Nikita Chruschtschow genehmigt den Schusswaffengebrauch

Trotz des rücksichtslosen Vorgehens der an der Sektoren- und Zonengrenze eingesetzten Kräfte nimmt die Zahl der Fluchten vorerst kaum ab. Man wagt es immer wieder mit umgebauten Autos, gräbt Tunnels oder verlässt Ost-Berlin oder die DDR mit Hilfe gefälschter Pässe. Eine der bemerkenswertesten Fluchten des Jahres 1961 ereignet sich am 5. Dezember 1961. Ein Lokführer und sein Heizer durchbrechen die Grenze mit einem Zug – von Oranienburg kommend – nach West-Berlin. In den Wagen sitzen 32 Personen, davon 24, die eingeweiht sind.

Wer aus der DDR flüchtet oder dies vorhat, wird kriminalisiert. In einem Bericht des Staatssicherheitsdienstes über die zumeist jüngeren „Republikflüchtigen“ vom 4. November 1961 heißt es: „Nach Durchführung der Sicherungsmaßnahmen der Regierung der DDR vom 13.8.1961 ist zu verzeichnen, dass sich in den verschiedensten Kreisen der Jugend staatsfeindliche Gruppen zusammenrotten, die sich das Ziel stellen, mittels Waffen, Kraftfahrzeugen und unter Ausnutzung anderer Möglichkeiten, wie Kanalisationsanlagen oder per Schiff, die Grenzsicherungsanlagen der DDR gewaltsam zu durchbrechen und nach Westberlin oder Westdeutschland republikflüchtig werden.“

Insgesamt erfasst die Statistik vom 13. August bis zum 31. Dezember 1961 8507 sogenannter Sperrbrecher. Im Jahr darauf sind es immer noch 5761 Personen, die das Risiko auf sich nehmen, die Flucht über die ständig weiter ausgebaute Demarkationslinie zu wagen. Doch auch unter denen, die

Zur Kenntnis genommen. Erich Honecker zeichnet den Bericht der Transportpolizei über einen „verhinderten Grenzdurchbruch“ mit seinem Kürzel EH ab (rechts). Am 24. August 1961 gegen 19 Uhr wird die Leiche von Günter Litfin aus dem Humboldthafen gezogen (unten)

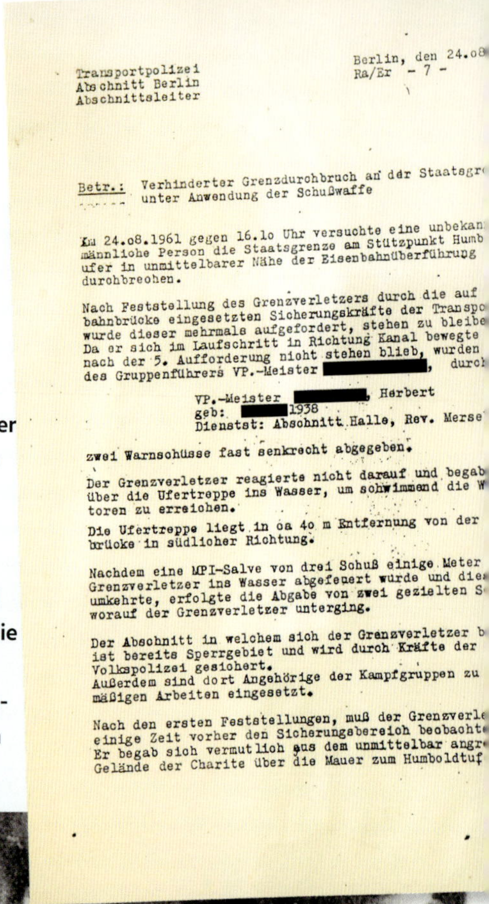
Transportpolizei
Abschnitt Berlin
Abschnittsleiter

Berlin, den 24.o8
Ra/Er - 7 -

Betr.: Verhinderter Grenzdurchbruch an der Staatsgr
unter Anwendung der Schußwaffe

Am 24.o8.1961 gegen 16.1o Uhr versuchte eine unbekan
männliche Person die Staatsgrenze am Stützpunkt Humb
ufer in unmittelbarer Nähe der Eisenbahnüberführung
durchbrechen.

Nach Feststellung des Grenzverletzers durch die auf
bahnbrücke eingesetzten Sicherungskräfte der Transpo
wurde dieser mehrmals aufgefordert, stehen zu bleibe
Da er sich im Laufschritt in Richtung Kanal bewegte
nach der 5. Aufforderung nicht stehen blieb, wurden
des Gruppenführers VP.-Meister [redacted], durch

VP.-Meister [redacted], Herbert
geb: [redacted] 1938
Dienstst: Abschnitt Halle, Rev. Merse

zwei Warnschüsse fast senkrecht abgegeben.

Der Grenzverletzer reagierte nicht darauf und begab
über die Ufertreppe ins Wasser, um schwimmend die W
toren zu erreichen.

Die Ufertreppe liegt in ca 4o m Entfernung von der
brücke in südlicher Richtung.

Nachdem eine MPI-Salve von drei Schuß einige Meter
Grenzverletzer ins Wasser abgefeuert wurde und die
umkehrte, erfolgte die Abgabe von zwei gezielten S
worauf der Grenzverletzer unterging.

Der Abschnitt in welchem sich der Grenzverletzer b
ist bereits Sperrgebiet und wird durch Kräfte der
Volkspolizei gesichert.
Außerdem sind dort Angehörige der Kampfgruppen zu
mäßigen Arbeiten eingesetzt.

Nach den ersten Feststellungen, muß der Grenzverle
einige Zeit vorher den Sicherungsbereich beobachte
Er begab sich vermutlich aus dem unmittelbar angr
Gelände der Charite über die Mauer zum Humboldtuf

Ich erfuhr vom Tod meines Bruders durch die Abendschau

Gegen das Vergessen. Jürgen Litfin richtet 2003 in einem ehemaligen Grenzturm in der Nähe des Tatorts einen Ort der Erinnerung für seinen Bruder ein

Seit elf Tagen durchtrennt Stacheldraht Berlin, als Günter Litfin durch den Humboldthafen in den Westen schwimmen will. Der Schneider aus dem Ost-Berliner Stadtteil Weißensee arbeitet in einem Maßatelier in der Nähe des Bahnhofs Zoo. Durch die Abriegelung der Grenzen kann er seine Arbeitsstelle in West-Berlin nicht mehr erreichen. Ebenso seine Zwei-Zimmer-Altbauwohnung, die er sich ganz in der Nähe des Ateliers in den Tagen vor dem 13. August eingerichtet hat. Sogar seine Nähmaschine steht schon dort, in Einzelteilen heimlich über die Grenze geschmuggelt.

Das Opfer. Günter Litfin kurz vor seinem Tod

Ende August 1961 wollte der 24-Jährige sich offiziell in der Wohnung anmelden und West-Berliner werden. „Günter war deprimiert und verzweifelt", erinnert sich sein drei Jahre jüngerer Bruder Jürgen. „Tagelang fuhr er mit dem Fahrrad die Grenze ab, um eine Fluchtmöglichkeit zu finden. Im Humboldthafen sah er wohl seine besten Chancen. Er war ein guter Schwimmer. Ich weiß, dass Günter bei seinen Beobachtungen dort nie einen Wachposten bemerkt hatte. Und dass gezielt auf Flüchtlinge geschossen würde, konnte man sich nicht vorstellen."

Günter Litfin trägt an diesem Sonntag, der ihm die Freiheit bringen sollte, eine braune Jacke und eine schwarze Hose. Alle in der Familie ahnen, dass er abhauen will. Doch Günter Litfin verrät niemandem ein Wort über seine Pläne. Über eine Steintreppe steigt er in das Hafenbecken. Bis zum West-Berliner Ufer sind es rund 50 Meter. Er schwimmt los, ein DDR-Transportpolizist bemerkt ihn. Noch etwa zehn Meter entfernt liegt das rettende Ufer vor Günter Litfin, als ihn der Volkspolizei-Meister Herbert P. in den Kopf schießt. Tödlich getroffen versinkt Litfin im Wasser. Drei Stunden später zieht die Ost-Berliner Feuerwehr seine Leiche aus dem Hafenbecken.

Ein Reporter der „BILD"-Zeitung fotografiert die traurige Szene. Günter Litfin ist das erste Opfer des Schießbefehls, das erschossen wird. Bruder Jürgen, die Mutter und die Schwägerin in Weißensee ahnen nichts von dem Drama. „Als Günter am Abend des 24. August nicht nach Hause kam, dachten wir, er hätte die Flucht in den Westen geschafft", sagt Jürgen Litfin. Als der jüngere Bruder am nächsten Tag von der Arbeit nach Hause fährt, wird er auf dem S-Bahnhof Prenzlauer Allee von Kriminalpolizisten festgenommen. „Bis Mitternacht wurde ich verhört. Mal sollte mein Bruder homosexuell sein, dann hatte er angeblich eine Krankenschwester sexuell belästigt. Ich sollte Fragen zu Westkontakten unserer Familie beantworten." Als er nachts nach Hause kommt, findet er seine Mutter weinend auf dem Boden, die Wohnung ist verwüstet. „Während meines Verhörs hatte die Stasi Polstermöbel aufgeschlitzt, Schränke durchwühlt und den Inhalt auf den Boden geschmissen. Sogar die Asche unseres Ofens wurde durchsucht und im Zimmer verteilt." Doch Jürgen Litfin und seine Mutter glauben noch immer, Günter sei die Flucht geglückt. „Erst am nächsten Abend erfuhren wir die Wahrheit. Der Sprecher der West-Berliner „Abendschau" Harald Karas zeigte das Bild meines Bruders und vermeldete dazu, dass er bei einem Fluchtversuch am 24. August erschossen wurde."

Jürgen Litfin kann nicht fassen, was er im Fernsehen sieht. Er geht zum Gerichtsmedizinischen Institut. „Eine Angestellte übergab mir schließlich den Totenschein meines Bruders. Es war also wahr." Darauf steht: „24. August 1961, 16.15 Uhr: Tod durch fremde Hand. Hals- und Mundboden-Durchschuss, verbunden mit Ertrinken."

Absturz. Michael F. verbringt im Westen viele Jahre im Gefängnis

Erst sprang meine Mutter, dann ich, zum Schluss mein Vater

Es ist eine der dramatischsten Fluchten aus der Zeit des Mauerbaus. 22. September 1961, Bernauer Straße 7 in Berlin. Ein Vater steht am offenen Fenster des Ost-Berliner Grenzhauses. Er wirft seinen 4-jährigen Sohn aus der dritten Etage in die Freiheit. West-Berliner Feuerwehrleute fangen ihn mit einem Sprungtuch auf. Zeitungen in der ganzen Welt drucken die spektakulären Bilder dieses Flucht-Dramas.

Der kleine Junge von damals heißt Michael F. und lebt noch immer in Berlin. Dem Sprung in die Freiheit folgte ein tiefer Absturz. „BILD"-Reporter spüren ihn bei Recherchen zu diesem Buch auf, treffen ihn im Frühjahr 2011 in einer verrauchten Kneipe in Berlin. Michael F. lebt von Hartz IV und saß viele Jahre im Gefängnis. Es ist früher Nachmittag, und F. trinkt lieber Bier als Kaffee. „Diese Narbe hier oben am Kopf habe ich mir bei dem Sprung zugezogen. Mein Vater hat sich beim Aufprall ins Sprungtuch die Hüfte gebrochen", sagt er.

Vater Willy F. war damals 60 Jahre alt, Mutter Margarete 49. „Die Flucht war noch lange ein Thema bei uns. Meine Oma wohnte im Westen, meine Mutter wollte unbedingt zu ihr", so Michael F. „Zuerst sprang meine Mutter, dann ich und zum Schluss mein Vater. Die Stasi wollte uns an dem Tag aus der Wohnung holen. Vater hatte die Tür mit Möbeln verbarrikadiert."

Die Häuser in der Bernauer Straße liegen direkt auf dem Grenzstreifen. Wenige Wochen nach dem 13. August ließ die DDR-Führung Fenster und Türen der Häuser zumauern. Die Bewohner müssen ausziehen. Die Flucht von Michael F. und seinen Eltern sorgt 1961 für Empörung. Denn als Margarete F. auf den Fenstersims klettert, schießt ein DDR-Volkspolizist. Die Kugel verfehlt sie nur knapp. West-Berliner Polizisten geben der Flüchtenden Feuerschutz, antworten mit Tränengas. Die Stasi bezeichnet verzweifelte Fluchten wie diese als „Provokationen" und vermerkt: „Z. B. wurde am 22.9.61 gegen 13.30 Uhr die F., Margarete, aus ihrer Wohnung Bernauer Straße 7 republikflüchtig, indem sie in ein von der West-Berliner Feuerwehr aufgespanntes Sprungtuch sprang. Dieser Grenzdurchbruch wurde von einem West-Berliner Bereitschaftspolizisten gedeckt, der einen unserer Posten mit einer Gaspistole beschoß". Die Ost-Berliner Staatsanwaltschaft leitet unter dem Aktenzeichen Ib Mi 508/61 ein Ermittlungsverfahren wegen „Republikflucht" gegen die Familie ein. „Wir kamen in das Notaufnahmelager Berlin-Marienfelde. Willy Brandt persönlich schaltete sich in unseren Fall ein. Wir kriegten 3000 Mark Starthilfe und zogen in eine Wohnung in Berlin-Wedding", erinnert sich Michael F.

Das Familienglück hält nur kurze Zeit. „Mein Vater wurde von Nachbarn angemacht und als Mauerhopser beschimpft. Ich bekam in der Schule Lernschwierigkeiten, war hyperaktiv", erzählt der früher berühmte Mauerflüchtling. „Irgendwie bin ich auf die schiefe Bahn geraten. Habe Autos geklaut und andere dumme Sachen gemacht." Eine Berufsausbildung absolviert Michael F. nicht. Ein paar Jahre arbeitet er als Hilfsgärtner und landet immer wieder im Gefängnis. Zu viel Alkohol, kein Geld, Obdachlosenheim, Knast. „In meinem Leben ist eine Menge schiefgelaufen, ich weiß auch nicht warum."

Im Januar 2000 sorgt Michael F. ein zweites Mal in seinem Leben für Schlagzeilen. Für sehr traurige. Ein 70-jähriger Laubenpieper wird überfallen, der Täter schlägt ihm brutal mit einem Hammer auf den Kopf und klaut 400 Mark. Der schwer verletzte Rentner kann noch seinen Sohn anrufen. Er kommt ins Krankenhaus, wird verarztet. Doch die Aufregung ist zu viel für den herzkranken Mann. Als es ihm schon besser geht, bekommt er einen Herzinfarkt und stirbt. Drei Tage später wird Michael F. verhaftet: wegen Raubes mit Todesfolge. „Ich hatte zu viel Alkohol getrunken, war obdachlos und brauchte Geld. Das tut mir wirklich sehr leid", sagt Michael F. und nimmt einen großen Schluck Bier. „Zehn Jahre habe ich gesessen. Draußen finde ich mich aber immer noch nicht so richtig zurecht." Seine karge Wohnung, die er nach der Haftentlassung bekam, hat ihm das Amt wieder gestrichen. „Ich habe ein paar Termine beim Arbeitsamt nicht eingehalten. Jetzt schlafe ich bei einem Kumpel oder in der Obdachlosenunterkunft."

Die Freiheit – sie bringt Michael F. einfach kein Glück.

Ins Sprungtuch. Willi F. wirft seinen Sohn Michael aus dem Fenster in die Freiheit am „antifaschistischen Schutzwall“, wie Mauer und innerdeutsche Grenze in der DDR-Propaganda bald heißen werden, ihren Dienst tun, ist die Neigung, sich in den Westen abzusetzen, nicht gering. So erreichen die Fahnenfluchten beim Kommando Grenze der Nationalen Volksarmee im vierten Quartal des Jahres 1961 mit 109 solchen Vorfällen einen Höchststand und werden nur noch von der Zahl des Jahres 1955 übertroffen.

Schuld daran ist für die SED die „politisch-ideologische Diversion“ des Westens. Der Feind, so heißt es in einem „Lagebericht“ vom Januar 1962, habe seine Anstrengungen intensiviert, „die Grenztruppe zu zersetzen, ihre Moral, die Einsatz- und Gefechtsbereitschaft zu untergraben“.

Tatsächlich ist es nicht der „Klassenfeind“, der für diese Fluchten verantwortlich ist, sondern das SED-Regime mit seiner sowjetischen Vormacht. Sie selbst haben bei den meisten Menschen – nach der gesellschaftlichen Umgestaltung der 50er-Jahre und dem Aufbau eines riesigen Repressionsapparats – mit dem Mauerbau den allerletzten Kredit verspielt.

Zweimal Erich. Staatssicherheitsminister Erich Mielke (zweiter von links) und der deutsche Organisator des Mauerbaus, Erich Honecker (rechts daneben), besichtigen Ende 1961 die Grenzsperren

Ich war sagenhaft verzweifelt, wollte nur noch rüber

Wiedersehen. Nach 50 Jahren sehen sich die Maurer Joachim Nietert (rechts) mit Ehefrau Karin und Norbert Raasch mit seiner Ingrid in der Gedenkstätte Bernauer Straße wieder

Für Norbert Raasch verläuft die Mauer am 13. August 1961 nicht nur durch Berlin. Sie geht mitten durch sein Herz. Der damals 22-jährige Maurer wohnt im Ost-Berliner Stadtteil Prenzlauer Berg. Seine Verlobte Ingrid lebt im Nachbarbezirk Wedding. Und der liegt im Westsektor der Stadt. „Plötzlich war ich von meiner Freundin getrennt. Wir wollten doch heiraten", erzählt Raasch. „Ich war sagenhaft verzweifelt, wollte nur noch rüber." Die Nacht vor dem Mauerbau erlebt das junge Paar noch gemeinsam bei einer Feier mit Kollegen der Baubrigade des „VEB Bauhof Mitte". Auch Joachim Nietert und seine Verlobte Karin sind mit dabei. „Auf dem Heimweg wunderten wir uns, warum am Nordbahnhof keine S-Bahn fuhr. Ansonsten war alles wie immer", erzählt Norbert Raasch. Am nächsten Morgen erfährt der Bauarbeiter: Die Grenzen sind dicht. West-Berlin ist abgeriegelt. „Am liebsten wäre ich sofort abgehauen. Aber man kam ja nirgends durch. Überall standen bewaffnete Soldaten und Betriebskampfgruppen", so der heutige Großvater. Anfang Oktober werden Raasch

Zugemauert. Aus diesem Haus springt Norbert Raasch in den Westen

und Nietert mit ihrer Brigade zu einem Arbeitseinsatz an die Grenze abkommandiert. „Wir mussten Eingänge und Fenster von Grenzhäusern in der Bernauer Straße zumauern", erzählen die beiden. „Es war gespenstisch. Einige Wohnungen waren noch voll möbliert und eingerichtet. Die Bewohner müssen Hals über Kopf geflohen sein." Joachim Nietert wird zum Brigadeführer ernannt. „Am liebsten hätten wir uns geweigert, diese Arbeit zu machen. Aber ständig standen drei, vier Grenzer mit ihren Gewehren hinter uns. Wir konnten nur mit den Zähnen knirschen und weitermachen." So schlimm die Arbeit auch ist, für Raasch bietet sie endlich die Chance auf die heiß ersehnte Flucht. Am 19. Oktober 1961 mauert die Brigade Fenster in der Bernauer Straße 43 zu. Nur kleine Schlitze sollen sie offen lassen. Als Schießscharten für die Grenztruppen. „Als die Grenzer gegen Mittag zum Essen in einen Nebenraum verschwanden, bin ich aus dem Hochparterre in die Freiheit gesprungen", erzählt Raasch. Nietert sieht noch, wie sein Kollege aus dem Fenster klettert, sagt nichts. „In dem Moment habe ich einen riesigen Schreck gekriegt und dachte: Hoffentlich geht das gut.Ich habe mich gefreut, als er es geschafft hatte." Raasch bricht sich bei der Landung das Sprunggelenk. Ein West-Berliner Polizist hebt ihn auf, bringt den Flüchtling ins Krankenhaus. Sein Kollege arbeitet weiter, als ob nichts passiert wäre. Erst zum Feierabend gesteht Nietert seinen Aufpassern: Ein Mann fehlt. In der Nacht holt ihn die Stasi aus dem Bett. In einem Protokoll heißt es: „Durch eine Untersuchungskommission wurde ermittelt, dass der Brigadier Nietert, Joachim, Beihilfe zur Republikflucht des Raasch, Norbert, geleistet hat." Er wird verhört und bis zum Morgen eingesperrt. Dann darf Nietert gehen. „Ich habe Glück gehabt", sagt er heute. „Aber seit dem Mauerbau war ich mit der DDR und ihrem Staat endgültig fertig. Das hat mir den Rest gegeben."

Knapp 50 Jahre vergehen, bis sich die Kollegen von damals wiedersehen. Recherchen zu diesem Buch führen sie wieder zusammen. In der „Gedenkstätte Berliner Mauer" treffen sich die ehemaligen Maurer mit ihren Frauen an historischer Stelle in der Bernauer Straße wieder. Raasch hat seine Freundin von damals geheiratet, auch Joachim Nietert ist seiner Frau bis heute treu geblieben. „Schön, dass es mit euch beiden geklappt hat, dass alles einen Sinn hatte", freut sich Joachim Nietert. „Für mich ist es das Wichtigste, dass du durch meine Flucht keine Repressalien erleiden musstest", sagt Raasch.

Beide stehen da, wo sie sich vor einem halben Jahrhundert zuletzt gesehen hatten. „Das Grenzhaus gibt es nicht mehr", stellen sie fest. „Und die Mauer zum Glück auch nicht."

Zehn Jahre lang versuchte die Staatssicherheit, mich zu töten

Traumatisiert. Rudi Thurow denkt noch heute an manche Tunnelflucht zurück

Als Rudi Thurow am 21. Februar 1962 heimlich die Schlagbolzen in den Maschinenpistolen seiner Kameraden der Grenzkompanie Drewitz entfernt, liegt die Karriere eines sozialistischen Musterbürgers hinter ihm. Mit 18 Jahren meldet er sich 1955 freiwillig zur Grenzpolizei. Rudi Thurow ist SED-Mitglied und wird 1961 zum Unteroffizier befördert. 15 Belobigungen stehen in seiner Kaderakte. Doch an den Sozialismus glaubt der gelernte Bergbauschlosser schon lange nicht mehr. Er will nur noch weg aus der DDR.

„Der Grenzdienst und das brutale Vorgehen gegen Flüchtlinge haben mir die Augen geöffnet", sagt Rudi Thurow. „Ich habe erlebt, wie ein älterer Mann von meinem Vorgesetzten fast totgeprügelt wurde, weil er angetrunken ins Sperrgebiet gelaufen war." Zu diesem Zeitpunkt lernt er zwei Männer und eine Frau kennen, die sich vorsichtig bei ihm nach einer Fluchtmöglichkeit erkundigen. „Ich beschloss, mit ihnen gemeinsam abzuhauen, und zwar in meinem Grenzabschnitt." Im Dunkeln wollen sie mit einem Lastwagen von Potsdam nach West-Berlin durchbrechen. „Um sicherzugehen, dass niemand schießt, habe ich die Waffen meiner Einheit außer Gefecht gesetzt." Doch ein Soldat bemerkt den fehlenden Bolzen in seiner MP. Er hatte sein Gewehr gereinigt, obwohl das während des Dienstes streng verboten ist. Er greift zum Feldtelefon und meldet Grenzalarm. „Ich selber musste den Anruf entgegennehmen und den Hörer an meinen Vorgesetzten weiterreichen. An eine Flucht mit dem Lkw war jetzt nicht mehr zu denken. 300 Soldaten riegelten den Bereich ab." Rudi Thurow schlägt sich trotzdem unbemerkt zu seinen Freunden durch, die bereits mit dem Lastwagen auf ihn warten. Die vier entscheiden: Wir flüchten zu Fuß, aber in die West-Berliner Exklave Steinstücken.

In Uniform geht Thurow auf zwei Grenzposten zu. Sie fordern die Tageslosung als Erkennungsmerkmal. Er antwortet: „Parole: Gotha, Gorki." Die Grenzer salutieren dem Unteroffizier. Er befiehlt: „Sichern Sie den Bereich dort hinten. Ich übernehme hier." Rudi Thurow führt die Gruppe durch den Grenzstreifen, vorbei an Panzersperren bis zum Stacheldraht. „Als Erste kletterte Edeltraud Sarotzki hinüber. Zum Schutz breitete sie ihren Mantel über die Drahtsperre aus", erklärt der Ex-Grenzer. Als Letzter will sich Berthold Thieme in die Freiheit nach Steinstücken retten. Er bleibt im Stacheldraht hängen, Wachposten bemerken ihn. „Ich gab ihm Feuerschutz, schoss 30-mal in die Luft. Gemeinsam zogen wir ihn mit Schnittwunden in den Westen", berichtet Rudi Thurow. „Wir suchten Schutz in einem Haus auf West-Berliner Gebiet, versteckten uns im Keller. Die Bewohner baten wir, die Amerikaner zu verständigen." Die US-Armee unterhält seit September 1961 einen Militärposten in Steinstücken. „Als der Morgen graute, wurden wir in amerikanische Uniformen gesteckt und mit einem Hubschrauber ausgeflogen."

Mehr als 20 Grenzsoldaten fliehen in den ersten Monaten des Mauerbaus in die Exklave. Die Flucht von Rudi Thurow ist die spektakulärste und trifft das DDR-Regime hart. Fünf Monate lang erzählt er dem amerikanischen Geheimdienst in Oberursel jedes Detail aus seiner siebenjährigen Zeit als Grenzsoldat. Er tritt öffentlich gegen den „Arbeiter- und Bauernstaat" auf, zieht nach West-Berlin und schließt sich einer Fluchthelferorganisation an. „Ich habe bei mehreren Fluchttunneln geholfen. Das habe ich aus Überzeugung und ohne Bezahlung gemacht", sagt Thurow stolz.

Die Stasi schlägt zurück und lässt ihn im Westen beobachten, wirbt einen Schwager als Inoffiziellen Mitarbeiter an. Thurow wird fotografiert, sein Tagesablauf genau dokumentiert. Die DDR-Spitzel finden auch heraus, dass aus dem geflüchteten Unteroffizier inzwischen ein gut vernetzter Fluchthelfer geworden ist. Die Geheimpolizei plant, den „Verräter" aus West-Berlin in die DDR zu entführen. Bevor die Häscher zuschlagen, zieht Thurow um. Im November 1963 beschließt der Leiter der Stasi-Hauptabteilung I, Karl Kleinjung, „das Objekt" zu ermorden. Der Plan erstreckt sich über sieben Schreibmaschinenseiten. Drei Stasi-Mitarbeiter sollen den DDR-Flüchtling vor seinem Haus „von hinten lautlos überwältigen und liquidieren". Weiter heißt es in der Akte: „Hierbei wird vom GM ‚Kurt Luft'

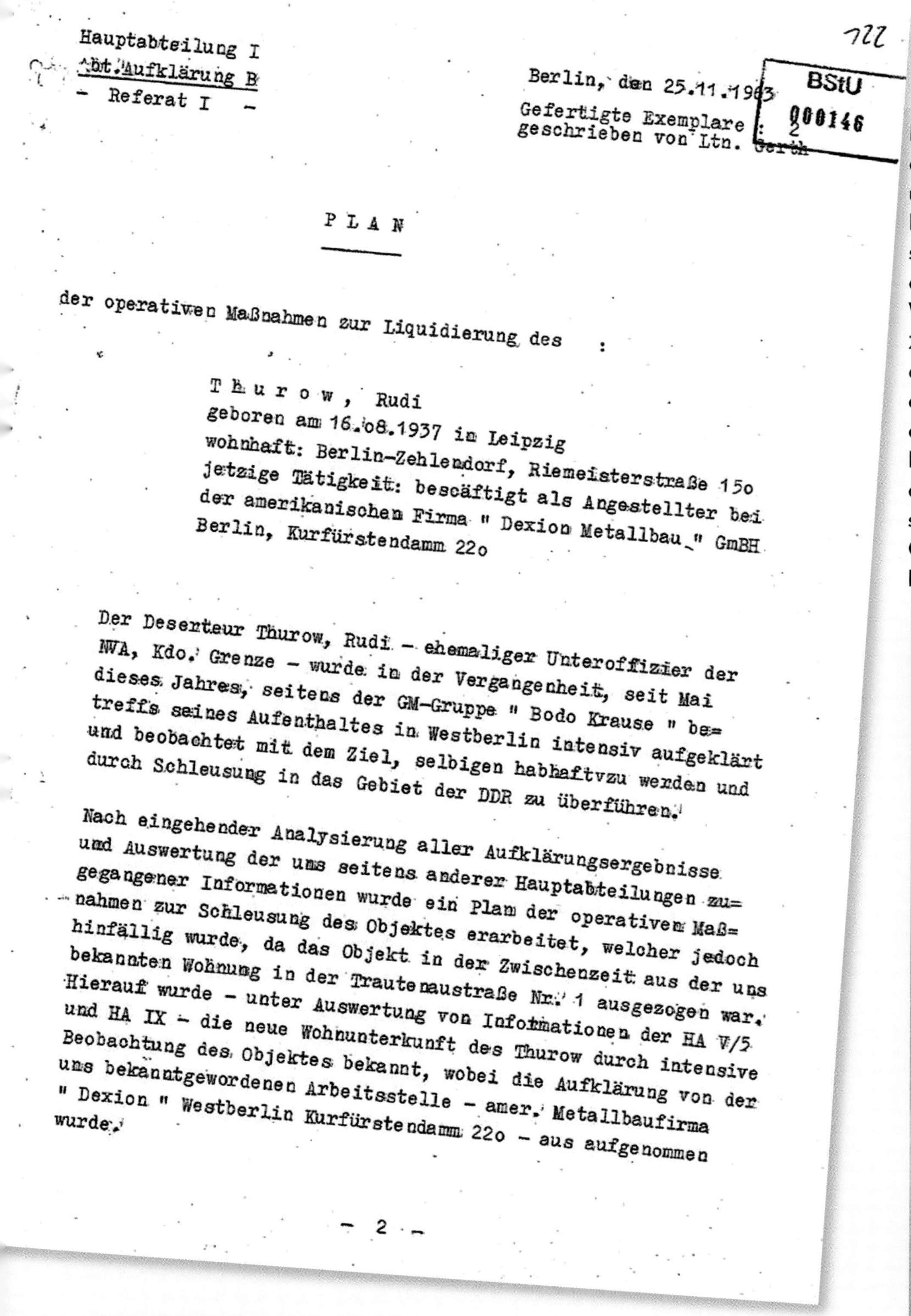

Hauptabteilung I
Abt. Aufklärung B
– Referat I –

722

Berlin, den 25.11.1963
Gefertigte Exemplare : 2
geschrieben von Ltn. Gerth

BStU
000146

P L A N

der operativen Maßnahmen zur Liquidierung des :

T h u r o w , Rudi
geboren am 16.08.1937 in Leipzig
wohnhaft: Berlin-Zehlendorf, Riemeisterstraße 15o
jetzige Tätigkeit: besäftigt als Angestellter bei
der amerikanischen Firma " Dexion Metallbau " GmBH
Berlin, Kurfürstendamm 22o

Der Deserteur Thurow, Rudi – ehemaliger Unteroffizier der NWA, Kdo. Grenze – wurde in der Vergangenheit, seit Mai dieses Jahres, seitens der GM-Gruppe " Bodo Krause " be= treffs seines Aufenthaltes in Westberlin intensiv aufgeklärt und beobachtet mit dem Ziel, selbigen habhaftvzu werden und durch Schleusung in das Gebiet der DDR zu überführen.

Nach eingehender Analysierung aller Aufklärungsergebnisse und Auswertung der uns seitens anderer Hauptabteilungen zu= gegangener Informationen wurde ein Plan der operativen Maß= nahmen zur Schleusung des Objektes erarbeitet, welcher jedoch hinfällig wurde, da das Objekt in der Zwischenzeit aus der uns bekannten Wohnung in der Trautenaustraße Nr. 1 ausgezogen war. Hierauf wurde – unter Auswertung von Informationen der HA V/5 und HA IX – die neue Wohnunterkunft des Thurow durch intensive Beobachtung des Objektes bekannt, wobei die Aufklärung von der uns bekanntgewordenen Arbeitsstelle – amer. Metallbaufirma " Dexion " Westberlin Kurfürstendamm 22o – aus aufgenommen wurde.

– 2 –

Mordauftrag. Sieben Jahre dient Rudi Thurow (Foto unten) als Grenzpolizist in der DDR. Nach seiner Flucht versucht der Staatsicherheitsdienst vergeblich, ihn aus West-Berlin zu entführen. Am 25. November 1963 beschließt die SED-Geheimpolizei einen Plan zur „Liquidierung" des geflüchteten Soldaten. Er soll mit einem Hammer in der Nähe seiner Wohnung erschlagen werden. Thurow hat Glück. Die Stasi kann den Plan nie verwirklichen

ein 1000gr Hammer benutzt." Rudi Thurow: „Rund zehn Jahre versuchte die Stasi, mich zu töten, überlegte sich immer neue Varianten." Von diesen eiskalten Plänen erfährt er nach der Wende durch die Stasiunterlagen-Behörde. „Ich hatte Glück. Im entscheidenden Moment kam immer etwas dazwischen. Irgendein Passant lief vorbei, sodass die Stasi nicht zuschlagen konnte", berichtet der Rentner. „Manchmal wussten die Amerikaner, wann Ost-Berlin Greiftrupps in den Westen schickte. Dann wurde ich gewarnt. So bin ich der DDR ein zweites Mal entwischt."

Blick durch den Stacheldraht. Volkspolizisten beim Ausbau des Todesstreifens an der innerdeutschen Grenze Ende September 1961

KAPITEL V

Der Grenzausbau 1961–69

Bereits drei Tage nach der Abriegelung West-Berlins, die vor allem mit Stacheldraht und Posten bewerkstelligt wird, beginnen Bauarbeiter unter militärischer Bewachung, den Drahtverband Schritt für Schritt gegen eine Mauer aus Hohlblocksteinen zu ersetzen. Dies geschieht, wie der Berliner Historiker Manfred Wilke in seinem Buch „Der Weg zur Mauer" eindringlich beschreibt, unter maßgeblicher Einbeziehung der Sowjetmacht, die somit nachhaltig den Charakter von Mauer und innerdeutscher Grenze prägt. So erklärt am 14. September 1961 Marschall Iwan S. Konew, dass die Grenzbefestigung „keine militärisch-präventiv ausgelegte Funktion" gegen einen westlichen Angriff besitze, „sondern vielmehr eine binnenorientierte, repressive Funktion".

Im Sommer 1962 beginnt der Bau der sogenannten Hinterlandmauer

Am 16. September 1961 informiert Ulbricht den sowjetischen Staats- und Parteichef Nikita Chruschtschow über seine Pläne: „Jetzt wird an der weiteren Befestigung der Grenze gebaut. Die Taktik, schrittweise die Maßnahmen durchzuführen, hat es dem Gegner erschwert, sich über das Ausmaß unserer Maßnahmen zu orientieren, und uns erleichtert, die schwachen Stellen an der Grenze zu finden." Als weitere Schritte, die Grenze unpassierbar zu machen, werden Maßnahmen beschlossen, zu denen das Ziehen von Gräben, das Legen von Betonplatten und -schwellen ebenso gehörte wie weitere Sperren in der Kanalisation oder das Vermauern von Fenstern bei Häusern, deren Fronten direkt auf der Sektorengrenze stehen. Nachdem die Bewohner zwangsumgesiedelt worden sind, beginnt Schritt für Schritt der Abriss der Gebäude. Eine Zeit lang bleiben an vielen dieser Orte die Außenmauern als Bestandteil der Grenzsicherungsanlagen stehen. Im Sommer 1962 sind die Abrissarbeiten, die mit der „Säuberung" des Grenzstreifens einhergingen, so weit abgeschlossen, dass von Juni an mit dem Bau der sogenannten Hinterlandmauer begonnen werden kann.

Diese Hinterlandmauer und die „Evakuierung" der dort ansässigen Bevölkerung gehen auf die Einrichtung einer Sperrzone zurück, die von den Sowjets bald nach dem 13. August gefordert worden ist. Diese sollte 100 Meter breit sein, was sich jedoch im innerstädtischen Gebiet nicht durchgängig verwirklichen lässt. Nachdem auch Washington verlangt, die Grenze für die West-Berliner Bevölkerung sicherer zu machen, soll die Hinterlandmauer dafür sorgen, dass – so Ulbricht – „die DDR-Grenzpolizisten, die das Feuer eröffnen, innerhalb ihrer Stadtgrenze schießen".

Mit der „Anordnung über die Einrichtung eines Grenzgebietes an der Staatsgrenze der DDR zu Westberlin" vom Juni 1963 wird auch im Vorfeld der Hinterlandmauer ein mehrere Hundert Meter breites Sperrgebiet eingerichtet, aus dem als unzuverlässig eingeschätzte Bewohner ausgesiedelt werden. Das Sperrgebiet darf von den Anliegern nur mit Sonderausweisen betreten werden. Deren Gäste müssen zuvor gemeldet und genehmigt werden.

In den ersten drei Jahren nach dem 13. August 1961 entstehen in Berlin 15 Kilometer Mauer. Auf einer Länge von mehr als 130 Kilometern trennen weiter Drahtzäune und Sperren die Menschen voneinander. Es existieren 165 Beobachtungstürme, meist noch primitive Holzkonstruktionen, und 232 befestigte Schützenstellungen. All diese Anstrengungen des Regimes, die bereits mehr als 56 Millionen DDR-Mark verschlungen haben, ändern nichts daran, dass die Grenzsperranlagen immer wieder überwunden werden.

Schweres Gerät im Einsatz. Eine Planierraupe ebnet im Januar 1962 das Terrain an der Grenze zu Berlin-Spandau ein

Freies Schussfeld. An der Heidelberger Straße in Berlin werden die Häuser Nr. 75 und 76 gesprengt. Im Vordergrund ist ein Tunnelsperrgraben erkennbar. Er ist gebaut worden, um unterirdische Fluchten zu verhindern

Im Februar 1964 legt deshalb das DDR-Verteidigungsministerium einen Plan über den „perspektivischen Ausbau" der Grenzanlagen bis zum Jahr 1970 vor. Danach sollten die Sperranlagen zu West-Berlin, die nach dem 13. August „bei teilweise ungenügender Fachkenntnis der eingesetzten Kräfte" errichtet worden seien, verstärkt werden. Im Einzelnen ist vorgesehen, die Mauer zu erweitern, 121 Kilometer Kolonnenweg anzulegen, die Grenze auf ihrer ganzen Länge zu beleuchten, 150 neue Wachtürme vom Typ BT 9 bzw. BT 11, 130 Kilometer Signalzaun, 100 Kilometer Maschendrahtzaun sowie 52,5 Kilometer Streckmetallzaun zu errichten.

Besonderer Aufwand wird bald auch an den Gewässergrenzen zwischen West-Berlin und dem Ostteil der Stadt bzw. dem Umland betrieben. In einer Ausarbeitung des Staatssicherheitsdienstes wird der Ausbau der Unterwassersperren gefordert, um Tauchern das Passieren der Grenze unmöglich zu machen. Außerdem wird vorgeschlagen, dass Hydrometeorologische Institut Rostock zu beauftragen, die technischen Möglichkeiten „zur Verstärkung der Grenzsicherungsanlagen in den Berliner Gewässern" zu untersuchen, die fortan auch verstärkt von Inoffiziellen Mitarbeitern beobachtet werden sollen.

Auch unter Wasser werden die Grenzsperranlagen verstärkt

Von 1968 an werden die Planungen zum Ausbau der Berliner Grenze zügig in die Tat umgesetzt. Der Ausbau der Mauer erfolgt bald mit industriell hergestellten Betonplatten mit waagerecht verlaufenden Fugen und einem aufgesetzten Rohr. Diese Mauer der dritten Generation steht im Mittelpunkt der mit aller Kraft vorangetriebenen Maßnahmen.

Was in Berlin seit dem 13. August 1961 geschieht, ist an der innerdeutschen Grenze bereits im Mai 1952 in Angriff genommen worden. Anders als in Berlin sind längs der „Zonengrenze" keine alliierten Vorbehaltsrechte zu beachten. Sieben Jahre nach Kriegsende und drei Jahre nach der doppelten deutschen Staatsgründung zieht sich ein Stacheldrahtverhau von der Ostsee bis an die Grenze zur Tsche-

Sackgassen. Viele Straßen und Gleise im geteilten Berlin enden an der Mauer wie hier die Bernauer Straße in Richtung Eberswalder

Vertrieben. Ernst Otto Schönemann (unten links) mit seinen Eltern ein Jahr vor der Zwangsumsiedlung. Ihr Geschäft in Lenzen (oben) musste die Familie 1961 verlassen. Vater Otto Schönemann besaß als Selbstständiger einen Opel (rechts)

In vier Stunden mussten wir unser geliebtes Zuhause räumen

Ernst-Otto Schönemann liegt im Tiefschlaf, als es am frühen Morgen des 3. Oktober 1961 Sturm klingelt. Der 20-Jährige schreckt hoch, weiß für einen Moment nicht, wo er ist. Dann hört er seinen Vater schreien: „Wir müssen raus hier." Seine Mutter bricht in Tränen aus. Vor dem elterlichen Haus stehen Lastwagen. „Mir war, als ob mir die Beine wegbrechen. Ich war verzweifelt und fassungslos", erinnert sich Ernst-Otto Schönemann an den Tag, an dem er aus seiner Heimat in Lenzen vertrieben wird.

Der verträumte Ort mit einer über 1000-jährigen Geschichte gehört zu Mecklenburg und liegt an der Grenze zu Niedersachsen. Die DDR will die Sperranlagen weiter ausbauen. Unbequeme Bürger wie die Familie Schönemann sollen aus dem Grenzgebiet verschwinden. Ihnen gehört ein Elektro-, Haushalts- und Spielwarengeschäft, ein Wohnhaus, Garten und einige Morgen Land. Schon 1952 werden in einer ersten Welle – der Aktion „Ungeziefer" – mehrere Bürger aus Lenzen verschleppt. Jetzt laufen die Aktionen „Kornblume" und „Festigung" an. 3175 Menschen entlang der deutsch-deutschen Grenze werden in diesen Tagen zwangsausgesiedelt.

Ernst-Otto Schönemann stürzt in die Küche seiner Eltern. Dort steht bereits ein Polizeioffizier mit einigen Männern und hält ein Schreiben in der Hand. Er raunzt seinen Vater wütend an: „Herr Schönemann, hören Sie mich bis zum Ende an, was ich Ihnen im Auftrage des Leiters des Volkspolizei-Kreises mitzuteilen habe." Seine Mutter ist mit den Nerven am Ende, sagt: „Ich kann nicht mehr, ich will nicht mehr weiterleben." Der Uniformierte erklärt: „Sie haben zu Ihrer eigenen Sicherheit gemäß Beschluss des Ministerrats der DDR einen Wohnungswechsel vorzunehmen!" Mutter Käte bricht zusammen, Sohn Ernst-Otto setzt sie auf einen Stuhl. Der Volkspolizist liest ungerührt weiter aus seinem Schreiben vor: „Wir erwarten von Ihnen verantwortungsbewusstes Handeln und Verständnis für diese Maßnahme als besten Ausdruck für patriotisches Handeln Ihrerseits."

Ernst-Otto Schönemann packt die Wut: „Ich dachte, nun verhöhnt man uns auch noch. Wir werden vertrieben und sollen auch noch Verständnis dafür haben." In nur vier Stunden müssen die Schönemanns ihr geliebtes Zuhause räumen, das Geschäft und die Lager werden versiegelt. Die Eltern Otto und Käte fassen sich an den Händen, weinen bitterlich. Der Vater klagt an: „Was haben wir getan?" Der Polizeioffizer schnauzt die Verzweifelten an: „Wenn Sie nicht anfangen zu packen, machen wir das." Ernst-Otto Schönemann: „Wir konnten keinen klaren Gedanken fassen. Wir rafften fieberhaft alles zusammen, was wir in dieser kurzen Zeit verladen konnten." Bei jedem Schritt wird der der gelernte Elektroinstallateur bewacht. „Nicht einmal auf die Toilette durften wir alleine gehen." Als die vier Stunden abgelaufen sind, beginnt unerbittlich der Abtransport. Vorweg ein Polizeiwagen mit vier Beamten, dahinter ein Lastwagen mit einem offenen Hänger, Vater Schönemann in seinem alten Opel, dann der Sohn und die Mutter in einem Skoda, und zum Schluss ein schwarzer EMW mit Stasi-Leuten. „Wir wurden in die Gemeinde Grambow, Ortsteil Wodenhof, umgesiedelt. Die 80 Kilometer lange Fahrt dauerte vier Stunden. Das Haus, in das wir ziehen sollten, war unbewohnbar", erinnert sich Ernst-Otto Schönemann.

Aktiv gegen das Vergessen. Ernst-Otto Schönemann ist Vize-Vorsitzender der „Union der Opferverbände Kommunistischer Gewaltherrschaft" (UOKG)

Tapeten hängen lose von der Wand, das Haus ist verschimmelt und verwahrlost. Toilette und Waschraum gibt es nicht. Menschen haben hier schon seit Jahren nicht mehr gewohnt. Schönemann: „Nach zwei Wochen bekamen wir eine kleine Wohnung zugewiesen. Wir liefen von einer Stelle zur anderen, wurden immer abgewiesen. Erst als meine Mutter bei einem Funktionär der Bezirksparteileitung einen Nervenzusammenbruch bekam, tat sich etwas."

Familie Schönemann verliert durch die Willkür der SED-Diktatur alles, was sie sich in jahrzehntelanger Arbeit aufgebaut hat. Vater Schönemann stirbt zehn Jahre nach der Zwangsaussiedlung. Lenzen sieht er nie wieder. Und sogar im Tod lässt ihn die DDR nicht zurück in die Heimat. „Ich wollte, dass mein Vater im Familiengrab in Lenzen beerdigt wird. Den Antrag lehnte der SED-Bürgermeister ab."

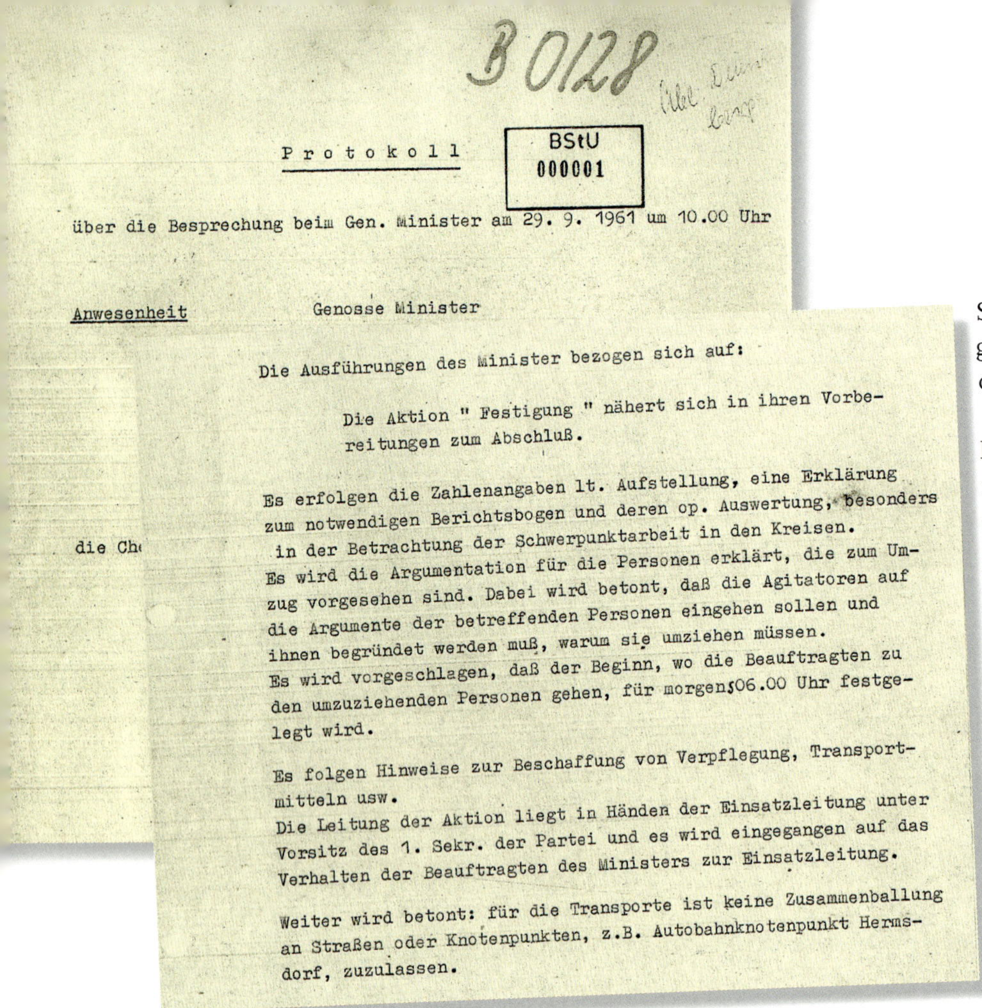

B 0128

Protokoll

BStU
000001

über die Besprechung beim Gen. Minister am 29. 9. 1961 um 10.00 Uhr

Anwesenheit Genosse Minister

die Ch

Die Ausführungen des Minister bezogen sich auf:

Die Aktion " Festigung " nähert sich in ihren Vorbereitungen zum Abschluß.

Es erfolgen die Zahlenangaben lt. Aufstellung, eine Erklärung zum notwendigen Berichtsbogen und deren op. Auswertung, besonders in der Betrachtung der Schwerpunktarbeit in den Kreisen.
Es wird die Argumentation für die Personen erklärt, die zum Umzug vorgesehen sind. Dabei wird betont, daß die Agitatoren auf die Argumente der betreffenden Personen eingehen sollen und ihnen begründet werden muß, warum sie umziehen müssen.
Es wird vorgeschlagen, daß der Beginn, wo die Beauftragten zu den umzuziehenden Personen gehen, für morgens 06.00 Uhr festgelegt wird.

Es folgen Hinweise zur Beschaffung von Verpflegung, Transportmitteln usw.
Die Leitung der Aktion liegt in Händen der Einsatzleitung unter Vorsitz des 1. Sekr. der Partei und es wird eingegangen auf das Verhalten der Beauftragten des Ministers zur Einsatzleitung.

Weiter wird betont: für die Transporte ist keine Zusammenballung an Straßen oder Knotenpunkten, z.B. Autobahnknotenpunkt Hermsdorf, zuzulassen.

Vorgaben. Die Ausführungen des Staatssicherheitsministers Erich Mielke zu einer Zwangsumsiedlung aus dem Grenzgebiet

choslowakei. Parallel dazu erstreckt sich auf ostdeutscher Seite eine fünf Kilometer tiefe Sperrzone, die nur von Anwohnern betreten werden darf. Wollen diese Besuch von außerhalb empfangen, müssen sie zuvor für Verwandte oder Freunde einen Passierschein beantragen. Doch damit nicht genug: Bereits 1952 werden als „unzuverlässig" eingeschätzte Bewohner der Sperrzone unter Androhung von Gewalt in andere Landesteile umgesiedelt. Die Bezeichnung der Zwangsmaßname ist Ausdruck purer Menschenverachtung: „Aktion Ungeziefer".

Noch im Jahr 1961 erfolgten dann weitere Zwangsumsiedlungen

Der eigentliche Grenzbereich beginnt mit einem 500 Meter breiten „Schutzstreifen", der nur mit besonderer Genehmigung zugänglich ist. Dem schließt sich nach Westen ein 10-Meter-Kontrollstreifen längs des Stacheldrahtzauns an, der in den 50er-Jahren das letzte Hindernis in die Freiheit bildet. Nachdem zunächst der Kontrollstreifen über den ganzen Grenzverlauf von Bäumen, Sträuchern und sogar Gras befreit worden ist, wird nach und nach auch der Schutzstreifen von Bebauung und Pflanzen geräumt. Schritt für Schritt nimmt der Todesstreifen so seine Gestalt an.

Mit dem Beginn der Abriegelung West-Berlins 1961 wird die innerdeutsche Grenze immer martialischer befestigt. Als Voraussetzung dafür erfolgen noch im Jahr des Mauerbaus im Rahmen der Aktion „Festigung" weitere Zwangsumsiedlungen im Grenzgebiet – diesmal unter so harmlos klingenden Codenamen wie „Kornblume", „Blümchen" und „Frische Luft". In den zwei großen Aktionen der Jahre 1952 und 1961 werden etwa 12 000 Menschen ihrer Heimat beraubt.

Während vermeintliche Störenfriede aus dem grenznahen Raum entfernt und die zurückbleibenden Bewohner eingeschüchtert werden, errichten Pioniereinheiten einen neuen, doppelten Stacheldrahtzaun. Es entstehen Hundelaufanlagen. Auch werden immer größere Abschnitte der Grenze vermint. Nach einer geheimen Verschlusssache der NVA sind bis 1963 bereits 760 Kilometer Minensperren angelegt worden.

In der zweiten Hälfte der 60er-Jahre wird dann damit begonnen, die bislang verlegten Minen durch neue, effizientere Modelle vom Typ 65 zu ersetzen. Vorangetrieben wird auch die Entwicklung einer neuen Splittermine, die bald mit der SM 70 ihre Anwendung finden wird. In einer Vorlage des Kommandos der Grenztruppen der NVA vom Dezember 1967 heißt es abschließend, Minen entsprächen den Anforderungen der „modernen Grenzsicherung" und seien ein „wirksames Element" in deren Gesamtsystem. Aufrechterhalten wird bei alldem die Propagandalüge vom „antifaschistischen Schutzwall", mit dem sich der „Arbeiter- und Bauernstaat" gegen angebliche Unterwanderungs- und Umsturzversuche der als faschistisch denunzierten Bundesrepublik zur Wehr setze. Als Beispiel für deren aggressive Politik muss auch immer wieder der Streit um die 93,7 Kilometer lange Elbgrenze zwischen Lauenburg und Schnackenburg herhalten. Während die Bundesrepublik für sich reklamiert, dass die Elbe in ihrer ganzen Breite zum westdeutschen Territorium zähle, beharrt die DDR auf einen Grenzverlauf in der Flussmitte, wie er zwischen souveränen Staaten üblich ist. Eine später eingesetzte deutsch-deutsche Kommission soll den Streit beenden, kommt aber nie zu einem Ergebnis.

Gestörte Totenruhe. Weil Friedhöfe an der Sektorengrenze gute Fluchtmöglichkeiten bieten, müssen sogar die Toten, wie hier 1967 auf dem Sophienfriedhof, Platz machen

Little Berlin. So nennen US-Soldaten das Fünfzig-Seelen-Dorf Mödlareuth in Oberfranken und Thüringen. Denn mitten durch den winzigen Ort verläuft die innerdeutsche Grenze. Diese ist bis 1952 für die Einwohner noch passierbar. Noch existiert so etwas wie ein gemeinsames Dorfleben. Doch 1952 wird alles anders: Das SED-Regime beginnt damit, die Demarkationslinie zu befestigen. Der östliche Teil des Dorfes liegt nun im „Schutzstreifen“ und darf von Bundesbürgern gar nicht mehr, von Ostdeutschen nur noch mit Sondergenehmigung betreten werden. Politisch unzuverlässige Bewohner werden umgesiedelt. Nach dem 13. August 1961 wird auch in Mödlareuth die Grenze zu einem unüberwindbaren Hindernis ausgebaut. Zunächst entsteht unter den Augen des Bundesgrenzschutzes ein über zwei Meter hoher Bretterzaun (siehe Foto) und später eine 3,40 Meter hohe Betonmauer ähnlich der in Berlin. Wie die Hauptstadt im Großen wird Mödlareuth im Kleinen zu einem Symbol der deutschen Teilung, die im November 1989 überwunden wird

Endlich! Die Tante aus dem Westsektor wird von der Nichte im Ostsektor herzlich empfangen. Das Passierscheinabkommen hat es ermöglicht

KAPITEL VI

Wiedersehen

Es ist ein erster Lichtblick nach mehr als zwei Jahren der Spaltung Berlins. Die eingemauerten Einwohner der westlichen Teilstadt dürfen zu Weihnachten und zum Jahreswechsel 1963/64 ihre Verwandten in Ost-Berlin besuchen. Dies ist seit dem 25. August 1961 nicht mehr möglich gewesen. Denn an diesem Tag sind die beiden kurz zuvor eingerichteten Passierschein-Ausgabestellen der DDR auf den S-Bahnhöfen Friedrichstraße und Westkreuz geschlossen worden. Dies ist auf Anordnung der West-Alliierten und im Einvernehmen mit dem Berliner Senat geschehen, weil der Viermächtestatus Berlins die ganze Stadt als Einheit betrachtet. Passierscheinstellen und Passierscheine, wie sie das SED-Regime als Voraussetzung für den Besuch Ost-Berlins am 23. August eingeführt hat, sind damit nicht vereinbar – ein Standpunkt, der allerdings nicht durchzuhalten ist.

Auf Druck der Sowjetunion zeigt sich Walter Ulbricht nachgiebig

Auf westlicher Seite bleibt nämlich bald nichts unversucht, zu einer Besuchsregelung zu kommen; doch die DDR verweigert sich. Der Druck Chruschtschows macht Ulbricht schließlich konzessionsbereit. Am 7. Dezember 1963 erklärt der stellvertretende Ministerpräsident der DDR, Alexander Abusch, in einem Schreiben an Willy Brandt die Bereitschaft der DDR, Passierscheine auszugeben, um West-Berlinern wieder Verwandtenbesuche im Ostteil der Stadt zu ermöglichen. Die Verhandlungen gestalten sich jedoch schwierig, denn die rechtlichen Vorstellungen beider Seiten gehen weit auseinander. Nach östlicher Auffassung von der Drei-Staaten-Theorie ist West-Berlin neben der DDR mit ihrer Hauptstadt Berlin und der „BRD" eine „selbstständige politische Einheit". Deshalb können nach dieser Sicht der Dinge West-Berliner, die einen provisorischen westdeutschen Ausweis haben, nicht so behandelt werden wie Bundesbürger, die Visa für die DDR beantragen können. Ganz anders die westliche Rechtsvorstellung. Dieser zufolge existiert die DDR gar nicht. Sie ist sowjetisch besetzte Zone und Ost-Berlin demnach nichts anderes als der sowjetische Sektor Berlins, der genauso wie der amerikanische, britische und französische Sektor dem Viermächtestatus unterliegt.

Brandts Unterhändler müssen also ein Abkommen aushandeln, das weder Anerkennung der östlichen Positionen bedeutet noch den Charakter eines völkerrechtlichen Vertrages hat, noch mit Hoheitsakten der DDR auf West-Berliner Gebiet verbunden ist. Doch eben dies versucht die SED-Delegation zu erreichen. Am Ende einigen sich die Verhandlungsführer Senatsrat Horst Korber und DDR-Staatsekretär Erich Wendt. In dem von ihnen unterzeichneten Protokoll heißt es: „Ungeachtet der unterschiedlichen politischen und rechtlichen Standpunkte ließen sich beide Seiten davon leiten, dass es möglich sein sollte, dieses humanitäre Anliegen zu verwirklichen." Nach sieben Verhandlungsrunden wird vereinbart, dass die West-Berliner zwischen dem 19. Dezember 1963 und dem 5. Januar 1964 für einen Tag Verwandte in Ost-Berlin besuchen dürfen. Als Verwandte gelten neben Ehepartnern und Kindern Eltern, Großeltern, Enkel, Geschwister, Tanten und Onkel sowie Nichten und Neffen. Voraussetzung für die Genehmigung von Besuchen ist, dass der Antragsteller nicht gegen die Gesetze der DDR verstoßen hat.

„BILD"-Extrablatt. Es erscheint in sechsstelliger Auflage und wird den Verteilern aus den Händen gerissen

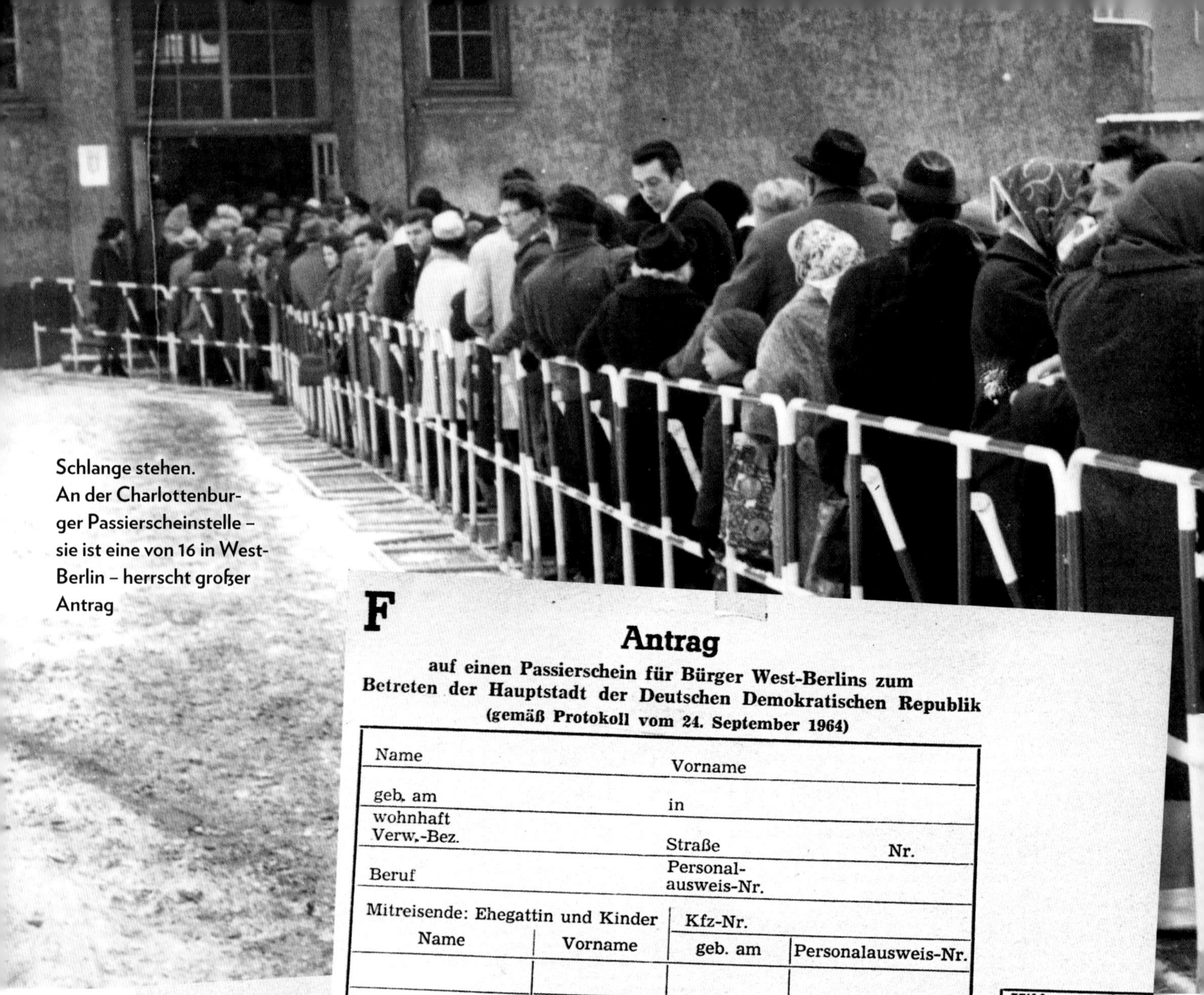

Schlange stehen. An der Charlottenburger Passierscheinstelle – sie ist eine von 16 in West-Berlin – herrscht großer Antrag

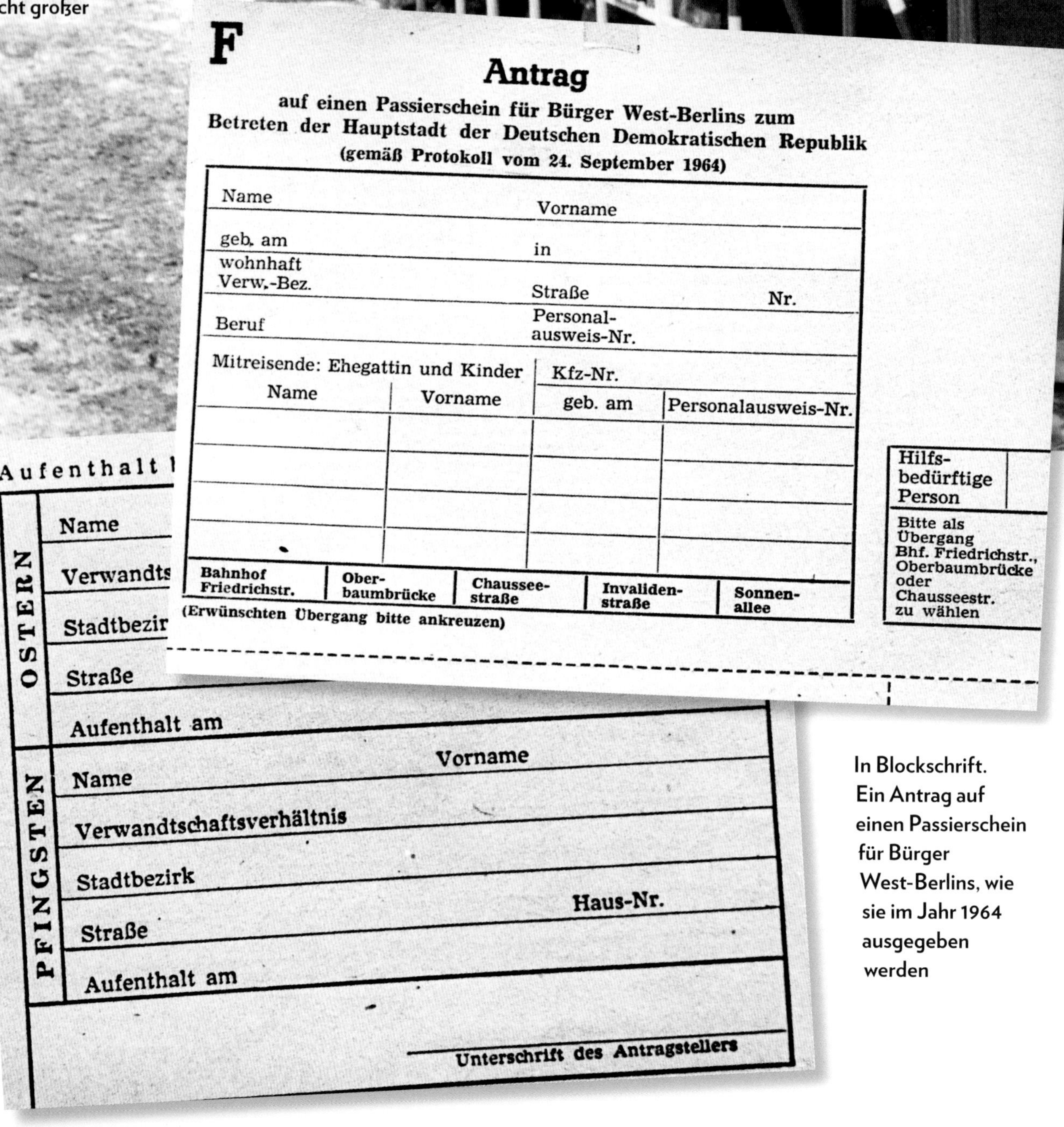

F

Antrag

auf einen Passierschein für Bürger West-Berlins zum Betreten der Hauptstadt der Deutschen Demokratischen Republik (gemäß Protokoll vom 24. September 1964)

Name	Vorname
geb. am	in
wohnhaft Verw.-Bez.	Straße Nr.
Beruf	Personal-ausweis-Nr.
Mitreisende: Ehegattin und Kinder	Kfz-Nr.

Name	Vorname	geb. am	Personalausweis-Nr.

Bahnhof Friedrichstr.	Oberbaumbrücke	Chausseestraße	Invalidenstraße	Sonnenallee

(Erwünschten Übergang bitte ankreuzen)

Hilfsbedürftige Person

Bitte als Übergang Bhf. Friedrichstr., Oberbaumbrücke oder Chausseestr. zu wählen

Aufenthalt

OSTERN

Name

Verwandts

Stadtbezir

Straße

Aufenthalt am

PFINGSTEN

Name Vorname

Verwandtschaftsverhältnis

Stadtbezirk

Straße Haus-Nr.

Aufenthalt am

Unterschrift des Antragstellers

In Blockschrift. Ein Antrag auf einen Passierschein für Bürger West-Berlins, wie sie im Jahr 1964 ausgegeben werden

Die Organisation der Passierscheinausgabe ist kompliziert und trägt den unterschiedlichen Rechtspositionen Rechnung. Willy Brandt beschreibt sie in seinen Erinnerungen: „Die Ost-Berliner Beamten, die die Passierscheine in West-Berlin entgegennahmen, mussten Postangestellte sein (oder als solche firmieren). Weil Hoheitsakt, mussten die Anträge im anderen Teil der Stadt geprüft und ausgestellt, bei uns durften sie ausgehändigt werden. Für die Passierscheinstellen war unser Hausrecht sicherzustellen."

1,2 Millionen der West-Berliner beantragen jetzt Passierscheine

In Staatsmedien der DDR werden die Vereinbarungen stets im Sinne einer völkerrechtlichen Anerkennung der DDR und ihrer Zuständigkeit für Ost-Berlin sowie einer Bestätigung des Status von West-Berlin als selbstständige politische Einheit gewertet. Dies ändert nichts daran, dass mehr als 1,2 Millionen West-Berliner Passierscheine beantragen, für die sie mitunter stundenlang an den Ausgabestellen anstehen müssen. Es kommt zu ergreifenden Szenen an den innerstädtischen Übergängen, wo die Verwandten aus dem Westen oft schon erwartet werden. Nach zweieinhalb Jahren der Trennung wird in Ost-Berlin, wo der Staatssicherheitsdienst im Großeinsatz ist, Wiedersehen gefeiert. In der Folgezeit kommt es noch zu drei weiteren Passierscheinabkommen, bei denen insgesamt sieben Mal West-Berliner ihre Verwandten im Ostteil der Stadt besuchen dürfen: im Herbst, zu Weihnachten und zum Jahreswechsel 1964/65; zu Pfingsten und Weihnachten 1965 sowie zum Jahreswechsel 1965/1966 und schließlich zu Ostern und Pfingsten 1966. Insgesamt werden zwischen Ende 1963 und Sommer 1966 mehr als 5,4 Millionen Besuchsberechtigungen ausgestellt.

Obwohl sich die westliche Seite sehr darum bemüht, kommen keine weiteren Passierscheinabkommen zustan-

Geduldsprobe. Die DDR-Postbeamten, die in West-Berliner Passierscheinstellen die Einreise-Anträge entgegennehmen, sind in Wirklichkeit Mitarbeiter des Staatssicherheitsdienstes

de. Einmal winkt Ost-Berlin mit Hinweis auf die westlichen Rechtsvorstellungen hinsichtlich Berlins ab, das andere Mal sind es die Sitzungen der CDU/CSU-Bundestagsfraktion im freien Teil der Stadt, die dafür herhalten müssen. Tatsächlich liegen aber die Gründe in der vorübergehenden Abkühlung der politischen Großwetterlage. Außerdem ist mit Chruschtschow 1964 der Garant für die Passierschein-Regelungen gestürzt worden. Vereinbart wird lediglich im Oktober 1966 eine sogenannte Härtefall-Regelung. Sie bedeutet, dass bis 1972 West-Berliner nur noch in dringenden Familienangelegenheiten nach Ost-Berlin und in die DDR reisen dürfen. Ausgenommen von diesen Beschränkungen sind Geschäftsreisen sowie Fahrten auf Einladung amtlicher Stellen der DDR.

Für die allermeisten West-Berliner bleibt die Grenze zwischen 1966 und 1972 völlig versperrt. Erst mit dem Viermächteabkommen über Berlin, mit dem Transitabkommen vom Dezember 1971 und mit dem deutsch-deutschen Verkehrsvertrag des darauffolgenden Jahres ändern sich die Dinge. West-Berlinern wird es jetzt ermöglicht, nicht nur Verwandte, sondern auch Bekannte im Ostteil der Stadt sowie in der DDR nach Erteilung eines „Berechtigungsscheins zum Empfang eines Visums" zu besuchen. Sie werden damit im Wesentlichen den Bundesbürgern gleichgestellt, für die es eine Reihe von Verbesserungen gibt. So wird ein kleiner Grenzverkehr eingerichtet, der es Bundesbürgern aus grenznahen Landkreisen und Städten ermöglicht, in die DDR zu reisen. Besucht werden können grenznahe Regionen, die in dem Vertrag einzeln benannt sind, nicht aber das unmittelbare Grenzgebiet. Und auch beim bislang so schikanösen Reiseverkehr auf dem Land- und Wasserweg von und nach West-Berlin wird das Procedere entscheidend erleichtert.

Mauer und innerdeutsche Grenze werden durchlässiger

Mauer und innerdeutsche Grenze sind damit alles in allem durchlässiger geworden. Im Jahr 1975 werden mehr als 3,5 Millionen Reisen nach Ost-Berlin und in die DDR registriert. In umgekehrter Richtung fahren 30 Jahre nach Kriegsende außer den Rentnern etwa 4000 DDR-Deutsche in dringenden Familienangelegenheiten nach Westen; ein Rinnsal nur und dennoch ein Fortschritt, gemessen

Unzertrennlich. Rudolf Bimbel und seine Tochter Martina in ihrer gemeinsamen Wohnung in Berlin

Die Zeit der Trennung war für uns eine schwere Belastung

Ihren ersten Geburtstag feiert Martina Bimbel 1961 ohne den Vater in Ost-Berlin. Seit einem Monat ist die Stadt von Stacheldraht und Mauer durchtrennt, als das Kind ein Jahr alt wird. Das kleine Mädchen lebt mit Mutter Helga im Ost-Bezirk Prenzlauer Berg, Vater Rudolf wohnt in West-Berlin.

Der 13. August 1961 hat die Familie auseinandergerissen. „Vor dem Mauerbau konnte ich ja rüberfahren, wie ich wollte. Auch über Nacht zu bleiben, war kein Problem", sagt der Berliner. Jetzt bleiben dem jungen Paar nur noch sehnsüchtige Blicke über die Mauer. „Wir verabredeten uns an der Bernauer Straße und anderen Stellen, an denen wir uns wenigstens zuwinken konnten", so Rudolf Bimbel. Er fotografiert seine Frau und die kleine Tochter durch den Stacheldraht. Die ersten Tage nach dem Mauerbau kann der Klempner seine Familie noch heimlich auf dem S-Bahnhof Berlin-Friedrichstraße treffen. Dann errichten die DDR-Grenzer Sichtsperren.

„Ein Jahr ging gar nichts, es gab keine Möglichkeit, meine Frau und meine Tochter zu besuchen. Die DDR-Behörden ließen mich nicht rein." Erst das Passierscheinabkommen ermöglicht den West-Berlinern Ende 1963 Verwandtenbesuche im Ostteil der Stadt. „Ich besaß als einer der wenigen West-Berliner einen Reisepass der Bundesrepublik, hatte eine Zeit lang in Nordrhein-Westfalen gearbeitet", erzählt Rudolf Bimbel. „Im Sommer 1962 durfte ich das erste Mal mit einem Tagespassierschein rüber zu meiner Familie. Vor Mitternacht musste ich wieder im Westen sein." Das Passierscheinabkommen erlaubt es den Bimbels, 1963 gemeinsam in Ost-Berlin Weihnachten zu feiern.

„Die Zeit der Trennung war eine schwere Belastung. Fast wäre meine Ehe daran zerbrochen", so Rudolf Bimbel. Für seine Tochter bleibt er ein Fremder. „Ich habe meinen Vater lange für einen Onkel gehalten", erinnert sich Martina Bimbel. Dank seines bundesdeutschen Passes kann Vater Rudolf an manchen Wochenenden mit einem Tagespassierschein rüberfahren. „Ich musste am Grenzübergang eine Nummer ziehen und warten, bis ich aufgerufen wurde. Einmal vergaß ich, dem Zoll eine Zigarettenschachtel vorzulegen, die ich in der Hemdtasche hatte. Mir wurde mein ganzes Geld abgenommen und ich musste zurück", erinnert sich der Witwer.

Als die Stasi ihn anwerben will und ihn auffordert, „etwas für den Frieden zu tun", lehnt Bimbel ab. Monatelang darf er nicht zu Frau und Kind. Nach viereinhalb Jahren hat die Zeit der Trennung ein Ende. Ein West-Berliner Anwalt erreicht eine „Familienzusammenführung". Martina Bimbel: „Von diesem Tag an waren wir endlich eine richtige Familie."

Familientreffen. 1963 darf Rudolf Bimbel Frau und Tochter in Ost-Berlin besuchen. Sie machen Ausflüge ins Grüne (oben). In den ersten Monaten nach dem Mauerbau kann die Familie sich nur durch den Stacheldraht sehen. Streng bewacht von DDR-Grenzern (links)

Vergewisserung. Als Vertreter des Bundeskanzlers informiert sich der Minister für gesamtdeutsche Fragen, Erich Mende, über die Situation an einer Passierscheinstelle

an der Zeit nach dem Mauerbau. Die deutsch-deutschen Verhandlungen haben nicht nur die Lebensverhältnisse in der DDR ein Stück weit verbessert, sondern stets auch – entgegen der Absicht der SED-Führung – die Besonderheit des deutsch-deutschen Verhältnisses und die Offenheit der deutschen Frage unterstrichen und so der Entfremdung zwischen den Landsleuten in Ost und West entgegengewirkt.

Die KSZE-Schlussakte lässt die Zahl der Ausreiseanträge steigen

Bald nehmen immer mehr Deutsche aus der DDR die von Ulbrichts Nachfolger Erich Honecker 1975 unterzeichnete KSZE-Schlussakte von Helsinki beim Wort, in der sich das SED-Regime zur Respektierung der Grundrechte verpflichtet hat, zu denen auch das Recht auf Freizügigkeit zählt. Nicht zuletzt deshalb steigt in den 80er-Jahren die Zahl derer, die einen Ausreiseantrag stellen, kontinuierlich an. Sind es 1984 etwa 32 000 Menschen, die auf eine Übersiedlung nach Westdeutschland warten, so tun dies 1988 mehr als 110 000. Daran können auch die Schikanen der Partei und des Staatssicherheitsdienstes nichts ändern, die den Alltag der meisten Ausreiseantragsteller bestimmen.

Gesamt-Berliner Silvester-Feier. Tanz ins neue Jahr 1964 im Café Warschau an der Karl-Marx-Allee

Freudentränen. Eine Großmutter sieht zum ersten Mal ihr Enkelkind, obwohl man doch nur ein paar Kilometer voneinander entfernt wohnt

Abschied am Übergang. Um Mitternacht müssen die West-Berliner die „Hauptstadt der DDR“ wieder verlassen haben

Von Kugeln durchsiebt. Mit sieben Freunden will Manfred Massenthe in einem gepanzerten Bus im Mai 1963 am Grenzübergang Invalidenstraße die Sperren durchbrechen. 138 Schüsse feuern die Grenzer ab. Kurz vor dem Ziel wird der Fahrer getroffen, verreißt das Steuer und prallt gegen eine Wand. Lange Haftstrafen sind die Folge

KAPITEL VII

Wege in die Freiheit

„Man kann sagen, dass die Maßnahmen der DDR vom 13. August 1961 insgesamt bessere Resultate erzielt haben, als wir während der Vorbereitungen erwarteten", erklärt Erich Honecker im Nachhinein. Der SED-Funktionär, der die Aktion „Rose", die Abriegelung West-Berlins, auf DDR-Seite koordiniert, hat damit recht, wenn er die verhaltenen Reaktionen des Westens auf den Mauerbau meint. Was den Flüchtlingsstrom anlangt, so ist es zwar gelungen, diesen massiv einzudämmen, nicht aber zu unterbrechen. Vom 13. August bis zum Ende des Jahres 1961 gelingt es immerhin noch mehr als 51 000 Menschen zu fliehen. Die Wege in die Freiheit sind mannigfaltig und führen in den wenigsten Fällen direkt über die Sperranlagen. Vielmehr flüchten die Menschen versteckt in Autos oder mit gefälschten Papieren, mitunter über das sozialistische Ausland.

Seit dem Mauerbau ist der Druck auf die Bevölkerung gewachsen

Die Motive, den von vielen als Gefängnis empfundenen „Arbeiter- und Bauernstaat" zu verlassen, liegen auf der Hand. Seit dem Mauerbau wächst der Druck auf die Bevölkerung weiter. Das politisch-gesellschaftliche System schränkt den Freiraum des Einzelnen ein. Wer dem SED-Staat – ob aus religiösen oder weltanschaulichen Gründen – kritisch beziehungsweise ablehnend gegenübersteht, wird benachteiligt. Dessen Kindern bleibt eine gute Ausbildung versperrt. Hinzu kommt, dass die Perspektiven im Westen einfach besser sind, ganz abgesehen von dem ungleich höheren Lebensstandard und dem immer größer werdenden bunten Warenangebot. Solches verfehlt seine Wirkung auf Menschen nicht, die im allzu grauen Alltag des real existierenden Sozialismus für Gebrauchsgüter Schlange stehen müssen. Insbesondere die Jüngeren, also diejenigen, die das Leben noch vor sich haben, sind es, die die Konsequenzen daraus ziehen und sich für eine Flucht entscheiden.

Und dennoch ist es auch für sie ein schwerer Schritt, der Heimat, dem familiären Umfeld, dem Freundeskreis den Rücken zu kehren und das Haus zurückzulassen, sei es auch das der Eltern. Zwar enteignet der SED-Staat zurückgelassenen oder ererbten Immobilienbesitz nicht mehr, wie es in den frühen Jahren der Fall gewesen ist. Doch die staatliche Zwangsverwaltung beschneidet die Rechte des Eigentümers oder Erben und bürdet ihm hohe Unterhaltskosten auf, die für ihn oft nicht mehr aufwendbar sind. So ist er oft zum Verkauf gezwungen – ein Verkauf, der dann einer Enteignung recht nahe kommt.

Wer aus der DDR fliehen will, tut das in aller Regel nicht im Alleingang. Hilfe kommt meist aus dem Westen. Oft sind es Angehörige oder Freunde, aber auch Organisationen. An den West-Berliner Universitäten ist seit dem Mauerbau eine regelrechte Fluchthelferszene entstanden. Zunächst ist es ihr darum gegangen, Freunde oder Kommilitonen in den Westen zu holen. Dies geschieht durch die Kanalisation der Stadt. Doch diese Wege werden vom Grenzregime der DDR rasch versperrt. In einer groß angelegten Aktion werden bereits im Herbst 1961 die Kanäle mit zusätzlichen Eisengittern versehen oder diese verstärkt.

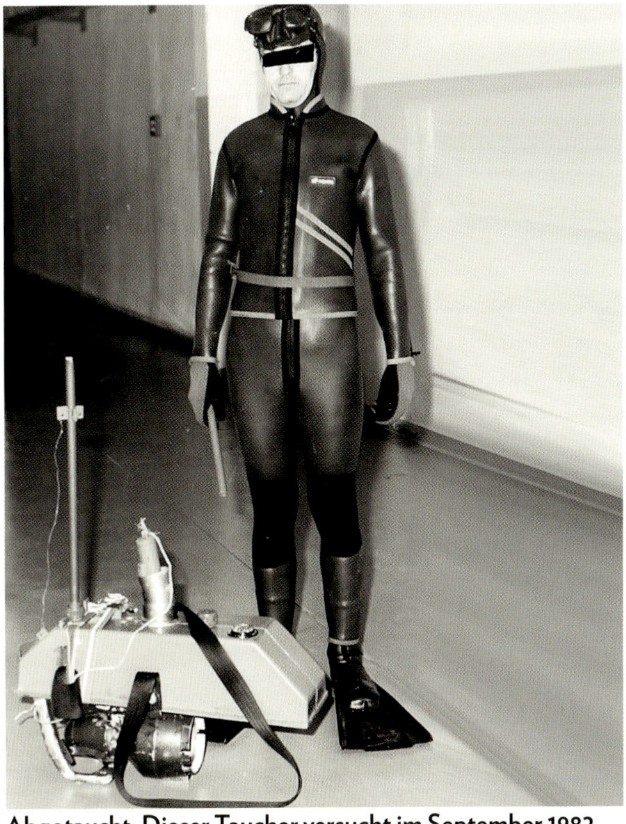

Abgetaucht. Dieser Taucher versucht im September 1982 mit einem Aqua-Scooter von Kühlungsborn die DDR über die Ostsee zu verlassen. Nach 14 Stunden fassen ihn Angehörige der Grenzbrigade Küste

Die Fluchthelfer finden bald andere Möglichkeiten. Sie bedienen sich oft geliehener echter oder gefälschter westdeutscher Reisepässe. Eine Fälscherwerkstatt dafür ist im Sozialreferat des West-Berliner Studentenwerkes untergebracht. Dort arbeitet man mit echten Passrohlingen, bei deren Beschaffung Mitarbeiter westlicher Dienststellen behilflich sind. Wenn dies auch strafbar ist – der Kalte Krieg und die gute Sache machen vieles möglich. Meistens lassen sich die DDR-Grenzer auch damit täuschen. Gebräuchlich ist auch ein anderes Verfahren: Ein Besucher aus dem Westen reist in den Ostsektor Berlins und meldet seinen Pass dort als verloren. Tatsächlich hat er diesen aber einem Flüchtling zugespielt, der – zurechtgemacht wie der rechtmäßige Passbesitzer – damit die DDR-Grenzkontrollen Richtung Westen passiert.

An der TU gibt es regelrechte Spezialisten für Tunnelbauten

An der Technischen Universität gibt es regelrechte Spezialisten für Tunnelbauten. Im September 1962 graben sie eine 126 Meter lange Röhre unter die Sektorengrenze an der Bernauer Straße, durch die 29 Menschen flüchten. Begleitet und finanziert wird das Unternehmen, dessen Vorbereitungen sich über mehrere Monate erstreckt haben, vom amerikanischen Fernsehsender CBS. Der so entstandene Dokumentarfilm erregt weltweites Aufsehen. Ebenfalls unter der Bernauer Straße treiben Studenten 1964 unter der organisatorischen Leitung von Wolfgang Fuchs einen Tunnel in Richtung Osten. Durch ihn kriechen 57 Flüchtlinge in die Freiheit. Als nach drei Tagen der Fluchttunnel entdeckt wird, kommt es zu einer Schießerei, bei der ein DDR-Grenzsoldat getötet wird. Neben den Fluchthelfern sind es auch andere, die sich zusammentun, um Tunnel zu bauen, wie etwa die zwölf Senioren, die einfach nur genug haben vom real existierenden Sozialismus und deshalb „drüben" nicht einmal beerdigt werden wollen. Durch einen selbst gebauten Tunnel gelangt auch die Familie Aagaard von Brandenburg nach West-Berlin und damit in die Freiheit. Insgesamt sind 70 solcher Tunnelfluchten bekannt; 22 davon sind gelungen.

Im Juni 1962 kapern 13 junge Ost-Berliner das Fahrgastschiff „Friedrich Wolf". Unter dem Maschinengewehrfeuer der DDR-Grenzpolizei, das von der Berliner Polizei erwidert wird, erreicht der Ausflugsdampfer schließlich das rettende West-Berliner Ufer. Immer wieder werden Pkws von Fluchthelfern und anderen hergerichtet, um Menschen

Unter Tage. Der Student Klaus-Michael von Keussler gräbt einen Tunnel unter der Berliner Mauer. Er gehört zu einer Fluchthelfergruppe um den Schauspieler Wolfgang Fuchs. In zehn Monaten baut die Gruppe einen 145 Meter langen Stollen, durch den 57 Menschen fliehen können

Versandet. Durch den Tunnel (unten) flüchten im März 1963 die Aagaards mit insgesamt 13 Personen. Als Beleuchtung dienen elektrische Christbaumketten. Der Eingang zum Stollen liegt hinter einer Holzbank (Foto oben) im Wohnzimmer der Familie. Sand und Erdreich verstecken die Tunnelbauer im ganzen Haus, sogar in den Schränken

Von unserem Haus bis in die Freiheit waren es 50 Meter

Die Eisenbahn ist das liebste Spielzeug von Detlef Aagaard. Wenigstens die Lokomotiven will er mit in die Freiheit retten. Der 11-jährige Junge packt sie in einen Beutel und macht sich für das größte Abenteuer seines Lebens bereit. Er wächst in einem kleinen Haus in Glienicke/Nordbahn (Brandenburg) an der Grenze zu West-Berlin auf. Ein Stück um die Ecke betreibt seine Mutter einen Friseursalon, auch Grenzsoldaten lassen sich dort ihre Haare schneiden. Seit dem Mauerbau ist die Grenze zu West-Berlin hermetisch abgeriegelt. Mehrmals täglich laufen die Militärs bei ihrer Patrouille direkt am Grundstück der Familie Aagaard vorbei. Manchmal stellt Mutter Lucie ihnen eine Thermoskanne Kaffee nach draußen. Niemand soll Verdacht schöpfen. Denn seit einem halben Jahr graben ihr Mann Niels-Martin Aagaard und sein Freund Hans Willner einen Fluchttunnel.

„Von unserem Haus bis in die Freiheit waren es nur 50 Meter", erinnert sich Detlef Aagard. Seine Eltern müssen äußerst vorsichtig sein. Anfang der 60er-Jahre hat der Tunnelbau rund um Berlin Hochkonjunktur. Die Stasi nimmt alle Häuser im Grenzstreifen ins Visier. „Die Soldaten konnten jederzeit unser Haus durchsuchen", erzählt Lucie Aagard. Bei den Nachbarn führen die Grenzer immer wieder Kellerkontrollen durch. Nur am Haus von Detlefs Familie gehen sie vorbei.

„Wir hatten keinen Keller. Bei uns hat niemand vermutet, dass wir einen Tunnel graben könnten." Wie Maulwürfe buddeln sich Niels-Martin Aagard und sein Freund 3,20 Meter unter der Mauer Richtung Westen durch. Das größte Problem für die beiden ist der Sand, den sie aus dem unterirdischen Gang schaufeln. Die Sandmassen können sie unmöglich komplett im Garten verteilen, ohne dass die Grenztruppen Verdacht schöpfen. Also wird der Abraum im Haus versteckt. „Wir hatten überall Sand. Auf dem Dachboden, hinter extra dafür gemauerten Zwischenwänden, in der Badewanne und sogar in den Schränken. Alles war voll. Sogar Luftmatratzen", amüsiert sich Lucie Aagaard noch heute über den Geniestreich ihrer Familie.

Am Morgen des 9. März 1963 sieht Niels-Martin Aagard bei den Grabungsarbeiten Licht. Wie geplant kommt der Tunnel an einer Böschung in der West-Berliner Veltheimstraße wieder zutage. Noch am Abend des gleichen Tages beginnt die Flucht. Aagard schiebt eine Bank im Wohnzimmer zur Seite. Dahinter befindet sich der Eingang. Als Erstes steigt Hans Willner in den 77 Zentimeter hohen und 55 Zentimeter breiten Schacht. 13 Menschen verschwinden in dem Loch. „Meine Mutter und ich waren so ziemlich in der Mitte. Als Letztes kam mein Vater. Er zog meine Oma auf einer Luftmatratze hinterher. Sie konnte nicht durch den Tunnel krauchen", erinnert sich Detlef Aagard. Jeder der Flüchtlinge kann nur das mitnehmen, was er am Körper trägt.

„Ich hatte unsere Papiere dabei. Sonst nichts", so Lucie Aagaard. Auch Sohn Detlef hat kein Gepäck dabei. „Vor lauter Aufregung habe ich meinen Beutel mit den Lokomotiven im Haus vergessen, als es losging." 50 Meter kriechen Detlef und Lucie Aagaard mit den Füßen voran durch den schmalen Gang. „Es ging ganz schön steil bergab." Elektrische Weihnachtsbaumketten erleuchten den Weg in den Westen.

Ausgrabung. Im April 2011 legen Archäologen den Fluchttunnel frei. Nach dem Mauerfall kehrt Witwe Lucie Aagaard in ihr Haus (Hintergrund) zurück

„Angst hatte ich nicht", erinnert sich Detlef Aagaard. „Für mich war das alles ein großes Abenteuer." Als Erstes steigt Hans Willner aus dem Tunnel. Er will einen West-Berliner Polizisten holen. Die Flüchtenden fürchten, dass sie von den Grenzern entdeckt und noch im letzten Moment beschossen werden. Das würden sich die DDR-Posten nicht trauen, wenn die Flüchtlinge unter westlichem Schutz stehen. „Fast zwei Stunden mussten wir in dem Tunnel hocken, bis wir rausdurften. Das war ewig lange", so Detlef Aagaard. Auf der Polizeistation in Berlin-Hermsdorf schenkt ihm ein Polizist als Trost für seine vergessenen Lokomotiven seine erste West-Mark.

Nach dem Mauerfall ziehen die Aagaards 1994 wieder in ihr altes Haus zurück. 48 Jahre nach der Flucht wird der Tunnel im April 2011 von Archäologen freigelegt. Lucie Aagaard steht an der Ausgrabungsstelle und blickt in die Tiefe. „Ich würde es wieder machen, ganz bestimmt", sagt sie mit inzwischen 91 Jahren. „Die Angst vor der Entdeckung hat damals unglaubliche Kräfte freigesetzt."

in den Westen zu bringen. Die Palette der dafür genutzten Fahrzeuge reicht von einer kleinen „Isetta“, in deren Batterie- und Heizungsfach nacheinander neun Passagiere in den Westteil der Stadt gebracht werden, bis zum Lastwagen. Detlef Girrmann, einer der bekanntesten Fluchthelfer Berlins, hat in ein Milchauto, das zwischen Niedersachsen und West-Berlin verkehrt, quer vor dem Kühlergrill ein Versteck einbauen lassen. 30 Flüchtlinge werden auf Parkplätzen irgendwo in der DDR aufgenommen und gelangen über die Grenze. Der Fluchthelfer Dieter Thieme erinnert sich an die Kaltschnäuzigkeit des Fahrers: „Ich weiß noch, wie er (der Fahrer) einmal einen Flüchtling aufgeladen hatte. Dann hat er die Benzinleitung abgerissen, hat die Vopos an der Transitstrecke angehalten und gesagt, ich muss zurück, meine Benzinleitung ist kaputt. Mit Blaulicht und Sirene ist er von denen zurückgeführt worden – mit einem Flüchtling drin. Das war ein toller Bursche.“

Unterstützt werden die Fluchthelferorganisationen, denen von der West-Berliner Öffentlichkeit große Sympathie entgegengebracht wird, mitunter aus Polizeikreisen. Und auch Verfassungsschützer aus dem freien Teil der Stadt sind mit von der Partie, denn die dortige Senatspolitik ist zur Untätigkeit verdammt, was die gewaltsame Teilung der Stadt durch Mauer und Stacheldraht anbelangt. Auf der anderen Seite unterwandert der Staatssicherheitsdienst der DDR die Fluchthelferszene, vereitelt viele ihrer Aktionen. Ende der 70er-Jahre ist die Hochzeit der Fluchthelferszene vorüber – eine Szene, die zunehmend kommerzialisiert worden ist. Bis zu 20 000 Mark kostet in der späten Phase das Herausschleusen einer Person. Was aus Idealismus und Verbundenheit begonnen hat, verkommt mitunter zum bloßen Geschäft in der Grauzone zwischen Legalität und Kriminalität.

Oft nehmen Menschen das Risiko der Flucht im Alleingang auf sich

Neben den von der Fluchthelferszene organisierten Aktivitäten sind es jedoch oft auch Menschen, die im Alleingang die Risiken einer Flucht auf sich nehmen. Und diese Risiken werden mit zunehmendem Ausbau der Grenze immer größer. Entsprechend sinkt die Zahl derer, die aus der DDR oder Ost-Berlin ohne Umwege in die Bundesrepublik flüchten. Im Jahr 1963 sind es 3692, 1965 immerhin 2329 und 1969 nur noch 1193 Personen, davon – so die Statistik – 785 „Sperrbrecher“, also Flüchtlinge, die die Demarkationslinie auf direktem Weg überqueren. Dabei handelt es sich oft um spontan getroffene Entscheidungen, aber auch um Verzweiflungstaten. Es sind Vorfälle belegt, bei denen Menschen, die irgendetwas an einem Berliner Kontrollpunkt zu tun haben, einfach losrennen. Andere entschließen sich, die Grenze oder die Übergänge mit Fahrzeugen

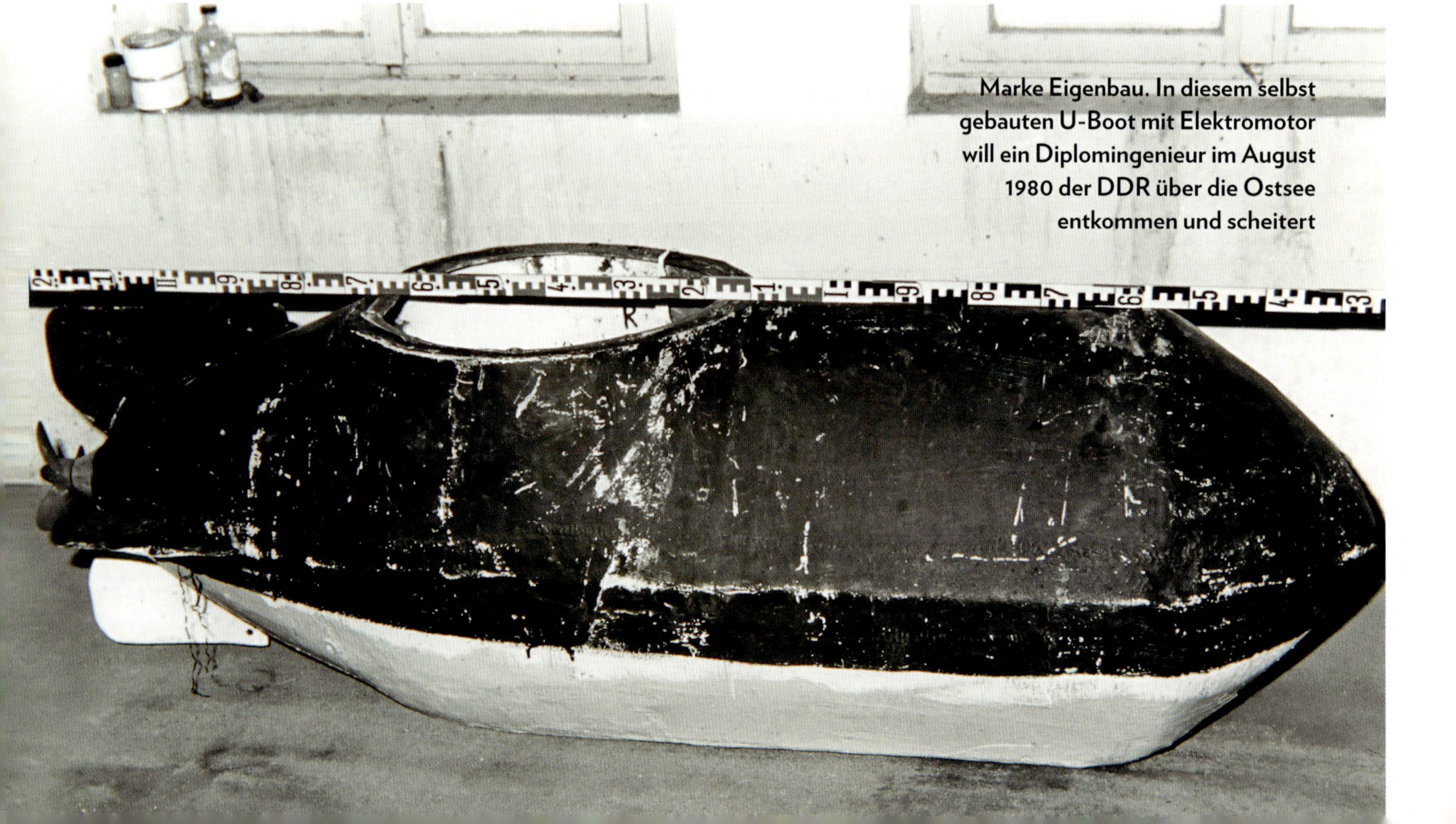

Marke Eigenbau. In diesem selbst gebauten U-Boot mit Elektromotor will ein Diplomingenieur im August 1980 der DDR über die Ostsee entkommen und scheitert

Vorgeführt. So fotografierte der Staatssicherheitsdienst gescheiterte Flüchtlinge. Friedrich W. wurde im September 1981 von einer Streife der Volkspolizei in Boltenhagen (Mecklenburg-Vorpommern) festgenommen, weil er ein Schaumstoff-Floß bei sich trug

Plötzlich ging der Brenner aus. Unser Ballon sank zu Boden, es hat gekracht, und wir wussten nicht, ob wir es geschafft haben

Die Ballon-Flüchtlinge heute. Das Ehepaar Peter und Doris Strelzyk (vorn) kehrt nach der Wiedervereinigung nach Pößneck zurück. Günter Wetzel (Mitte) lebt heute mit seiner Familie in Franken

Es ist ein Himmelfahrtskommando. Im wahren Sinne des Wortes. Zwei Familien aus Pößneck in Thüringen wollen im September 1979 auf spektakuläre Weise aus der DDR flüchten. Mit einem selbst genähten Heißluftballon nach Bayern. Das West-Radio hat starken Nordwind gemeldet. Ideale Bedingungen, den verwegenen Plan in die Tat umzusetzen.

Ein Uhr nachts auf einer Wiese zwischen Oberlemnitz und Heinersdorf im Grenzgebiet von Thüringen. Ein Wartburg 311 mit Anhänger und ein klappriges Jawa-Moped halten auf der von Fichten geschützten Lichtung. Die Familien Peter (damals 37, Steuerungstechniker) und Doris Strelzyk (31) mit ihren Söhnen Frank (15) und Andreas (11) sowie Günter (24, Kraftfahrer) und Petra Wetzel (23) mit ihren Söhnen Peter (5) und Andreas (2) beginnen mit den Startvorbereitungen. Die beiden Männer laden den Hänger aus: den 4000 Kubikmeter großen Stoffballon, die 44 Kilo schweren Propangasflaschen, Gebläse, Flammenwerfer und die selbst gebaute Gondel. Vorsichtig breiten sie die Stoffhülle im Gras aus. Günter Wetzel schaltet das Gebläse an. Peter Strelzyk feuert heiße Luft mit dem Brenner in die Öffnung. „Beim Befüllen fing der Stoff plötzlich Feuer. Wir konnten die Flammen gerade noch rechtzeitig löschen", erinnert sich Strelzyk.

Filmszene. Über die spektakuläre Flucht mit dem Heißluftallon wird in den USA ein Kinofilm gedreht. Sein deutscher Titel: „Mit dem Wind nach Westen"

Sechs Wochen zuvor waren er und seine Familie schon einmal mit einem kleinen Ballon in den Himmel aufgestiegen. Der Flug in die Freiheit endet 200 Meter vor dem Grenzzaun. Das Fluggerät müssen sie zurücklassen. Seitdem sitzt ihnen die Stasi im Nacken. Die beiden Familien beschließen, einen neuen Ballon zu nähen. „Von Rostock bis Gera kauften wir kleinere Mengen Stoff ein, gaben mehr als 75 000 DDR-Mark dafür aus", so Doris Strelzyk. Langsam bläht sich der Ballon auf – 28 Meter hoch und 20 Meter breit. Die beiden Männer entdecken ein kleines Loch in der Ballonspitze. Die Folge: Sie müssen ununterbrochen heizen. Um 2.33 Uhr heben die Strelzyks und die Wetzels in den Nachthimmel ab.

„Knapp 90 Minuten dauerte es, bis wir startklar waren. Dann hoben wir mit einem Gewicht von insgesamt 750 kg ab", erinnert sich Wetzel. Die acht Himmelsstürmer hocken dicht gedrängt um die Gasflaschen in der 1,40 Meter mal 1,40 Meter engen Gondel. Gesichert ist die Plattform nur durch Eckpfeiler, die mit vier Wäscheleinen bespannnt sind. Der Ballon steigt auf 2540 Meter Höhe auf, mit 50 km/h fliegen die Familien Richtung Westen. Die Stimmung ist ruhig, aber angespannt.

„Von Angst oder Hektik war nichts zu spüren", erinnert sich Günter Wetzel. Der Ballon schwebt durch die Nacht.

Scheinwerfer werden auf die Flüchtlinge gerichtet. Liegt da unten die Grenze? Plötzlich geht der Brenner aus, das Gas ist verbraucht. Strelzyk: „Der Ballon sank zügig zu Boden. Wir wussten nicht, ob wir schon im Westen waren."

Günter Wetzel schaltet einen Handscheinwerfer ein. Er leuchtet den Untergrund ab, sieht ein paar Baumwipfel. Dann kracht es. Nach 28 Minuten endet die Fahrt. Alle sind unverletzt. Aber wo sind sie gelandet? Frauen und Kinder verstecken sich im Gebüsch. Die beiden Männer erkunden mit einer Silvesterrakete in der Hand die Gegend. Strelzyk: „Wir sagten zu unseren Familien, wenn wir die Rakete zünden, sind wir im Westen, und ihr könnt aus dem Versteck kriechen." Die Männer kommen an eine Scheune. Drinnen steht ein Traktor mit West-Kennzeichen. Sie ahnen, dass sie es geschafft haben könnten. Dann nähert sich ein Auto. Es hält an. Zwei Männer steigen aus. Es ist ein Streifenwagen der Polizei – der westdeutschen Polizei. Den beiden ist klar, sie haben es geschafft. Trotzdem fragt Strelzyk: „Sind wir hier im Westen?" Ein Polizist erwidert verwundert: „Ja – wo denn sonst? In Naila, Bayern."

Mit dem Wind nach Westen. In der engen Gondel sind die Strelzyks und Wetzels von Thüringen nach Bayern geflogen. Danach stellen sie sich mit ihrem Ballon den Fotografen. Hollywood verfilmt sogar die tollkühne Flucht

Wir konnten mit dem Schlauchboot nicht direkt die westdeutsche Küste ansteuern

Wochenlang spioniert Alfred Kostbade aus Neubukow an der Ostsee mit einem Fernglas die Bewegung der DDR-Küstenschutzboote aus. In der DDR will der Elektromeister nicht mehr leben. „Heute ist es neblig und windstill", sagt er zu seiner Familie. „Heute oder nie!" Lange haben sich die Kostbades auf diesen Tag vorbereitet. Am 13. Oktober 1988 packt Vater Alfred sein orangefarbenes Schlauchboot in den Kofferraum. Seit Monaten haben das Ehepaar und ihre beiden Kinder damit auf dem Schweriner See die Kondition und das Rudern trainiert. Mit ihrem Lada fährt die Familie ins 17 Kilometer entfernte Kühlungsborn. Vater und Sohn Marco schleppen das Boot und einen 7,5 PS-Außenbordmotor (Typ: „Forelle") in die Dünen, wo sie prompt ein Schäferhund der Grenzpolizisten aufspürt. Alles aus? Mutter Renate und Tochter Doreen streicheln das Tier, beruhigen es – bis es schwanzwedelnd zurück zu Herrchen läuft. Der Grenzposten hat das Schlauchboot nicht gesehen, glaubt an ganz normale Strandspaziergänger. Um 18 Uhr schieben sie ihr Boot ins Meer.

Die Familie hat die wichtigsten Papiere dabei. Dazu das Ersparte, um die 70 000 Ost-Mark. Kein Essen, kein Trinken – nur einen alten Kompass. Vater und Sohn rudern schweigend los – mit Motor wären sie sofort entdeckt worden. „Wir können nicht direkt die westdeutsche Küste ansteuern. Dort stehen die Marineboote", hat Alfred seiner Familie erklärt. Nach neun Stunden auf See der Schock: Entkräftet lässt Renate ihr Ruder los, das sie von Sohn Marco übernommen hat. Eine halbe Stunde rudert der Vater noch mit einem Paddel weiter. Es ist kalt. Es ist dunkel. Es ist sinnlos.

Plötzlich sehen sie Lichter. Weit weg, ganz weit weg. „Jetzt ist alles egal", sagt Alfred. Er schmeißt den lauten Außenborder vom Schlauchboot an. Durchfroren stehen die vier Flüchtlinge vor Sonnenaufgang auf dem Campingplatz Wulfener Hals auf Fehmarn. Sie haben es geschafft. 110 Kilometer über die Ostsee mit einem Gummiboot in die Freiheit.

Über die Ostsee. Mit einem Schlauchboot setzt sich die Familie Kostbade 1988 über das offene Meer ab. Später stellen sie für die Fotografen ihre tollkühne Flucht mit dem Original-Schlauchboot nach (Foto oben)

zu durchbrechen – mit Omnibussen, Planierraupen, ja sogar mit Schützenpanzern. Wolfgang Engel, ein Zivilangestellter der Nationalen Volksarmee, stiehlt ein solches Fahrzeug der sowjetischen Streitkräfte und schafft es, wenn auch schwer verletzt, im Kugelhagel der DDR-Grenzer den Westsektor Berlins zu erreichen.

Immer weniger DDR-Deutsche wagen den Grenzdurchbruch

Je mehr das SED-Regime die Grenzsperranlagen im Laufe der 70er- und 80er-Jahre perfektioniert, desto größer wird die Gefahr zu scheitern. Immer weniger DDR-Deutsche wagen daher den Grenzdurchbruch. Ihre Fluchtwege führen sie immer häufiger auch über Flüsse, Seen und sogar über die offene Ostsee, ob im Kanu oder im Schlauchboot aus Plaste, wie Kunststoff in der DDR genannt wird. Mit einem solchen rudert die vierköpfige Familie Kostbade von Kühlungsborn 111 Kilometer über das offene Meer und erreicht die Insel Fehmarn. Weniger Glück haben Klaus H. und sein Freund, die vom Strand in der Nähe Wismars aus in See stechen. Die beiden Männer sind längst in internationalem Gewässer, als sie in die Mündungen sowjetischer Maschinenpistolen blicken. Ein Schiff der Nationalen Volksmarine der DDR hat sie aufgebracht. An einem Februarmorgen des Jahres 1976 beginnt die erste „Republikflucht" in einem U-Boot. Manfred und Adelheit Augustin fahren mit ihrem sechs Meter langen Tauchboot, das aussieht wie eine „Jauchetonne", über die Elbe bei Wittenberge Richtung „Staatsgrenze West". Auch sie werden entdeckt, festgenommen und verschwinden hinter Gittern.

Es sind oft diejenigen, denen der Ausreiseantrag abgelehnt worden ist und die keine andere Möglichkeit mehr für ihre Zukunft sehen, die unter Einsatz ihres Lebens die DDR verlassen. Der Kreativität scheinen dabei keine Grenzen mehr gesetzt zu sein. Gerhard Wagner, ein promovierter Ingenieur, entwickelt Ende der 70er-Jahre einen Hochdecker, den er in seiner Dresdener Wohnung baut – kein Montageteil größer als vier Meter. Seine fünfköpfige Familie soll in dem Flugzeug Platz finden, mit dem er das Radar unterfliegen will. Wagner stellt sein Flugzeug tatsächlich fertig. Doch am geplanten Abflugtag vereiteln Mielkes Mannen sein Vorhaben. Erfolgreicher sind diejenigen, die Flugzeuge in Besitz nehmen. Einer von ihnen ist der Schlosser Jürgen Glaser, der samt Frau und Kind in einer zuvor auf einem Agrarflugstützpunkt gestohlenen Maschine in Richtung Lübeck startet. Am 30. August 1978 ent-

Keine besonderen Vorkommnisse. Angehörige der Grenzbrigade Küste halten Ausschau nach Republikflüchtigen

ZOLL
DOUANE
STOP
STOP

Es sieht aus wie beim Hürdenlauf. Zwei Männer springen am 8. April 1989 über den Schlagbaum am Grenzübergang in der Berliner Chausseestraße (oben links). Die beiden Freunde Michael Bachmann und Bert Greiser (beide damals 27 Jahre alt) sprinten durch die Grenzanlage. Nach 18 Sekunden sind sie noch zehn Meter von der Freiheit entfernt. Ein Offizier der Staatssicherheit mit Zigarette im Mund (rechts) schießt, verfehlt Michael Bachmann knapp. Die beiden ergeben sich. Bachmann (oben rechts mit schwarzer Jacke) und Greiser werden abgeführt und in der Jugendvollzugsanstalt „Frohe Zukunft“ in Halle (Saale) eingesperrt. Drei Tage nach dem Fall der Mauer kommen sie frei

Unsere Flugzeuge hatten einen Tarnanstrich und waren mit roten Sowjet-Sternen beklebt

„Ödeldödel, kannst du mich hören?" Es ist 4.25 Uhr am Morgen des 26. Mai 1989, als Ingo Bethke diesen Funkspruch über sein Walkie-Talkie abgibt. Seit drei Minuten schwebt der damals 35-Jährige in einem Ultraleichtflugzeug Typ Fox C-22 über der geteilten Stadt. Von einem grenznahen Sportplatz in West-Berlin ist er gestartet. Sein vier Jahre jüngerer Bruder Holger folgt in einem zweiten Motordrachen. Ziel ist der Treptower Park in Ost-Berlin – eine große Wiese direkt vor dem sowjetischen Ehrenmal. Dort wartet zwischen Büschen versteckt Egbert – der dritte der Bethke-Brüder –, Tarnname „Ödeldödel".

Fluchtlegenden. Ingo Bethke (links) holte seinen Bruder Egbert (rechts) mit einem Ultraleichtflugzeug aus dem Treptower Park in Ost-Berlin. Bruder Holger (unten) kreiste mit einem zweiten Flieger zur Absicherung in der Luft

„Als ich Ekkis krächzende Anwort hörte, dachte ich nur, Gott sei Dank: Er ist da", erinnert sich Ingo Bethke. Die Brüder fliegen immer der Grenze entlang bis zum Treptower Park. „Die kürzeste Strecke hätte quer über Ost-Berlin geführt. Bei einem Motorausfall hätten wir dann nur noch im Osten notlanden können und wären als Agenten verhaftet worden", so Ingo Bethke. Die Route über die Sektorengrenze hat noch einen Vorteil: Die Mauer ist hell erleuchtet, man kann sich im Halbdunkel des frühen Morgens nicht verfliegen. Die Flugzeuge der waghalsigen Piloten sind olivgrün gestrichen und mit roten Sternen beklebt – dem Symbol der Sowjetarmee. „Wir waren als Russen unterwegs", amüsiert sich Ingo Bethke noch heute. „Wir dachten uns, kein Grenzer traut sich, auf ein Russen-Flugzeug zu schießen. Und bis die rauskriegen, was los ist, sind wir längst weg."

Für diese Aktion üben Ingo und Holger Bethke monatelang. Um ihren Bruder aus der DDR in die Freiheit zu holen, verkaufen sie ihre gemeinsame Kneipe in Köln. Anders können sie die Flugzeuge nicht bezahlen. Ingo beginnt in Belgien mit einem Pilotenschein. Als er halbwegs fliegen kann, bringt er es seinem Bruder bei. Vier Propeller und ein Fahrgestell der empfindlichen Leichtflieger gehen dabei zu Bruch. Noch sind es vier Minuten, bis Ingo im Treptower Park landet. „Ich war total aufgeregt", erinnert sich Egbert Bethke. „Ich hatte Angst, dass uns eine Polizeistreife entdeckt." Eine Woche lang hockt er jeden Abend in den Büschen, wartet auf den Funkspruch des Bruders. „Ich dachte schon, sie kommen nicht mehr, da höre ich Ingos Stimme aus dem Funki", erzählt Egbert Bethke. „Kurz darauf sehe ich die beiden Flieger als Silhouette am Himmel."

Videokameras unter den Pilotensitzen dokumentieren den abenteuerlichen Flug. Falls Ingo nach der Landung im Osten verhaftet wird, soll Holgers Video als Beweis dienen, dass der Bruder in der DDR verschwunden ist. Im Anflug gibt es eine unangenehme Überraschung für die Fluchthelfer. Ein kleiner russischer Zirkus hat sein Zelt genau auf der Wiese aufgebaut, die als Landebahn dienen soll. „Im ersten Moment habe ich einen ganz schönen Schreck bekommen. Ich musste etwas anders anfliegen, es passte gerade noch so", erinnert sich Ingo Bethke. Seine größte Sorge gilt der holprigen Landepiste. „Ich hatte Angst, dass ein Rad abbricht."

Die Bethkes haben Glück. Das Ultraleichtflugzeug kommt unversehrt neben Egberts Versteck zum Stehen. „Pass auf, dass du nicht in den Propeller rennst", ruft Ingo. „Schnall dich an, nicht dass du noch rausfällst." Ingo Bethke gibt Vollgas, zieht die Maschine knapp über die Pappeln am Ende des Parks in den Himmel über Berlin. 16 Minuten nach dem Start in West-Berlin endet eine der spektakulärsten Fluchten glücklich auf der Wiese vor dem Reichstag. „Ich bin ausgestiegen und habe vor Freude den Boden geküsst", sagt Egbert Bethke.

Die drei Brüder sind wieder vereint. Denn auch Holger und Ingo sind spektakulär aus der DDR geflohen. Den Anfang macht Ingo, der älteste der drei Bethke-Brüder. Er

Im Morgengrauen über Ost-Berlin Die Bethke-Brüder filmten ihre spektakuläre Fluchtaktion mit einer Videokamera.

schwimmt am 22. Mai 1975 über die Elbe in den Westen. Gegen 23 Uhr schneidet er an Elb-Kilometer 485 bei Lenzen (Brandenburg) ein Loch in den Streckmetallzaun. Bis zum Ufer sind es noch 500 Meter. „Der Todesstreifen war vermint", erzählt der ehemalige Müllfahrer aus Ost-Berlin. Mit einem Holzstück klopft er die Erde ab. Ganz vorsichtig. Explodiert nichts, geht es einen Schritt weiter. In diesem Grenzabschnitt kennt sich der damals 21-Jährige aus. Er hat sich als Soldat extra zur Grenze gemeldet, um sie für eine Flucht auszukundschaften. Im Schutz von Nebelbänken schwimmt er vorbei an DDR-Schnellbooten. „Eine halbe Stunde später hatte ich es geschafft", so Ingo Bethke.

Am 31. März 1983 flüchtet Holger Bethke zusammen mit einem Freund aus der DDR: von einem Grenzhaus in der Bouchéstraße im Ost-Berliner Stadtteil Treptow zu einem gegenüberliegenden Haus im West-Berliner Teil der Straße. Aus der Dachluke schießt er mit Pfeil und Bogen eine Angelschnur in den Westen. Drüben steht sein Bruder Ingo und sucht den Pfeil in der Dunkelheit. Beim ersten Versuch reißt die Schnur. Der zweite Pfeil verschwindet unauffindbar. „Wir wissen bis heute nicht, wo der Pfeil gelandet ist." Beim dritten Versuch klappt es. Mit der Nylonschnur zieht Ingo ein sechs Millimeter dickes Stahlseil in den Westen. Um vier Uhr in der Nacht ist der 105 Meter lange Draht zwischen den beiden Häusern gespannt. Holger Bethke gleitet an der Seilrolle 20 Meter über dem Todesstreifen in den Westen. „Das war eine Riesenfreude, als wir drüben angekommen sind", schildert Holger Bethke den Moment. „Meinen Bruder sah ich nach acht Jahren das erste Mal. Wir haben uns kaum wiedererkannt."

Erst zweieinhalb Stunden später bemerken die DDR-Grenzer das Seil. Drei Brüder. Drei Fluchten. Alle glückten. Die Stasi will sich an den Geschwistern rächen. Sie erarbeitet nach der Flucht mit dem Ultraleichtflugzeug einen Plan zur Verhinderung „spektaulärer Grenzprovokationen". Die DDR-Geheimpolizei legt den operativen Vorgang „Flug" an. Zielstellung: „offensive Diskreditierung/Kriminalisierung der Provokateure im Operationsgebiet". Bevor die Stasi den Plan verwirklichen kann, fällt die Mauer.

Flucht geglückt. Vor dem Reichstags-Gebäude, wo die Bethkes landeten, inspiziert die Polizei die Fluggeräte

führen Ingrid Ruske und Detlef Tiede gar ein polnisches Linienflugzeug, das auf dem Weg zum DDR-Zentralflughafen Berlin-Schönefeld ist, und zwingen die Besatzung mit einer Spielzeugpistole, in Berlin-Tempelhof zu landen. Wie groß muss doch der Drang sein, die DDR zu verlassen, wenn dafür sogar ein Passagierflugzeug gekapert wird?

Mit dem gekaperten Passagierflugzeug nach Berlin-Tempelhof

Eine der spektakulärsten Fluchten ist neben derjenigen der Brüder Bethke, die mit zwei Ultraleichtflugzeugen die Mauer überfliegen, die Fahrt mit einem selbst gebauten Heißluftballon von Thüringen nach Oberfranken. Zwei Familien gelangen auf diese Weise mit dem Wind nach Westen. Immer weniger Flüchtlinge registriert die Statistik in den 80er-Jahren. 1985 erreicht ihre Zahl mit 160 ihren Tiefpunkt. Doch gegen Ende des Jahrzehnts eröffnet die veränderte weltpolitische Lage in Europa neue Wege in die Freiheit. Sie führen über die Botschaften der Bundesrepublik in Warschau und Prag und vor allem über Ungarn, das im September 1989 seine Grenze zu Österreich öffnet. Abertausende nutzen diese Wege, und der DDR droht, wie schon einmal in ihrer Geschichte, der Exodus der Menschen. 28 Jahre nach dem Mauerbau muss dessen DDR-Organisator, der längst zum Staats- und Parteichef aufgestiegene Erich Honecker, die Erfahrung machen, dass der 13. August 1961 und das Zug um Zug perfektionierte Grenzregime das Ende der SED-Staatsmacht nicht abgewendet, sondern nur hinausgezögert hat.

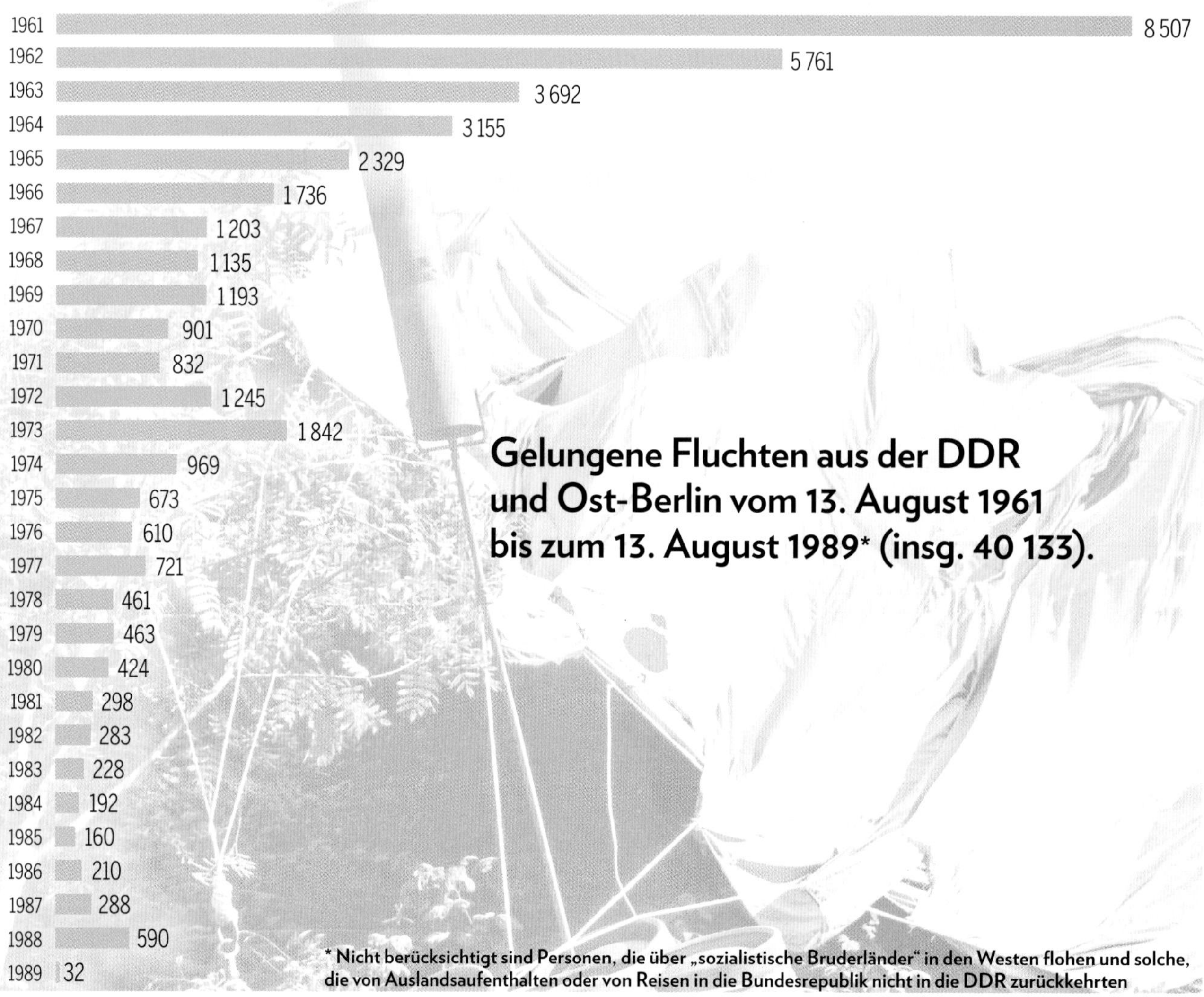

Gelungene Fluchten aus der DDR und Ost-Berlin vom 13. August 1961 bis zum 13. August 1989* (insg. 40 133).

* Nicht berücksichtigt sind Personen, die über „sozialistische Bruderländer" in den Westen flohen und solche, die von Auslandsaufenthalten oder von Reisen in die Bundesrepublik nicht in die DDR zurückkehrten

Über Ungarn in den Westen. Ein junges Paar aus der DDR auf dem Weg ins Flüchtlingslager Csilleberc bei Budapest

Vor aller Augen. Der 17-jährige Peter Fechter versucht im August 1962, die Mauer zu überwinden. Grenzer schießen auf ihn und lassen den jungen Bauarbeiter verbluten. Erst nach einer Stunde wird der Sterbende abtransportiert

KAPITEL VIII

Die Toten der Grenze

„Grenzverletzer sind festzunehmen oder zu vernichten" – mit diesem Befehl werden die Angehörigen der DDR-Grenztruppen nach dem Mauerbau tagtäglich auf ihre Posten im Todesstreifen längs der innerdeutschen Grenze sowie rund um West-Berlin geschickt. „Bei Grenzdurchbruchsversuchen" müsse „von der Schusswaffe rücksichtslos Gebrauch gemacht werden", bekräftigt SED-Generalsekretär Erich Honecker 1974 vor dem Nationalen Verteidigungsrat der DDR. Zugleich fordert er, „die Genossen, die die Schusswaffe erfolgreich angewandt haben, zu belobigen". Für das SED-Regime sind Frauen und Männer, die die DDR um jeden Preis verlassen wollten, „Grenzverletzer", „Provokateure" und „Kriminelle". Und die haben ihr Recht auf Leben verwirkt, wenn es ihnen gelungen ist, die tief gestaffelten Sperranlagen zu durchqueren und eine Festnahme nicht mehr möglich erscheint.

Grenzsoldaten, die auf Flüchtlinge schießen, werden belobigt

Der fast drei Jahrzehnte geltende Schießbefehl ist ein zentraler Baustein des SED-Grenzregimes. Er richtet sich nicht nur gegen jene, die mit dem Mut der Verzweiflung den lebensgefährlichen Durchbruch wagen. Er zielt zugleich unausgesprochen gegen die eigene Bevölkerung, die sich im Klaren sein sollte, dass ein Fluchtversuch buchstäblich und ohne Gerichtsverfahren mit dem Tode bestraft werden kann.

Seit 1990 bestreiten die einstigen Verantwortlichen der SED und des DDR-Militärapparats, dass es einen solchen Befehl überhaupt gegeben hat. Mit Spitzfindigkeit verweisen sie darauf, dass die unterschiedlichen zu DDR-Zeiten geltenden Rechtsgrundlagen für den Schusswaffengebrauch nur eine Ermächtigung, nicht jedoch eine Verpflichtung zum Todesschuss begründet hätten. Doch die Realität des SED-Grenzregimes dokumentiert anschaulich, wie in der DDR geschriebenes Recht den Zielen der Diktatur untergeordnet und Unrecht zum System wird. Alle Weisungen zum Schusswaffeneinsatz unterliegen in der DDR strengster Geheimhaltung. An der Grenze eingesetzten Soldaten, ja selbst Offizieren, werden diese Weisungen bei der täglichen Vergatterung vor dem Streifendienst nur mündlich erteilt. Die vorgesetzten Offiziere lassen dabei keine Zweifel, dass die Schusswaffe rigoros einzusetzen sei.

In den 70er- und vor allem in den 80er-Jahren lässt die SED-Führung den Schusswaffengebrauch immer wieder für kurze Zeit einschränken. Wenn hohe Staatsgäste oder wichtige internationale Verhandlungen anstehen, werden Meldungen über erschossene Flüchtlinge als störend erachtet. Und so straft die Geschichte der DDR jene Lügen, die eine Praxis leugnen, der der DDR-Verteidigungsminister erst Anfang April 1989 wiederum in Form von mündlich übermittelten Befehlen ein Ende setzte. Erst von da an ist der Einsatz der Schusswaffe nur zulässig, wenn das Leben eines Grenzsoldaten bedroht ist, nicht jedoch zur Verhinderung einer Flucht.

Beschlagnahmt.
Das grausame Sterben des Peter Fechter dokumentiert Wolfgang Bera, ein Fotograf von „BILD". Er macht die erschütternden Fotos (darunter das auf der linken Seite). Und er fleht die US-Militärpolizisten vom Checkpoint Charlie an, den Schwerverletzten über die Mauer zu ziehen. Doch diese bekommen die telefonische Weisung, nicht einzugreifen. Der Ost-Berliner Dieter Breitenborn fotografiert aus dem Verlagsgebäude der DDR-Zeitung „Neue Zeit", wie Fechter abtransportiert wird (oben). Der Staatsicherheitsdienst beschlagnahmt den Film. Erst nach dem Ende der DDR tauchen die Bilder im Archiv der Stasiunterlagenbehörde auf

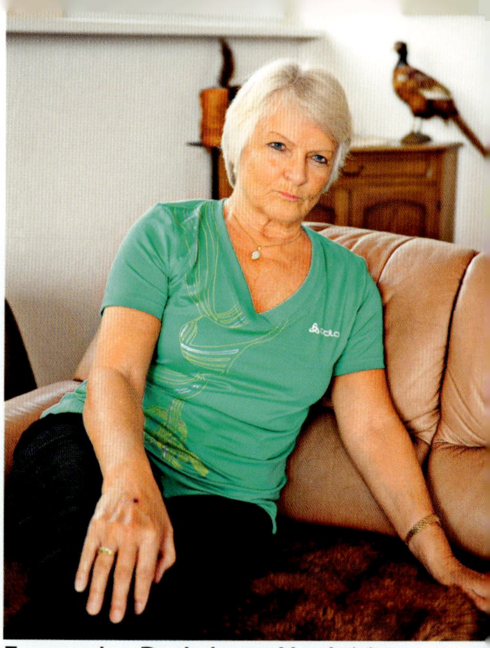
Fassungslos. Die Lehrerin Ursula Mörs, deren Schüler erschossen worden ist

Zwei unschuldige Kinder als Grenzverletzer erschossen

Am 14. März 1966 schreibt der NVA-Stadtkommandant von Berlin, Generalmajor Helmut Poppe, eine Meldung an den „werten Genossen Honecker". Das Papier trägt die Überschrift „Verhinderung eines Grenzdurchbruchs durch Anwendung der Schußwaffe". Es ist ein Dokument, das die ganze Brutalität und Verlogenheit des SED-Grenzregimes zeigt: „Ich melde: Am 14. März 1966, gegen 19.15 Uhr, wurde durch die im Grenzabschnitt Kleingartenanlage ‚Sorgenfrei', 3./GR 37, eingesetzten Grenzposten zwei Personen, die die Hinterlandsperre überwunden hatten, als Silhouette erkannt. Der Postenführer am Grenzknick gab einen Warnfeuerstoß ab, auf den die Grenzverletzer nicht reagierten. Daraufhin eröffneten beide Nachbarposten das Feuer."

Die beiden „Grenzverletzer" sind zwei unschuldige Kinder. Der 10-jährige Jörg Hartmann und sein 13-jähriger Freund Lothar Schleusener. Jörg Hartmann ist sofort tot. Er stirbt im Dauerfeuer der Kalaschnikows durch einen Kopfschuss. Sein 13 Jahre alter Freund Lothar erliegt im Volkspolizei-Krankenhaus in Berlin-Mitte qualvoll seinen Verletzungen – die Ärzte behandeln ihn nicht. Generalmajor Poppe zeigt nicht das geringste Anzeichen von Bedauern. Stattdessen berichtet er Erich Honecker stolz von seinen „eingeleiteten Maßnahmen", um den hinterhältigen Kindermord zu vertuschen: „Der Kommandeur der 1. Grenzabrigade erhielt von mir den Befehl, den Personenkreis, welcher von dem Vorkommnis Kenntnis hat, genau abzugrenzen und die Geheimhaltung zu gewährleisten." Abschließend hält Poppe zynisch fest: „Die im Grenzabschnitt eingesetzten Posten haben entsprechend der Lage richtig und initiativreich gehandelt."

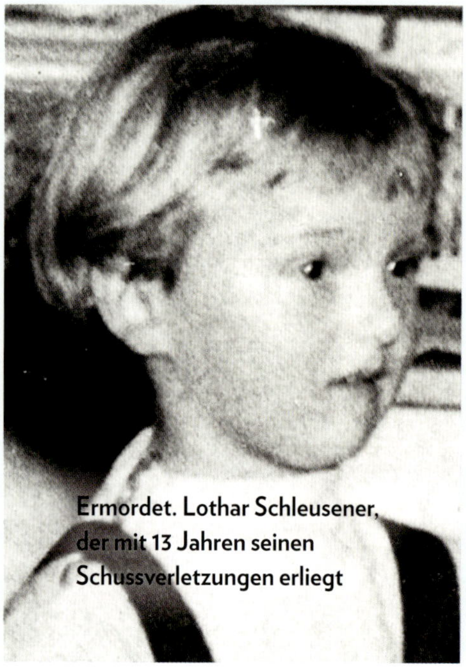
Ermordet. Lothar Schleusener, der mit 13 Jahren seinen Schussverletzungen erliegt

Erna Hartmann, die Oma von Jörg, meldet ihren Enkel am Abend des 14. März '66 als vermisst. Der 10-jährige Schüler wächst mit seiner 4-jährigen Schwester Anette, seinem 8-jährigem Bruder Michael, seiner Tante Helga und der Großmutter in bescheidenen Verhältnissen im Ost-Berliner Stadtteil Friedrichshain auf. Seine Mutter ist oft krank und deswegen selten zu Hause. Während sich die Großmutter um ihren Enkel sorgt, überlegen die Soldaten im betroffenen Grenzabschnitt laut Stasi-Unterlagen, wie der Tod der beiden Kinder am besten zu vertuschen ist. Ein Offizier schlägt vor, die Leichen der Kinder mit einem Lastwagen zu überrollen, um einen Verkehrsunfall vorzutäuschen. Schließlich entscheiden sich die DDR-Organe für die Lüge, die Kinder seien ertrunken und in eine Schiffsschraube geraten. Jörgs Lehrerin Ursula Mörs erinnert sich an ihren ehemaligen Schüler: „Im Klassenverband war Jörg sehr ruhig und schüchtern. Er war äußerst liebebedürftig und immer dann besonders eifrig, wenn er gelobt wurde." Am 15. März 1966 fehlt Jörg in der Schule. „Am nächsten Tag erfuhr ich im Gespräch von seinen Klassenkameraden, dass Jörg vor ein paar Tagen vom Abhauen in den Westen zu seinem Vater gesprochen hatte." Lehrerkollegen machen sie auf eine Meldung im West-Berliner Rundfunksender RIAS aufmerksam. Zwei Kinder seien an der Berliner Mauer erschossen worden. Ursula Mörs: „In der Meldung wurde von einem Mädchen und einem Jungen gesprochen. Ich ahnte Schreckliches. Denn Jörg hatte zu dieser Zeit seine blonden Haare ohrbedeckend getragen. Er war klein und schlank. Man konnte ihn in der Dunkelheit für ein Mädchen halten."

Drei Tage nach dem Verschwinden des Schülers sucht die Lehrerin seine Großmutter in Berlin-Friedrichshain auf. Vom Schicksal des Kindes weiß die Familie zu diesem Zeitpunkt nichts. Anfang April besucht Ursula Mörs die Hartmanns ein zweites Mal. „Die Oma erzählte mir, dass sie als Erziehungsberechtigte von Jörg mit der Mutter Ursula und dem jüngeren Bruder Michael am 31. März 1966 zum Polizeipräsidium in die Keibelstraße bestellt wurde. Von dort brachte man sie zur Generalstaatsanwaltschaft."

Ein Herr W. zeigt Erna Hartmann ein paar Stoffreste. Ursula Mörs: „Als die Großmutter sagte, die Stoffreste könnten von Jörgs Kleidung stammen, erklärte man ihr: Jörg ist ertrunken. Er wurde am 17. März aus einem See in Köpenick geborgen. Er ist in eine Schiffsschraube geraten und wegen der Seuchengefahr bereits eingeäschert." Ursula Mörs glaubt diese offizielle Version nicht, fragt selber bei der Polizei nach. Gesagt wird ihr nichts. Sie wird zum Direktor der Schule zitiert. „Ich wurde belehrt, dass ich in dieser Angelegenheit nichts zu unternehmen habe. Bei Fragen von Schülern und Eltern sollte ich nur äußern, was der Großmutter offiziell mitgeteilt wurde. Diese Unwahrheit zu verbreiten lehnte ich ab." Vier Monate später flüchtet die Lehrerin mit ihrem Sohn über Bulgarien in den Westen.

Die Mutter des erschossenen Jörg wird wenige Monate nach dem Tod ihres Sohnes entmündigt. 1969 wird Jörgs kleine Schwester gegen den Willen der Großmutter in ein Kinderheim gebracht und zur Adoption freigegeben. Sie wird von der Straße in ein Auto gezerrt und weinend weggebracht. 1970 kommt auch der inzwischen 12-jährige Michael Hartmann in ein Kinderheim. Die Geschwister bleiben bis zum Ende der DDR getrennt, wissen nichts vom Schicksal des anderen. Siegfried B., einer der beiden Schützen, wird Lehrer. Er muss sich als Einziger nach dem Ende der DDR vor Gericht verantworten. Der zweite Schütze ist da bereits tot. Im November 1997 verurteilt das Landgericht Berlin B. zu 20 Monaten Haft. Die Strafe wird zur Bewährung ausgesetzt.

Nasser Kinder-Tod. Der 8-jährige türkische Junge Cengaver Katrancı spielt im Oktober 1972 an einer Böschung am Kreuzberger Spreeufer, einen Steinwurf entfernt vom Grenzübergang Oberbaumbrücke. Er verliert das Gleichgewicht, stürzt ins Wasser. Die Männer eines Ost-Berliner Feuerwehrboots greifen nicht ein, ebenso wie die Wasserschutzpolizei. Sie dürfen sich dem Westufer der Spree nur mit Sondergenehmigung nähern, obwohl der Fluss hier in seiner ganzen Breite zum Ostsektor gehört. Und der West-Berliner Polizei verweigern untätige DDR-Grenzer das Eingreifen. So kann nur noch Cengavers Leiche geborgen werden. Erst nachdem fünf Kinder in der Spree ums Leben gekommen sind, tritt 1975 ein Abkommen in Kraft, das es auch West-Berlinern ermöglicht, Ertrinkende aus dem Fluss zu retten

Für Chris Gueffroy kommt diese Regelung zu spät. In der Nacht vom 5. auf den 6. Februar versucht der 20-Jährige gemeinsam mit seinem Freund Christian G. durch den Britzer Verbindungskanal von Treptow in Ost-Berlin nach Neukölln in West-Berlin zu gelangen. Am letzten Metallgitterzaun werden die beiden von DDR-Grenzern entdeckt, die das Feuer eröffnen. Gueffroy wird von zehn Kugeln getroffen und stirbt noch auf dem Grenzstreifen. Sein Freund wird schwer verletzt festgenommen. Gueffroy sollte das letzte Opfer der Mauer sein, das durch Waffeneinsatz ums Leben kommt. Doch noch bis kurz vor dem Mauerfall fordert die Weigerung der SED, den Ostdeutschen das Recht zu gewähren, über ihr Leben selbst zu bestimmen, Todesopfer. Noch im Oktober 1989 sterben vier Menschen bei dem Versuch, die Oder zu durchschwimmen, um in Warschau um Asyl in der bundesdeutschen Botschaft zu bitten.

Mindestens 136 Menschen sterben an der Berliner Mauer

Bis heute ist die Zahl der Frauen, Männer und Kinder nicht bekannt, die zwischen 1952 und 1989 bei dem Versuch ums Leben gekommen sind, die innerdeutsche Grenze und ab 1961 die Berliner Mauer zu überwinden oder auf Umwegen – über die Ostsee, die Tschechoslowakei, Ungarn oder Bulgarien – in die Freiheit zu gelangen. Für die Opfer der Berliner Mauer ist mittlerweile ein Anfang gemacht. Nach intensiver Forschungsarbeit ist 2009 das biografische Handbuch „Die Todesopfer an der Berliner Mauer 1961–1989" erschienen, das 136 Menschenleben beschreibt, die der Berliner Mauer zum Opfer gefallen sind.

Die Herausgeber des Bandes, Hans-Hermann Hertle und Maria Nooke, sprechen bewusst von einer Mindestzahl. Danach sind 98 bei dem Versuch, die Grenze zu überwinden, erschossen worden, tödlich verunglückt oder haben sich dabei aus Verzweiflung das Leben genommen. 30 Menschen aus Ost und West sind ums Leben gekommen, ohne überhaupt die Absicht verfolgt zu haben, die Mauer zu überwinden. Mal sind sie Opfer einer verirrten Kugel oder einer tödlichen Fehleinschätzung eines DDR-Grenzers. Sie sind – wie es heute wohl heißen würde – Kollateralschäden eines unmenschlichen Grenzregimes.

So wie der 8-jährige türkische Junge, der 1972 in Kreuzberg in die Spree gefallen ist. Die gehört dort zu Ost-Berlin, und so darf vom Westufer keine Hilfe geleistet werden. Als das DDR-Grenzboot endlich vor Ort ist, kommt für Cengaver Katrancı jede Hilfe zu spät. Schließlich zählen die Hi-

Niedergestreckt. DDR-Grenzsoldaten beugen sich im Februar 1966 über Willi Block aus Falkensee, den sie soeben im Todesstreifen an der Grenze zu Berlin-Spandau erschossen haben

Tunnelbau. Im Juni 1962 graben sich Siegfried Noffke und einige Helfer von Kreuzberg unter der Mauer in Richtung Osten vor. Ihr Tunnel ist 30 Meter lang. Mehr als 70 solcher wagemutigen Unternehmungen sind belegt. Einige von ihnen, wie im Fall Noffke, endeten tödlich

Ohne Vorwarnung schoss die Stasi auf die Fluchthelfer

Zum letzten Mal steigen Siegfried Noffke und Dieter Hötger die Treppen in den Keller des West-Berliner Grenzhauses hinab. Es ist 12 Uhr mittags am 28. Juni 1962, als die beiden im Untergrund der Sebastianstraße 82 verschwinden. Hunderte Male sind sie diesen Weg in den letzten Wochen gegangen. Mit Schaufeln haben sich die beiden West-Berliner und ein weiterer Helfer heimlich 32 Meter unter dem Todesstreifen nach Ost-Berlin durchgebuddelt. Der Tunnel endet unter der Kellerdecke in einem Neubaublock in der Heinrich-Heine-Straße 49. Heute soll der lang ersehnte Durchbruch erfolgen.

Siegfried Noffke krabbelt durch die enge Röhre an das Ende des Tunnels. Es sind die letzten Meter, die der junge Familienvater in seinem Leben zurücklegt. Noch ahnt er nicht, dass sich ein Stasi-Spitzel in die Fluchtgruppe eingeschlichen hat. Noch ist er voller Hoffnung, bald seine Ehefrau Hannelore und den kleinen Sohn wieder in die Arme schließen zu können. Seit dem 13. August 1961 ist die Familie auseinandergerissen. Siegfried Noffke lebt im West-Berliner Bezirk Kreuzberg, seine Frau und der gemeinsame Sohn im Osten. Bevor die Familie offiziell in Kreuzberg zusammenziehen darf, wird die Mauer gebaut.

Auch Dieter Hötger ist seit der Abriegelung der Grenzen von seiner Lebensgefährtin und ihren beiden kleinen Kindern getrennt. Heute sollen sie und weitere Familienangehörige in den Westen geholt werden. Hötger und Noffke picken ein Loch durch die Kellerdecke. Nach acht Minuten ist die Öffnung 50 mal 60 Zentimeter groß. Vorsichtig steigt Dieter Hötger aus dem Tunnel. Nebenan wartet sein Schwager Jürgen H. Hötger gibt ihm ein verabredetes Klopfzeichen. Doch was die beiden Fluchthelfer nicht wissen: Der Gewährsmann ist ein Stasi-Spitzel. Er hat die Flucht verraten, als ihn Hötgers Verlobte in die Pläne einweihte. Acht Stasi-Schergen warten auf Noffke und Hötger. Die DDR-Geheimpolizei hat einen operativen Vorgang mit dem Decknamen „Maulwürfe" gestartet, beobachtet den Tunnelbau seit Anfang des Monats. Jedes Fluchtdetail gibt der Schwager unter seinem Decknamen IM „Pankow" an die Stasi weiter.

Als sich Noffke durch die Tunnelöffnung zwängt, fliegt die Tür zum Treppenhaus auf. Stasi-Unterleutnant Herbert L. stürmt in den Keller und richtet ein Blutbad an. Ohne Vorwarnung schießt er auf die unbewaffneten Fluchthelfer – „durch Versagen der Nerven", wie seine Vorgesetzten später vermerken. Siegfried Noffke sackt lebensgefährlich verletzt zusammen. Sieben Kugeln treffen Dieter Hötger. Querschläger erwischen den Verräter IM „Pankow" und sogar den schießwütigen Stasi-Unterleutnant selbst.

Statt dem schwer verletzten Noffke zu helfen, wird der 22-Jährige noch im Keller verhört. Er stirbt auf dem Weg ins Krankenhaus. In einem Stasi-Bericht heißt es:. „Wie jetzt bekannt wurde, ist der Bandit Noffke auf dem Transport seinen Verletzungen erlegen."

Das Presseamt beim Vorsitzenden des DDR-Ministerrates verbreitet nach dem Mord an Noffke Lügenpropaganda. „Durch das entschlossene Handeln von Angehörigen der Grenzsicherungskräfte der DDR" sei das „Eindringen bewaffneter

Ohne Chance. Siegfried Noffke, der von einem Stasi-Unterleutnant ohne Vorwarnung erschossen worden ist

26

Ministerium f. Staatssicherheit
Verwaltung Groß-Berlin
- L e i t e r -

Berlin, den 21. 8. 62
Ko/Ho.

einverstanden Mielke 24/VIII. 62

V o r s c h l a g

Es wird vorgeschlagen, den IM " P a n k o w " der Abteilung II/2 der Verwaltung Groß-Berlin mit der

"Verdienstmedaille der ~~DDR~~ N.V.A" in Gold

auszuzeichnen und diese Auszeichnung mit einer Prämie in Höhe von

3.000,- DM (dreitausend) der Deutschen Notenbank

zu verbinden.

Mi

Begründung

IM " P a n k o w " hat im Verlaufe der Zusammenarbeit dem Ministerium für Staatssicherheit bedeutende Hilfe und Unterstützung bei der Sicherung der Staatsgrenze der DDR nach Westberlin geleistet. Bereits im Januar 1962 konnte durch seine Hilfe eine unter dem Schutz der Stupo stehende Grenzprovokation in der Nähe des Gleimtunnels rechtzeitig aufgedeckt und ihre Durchführung verhindert werden. Dabei wurden 12 Personen festgenommen.

BStU
000087

Im Juni 1962 erhielt der IM Verbindung zu einer Gruppe von Personen, die einen gewaltsamen Grenzdurchbruch nach Westberlin mittels eines von Westberlin aus angelegten Tunnels vorbereiteten.

Es gelang, mit dem IM den Kreis der an dieser geplanten Grenzverletzung beteiligten Personen in Westberlin und in der Hauptstadt der DDR aufzuklären und den auf das Gebiet des demokratischen Berlin vorgetriebenen Tunnel festzustellen.

- 2 -

Terroristen in die Deutsche Demokratische Republik verhindert worden". Dabei stellt sogar die Stasi intern fest: „Bei den festgenommenen Banditen wurden keine Waffen gefunden."

Die Noffke-Witwe und alle Fluchtkandidaten kommen noch am gleichen Tag ins Gefängnis. Das Stadtgericht Berlin verurteilt sie im November 1962 wegen „versuchten illegalen Verlassens der DDR" zu Haftstrafen zwischen einem und zwei Jahren. Dieter Hötger überlebt die schweren Schussverletzungen. Er bekommt wegen „staatsgefährdender Gewaltakte" und „Verleitung zum Verlassen der DDR" neun Jahre Zuchthaus. Zwei Monate nach dem Blutbad zeichnet das Ministerium für Staatssicherheit IM „Pankow" für seinen tödlichen Verrat aus. Er erhält die „Verdienstmedaille der NVA in Gold" und eine Prämie von 3000 Mark. Der Stasi-Chef zeichnet die Belobigung handschriftlich ab: „einverstanden. Mielke".

27

- 2 -

BStU
000088

Durch den aufopferungsvollen und mutigen persönlichen Einsatz des IM konnten dafür ~~schließlich~~ die Westberliner Grenzprovokateure auf frischer Tat gestellt und unschädlich gemacht werden, noch bevor der Tunnel zu Schleusungen benutzt worden war. Weiterhin wurden im demokratischen Berlin 16 am geplanten Grenzdurchbruch beteiligte Personen festgenommen.

Der IM zeichnete sich während und nach dieser Aktion durch Ergebenheit und Treue zum Ministerium für Staatssicherheit aus. Er bewies in hohem Maße Zuverlässigkeit und Opferbereitschaft.

Auf Grund seiner beim Einsatz erlittenen Verwundung muß noch eine komplizierte Operation vorgenommen werden. Es ist noch nicht abzusehen, ob der IM seine volle Arbeitsfähigkeit wieder erlangen wird.

Wichert
(Wichert)
Oberst

Judaslohn. Für seinen tödlichen Verrat zeichnet der DDR-Staatssicherheitsdienst den Inoffiziellen Mitarbeiter mit dem Decknamen „Pankow" aus. Er erhält 3000 Mark und die „Verdienstmedaille der NVA" in Gold. Außerdem bekommt er eine üppige Pension bewilligt, weil er selbst bei den Todesschüssen auf Noffke verletzt worden ist

Tatortfoto der Stasi. Ein Mann liegt erschossen im Todesstreifen. Es ist der Bundesbürger Falk Heinz Schröder. Am 29. September 1987 schneidet er ein Loch in den Streckmetallzaun im Grenzbereich Sommersdorf (bei Helmstedt in Niedersachsen). Er ist von dem wahnwitzigen Vorhaben getrieben, Flugblätter zu den „Menschenrechten" im Todesstreifen zu verteilen. Eine Kradstreife stellt Schröder. Die DDR behauptet, er habe sich mit seiner eigenen Pistole selbst in die Brust geschossen. Im Westen glaubt man diese Version nicht. Schröder ist sieben Jahre zuvor aus der DDR in die Bundesrepublik abgeschoben worden. Er hat mehrere Jahre im berüchtigten Zuchthaus Bautzen verbringen müssen storiker noch acht DDR-Grenzsoldaten, die durch fahnenflüchtige Kameraden, Flüchtlinge, deren Helfer oder durch West-Berliner Polizei im Dienst getötet werden.

Doch wie sollen bei dieser Schreckensbilanz jene mehr als 250 zumeist älteren Menschen berücksichtigt werden, die während oder unmittelbar nach den Kontrollen an Grenzübergangsstellen in und um Berlin an den Folgen eines Herzinfarkts verstarben? Vermutlich wird man die Todesopfer der Berliner Mauer nie mit Exaktheit benennen können. Trotz intensiver Recherchen hat das Historikerduo 24 Fälle nicht zweifelsfrei aufklären können, die ihnen aus den unterschiedlichsten Quellen bekannt geworden sind.

Die Zahl der Opfer des DDR-Grenzregimes ist umstritten

Bis heute ist eine vergleichbar aufwendige Recherche zu den Opfern der fast 1400 Kilometer langen innerdeutschen Grenze nicht unternommen worden. Und so kann es nicht überraschen, dass die Zahl derer, die hier zwischen 1952 und 1989 ihr Leben gelassen haben, bis heute umstritten ist. Sie reicht von einer Mindestzahl von 161 Toten, die nach Ermittlungen der Berliner Staatsanwaltschaft zweifelsfrei auf einen Gewaltakt der Grenzsicherungskräfte der DDR zurückzuführen sind, über 256 Grenztote, die die Zentrale Ermittlungsstelle für Regierungs- und Vereinigungskriminalität (ZERV) gezählt hat, bis hin zu 372 Opfern, wenn man der Arbeitsgemeinschaft 13. August folgt. Noch drastischer sind die Abweichungen, wenn nach der Zahl der Menschen gefragt wird, die bei dem Versuch gestorben sind, über die Ostsee in die Freiheit zu entkommen. Hier hat die ZERV nur acht Fälle, die Arbeitsgemeinschaft 13. August jedoch 189 Personen gezählt. Und gänzlich im Ungewissen bleibt die Zahl der Ostdeutschen, deren Versuch, in anderen Ostblockländern den Eisernen Vorhang zu überwinden, tödlich endet.

Es bedarf weiterer aufwendiger Untersuchungen, nicht nur, um Gewissheit über die Zahl der an der innerdeutschen Grenze Getöteten zu erlangen. Viel wichtiger ist es, die Menschen dem Vergessen zu entreißen, die ihren Freiheitsdrang mit dem Leben bezahlt haben.

Letztes Maueropfer. Der 32-jährige Diplomchemiker Winfried Freudenberg baut sich einen Ballon aus Plastikbahnen. Das Vorhaben scheint zunächst zu gelingen. Freudenberg steigt in der Nacht zum 8. März 1989 von Ost-Berlin mit seinem Ballon auf und überfliegt die Mauer. Doch dann verliert er die Kontrolle über seine Eigenkonstruktion und stürzt in Berlin-Zehlendorf in den Tod

Mein Sohn Michael Bittner wurde von zwei Kugeln in den Rücken getroffen und starb

Michael Bittner klopft an die Schlafzimmertür seiner Mutter. Sie hatte Nachtschicht in der Druckerei des „Neuen Deutschland", will gerade aufstehen. „Der Monteur ist da", sagt der 25-Jährige. „Das waren die letzten Worte, die ich von meinem Sohn hörte", erzählt Irmgard Bittner. „Ich ahnte nicht, was er vorhatte." Michael plant, die DDR zu verlassen. Illegal und heimlich. In der Nacht zum 24. November 1986 will er über die Mauer flüchten.

Zweieinhalb Jahre zuvor hat der junge Maurer beim Stadtbezirk Berlin-Pankow, Abteilung Innere Angelegenheiten, einen Antrag auf Ausreise aus der DDR gestellt. Er will frei sein und sich nicht vom Staat bevormunden lassen. Michael Bittner wird von den Behörden monatelang hingehalten, schikaniert, dann erhält er die Ablehnung. Am 9. Juni 1986 verfasst er handschriftlich einen weiteren „Antrag auf Ausbürgerung zum Zweck der Übersiedlung in die Bundesrepublik Deutschland". Er gibt politische und persönliche Gründe an. Aber die DDR lässt Michael Bittner nicht gehen. Er beschließt die Flucht.

Unwissenheit. Imgard Bittner weiß bis heute nicht, wo ihr erschossener Sohn Michael beerdigt worden ist

Am 23. November 1986 verabschiedet sich Michael von seinem jüngeren Bruder Mario. Er behauptet, er hätte eine Ausreisegenehmigung bekommen, wisse aber noch nicht zu welchem Termin. Er verdonnert ihn zum Schweigen. Stunden später macht sich der junge Mann aus Berlin-Rosenthal auf den Weg zu den Grenzanlagen in Glienicke/Nordbahn. Es ist 1.11 Uhr in der Nacht, als Michael Bittner eine 3, 70 Meter lange Holzleiter an die Hinterlandmauer anlegt. Er überwindet das erste Hindernis und löst dabei Alarm aus. Der 25-Jährige läuft über den Kolonnenweg und den Grenzstreifen. Aus 160 Metern Entfernung entdeckt ihn ein Grenzposten. Michael Bittner stellt seine Leiter an die letzte Grenzmauer. Er steht zwischen der vierten und fünften Stufe, als er von zwei Kugeln im Rücken getroffen wird. Michael Bittner kippt rücklings auf den Boden. 32 Schuss geben die Grenzsoldaten auf den Flüchtenden ab. „Gegen 1.30 Uhr wurde durch den Regimentsarzt der Tod des Täters festgestellt. Er hatte zwei Einschüsse im Rücken, wovon ein Schuss den Tod herbeiführte", heißt es in einer „operativen Meldung" der Stasi.

Doch Stasi und SED bestreiten den Mord an Michael Bittner. „Mir wurde gesagt, mein Sohn hätte sich einer Menschenhändlerbande angeschlossen und wäre im Westen. Wir wurden sieben Stunden verhört. Die Stasi durchsuchte unser Haus, beschlagnahmte Briefe von Michael, Bilder und sogar sein Sparbuch", berichtet seine Mutter Irmgard.

West-Berliner hören die Schüsse auf Michael Bittner. Gendarmen des französischen Zolls und West-Berliner Polizisten kommen hinzu. Sie sehen, wie der Sterbende aus dem Todesstreifen abtransportiert wird. Westliche Medien vermelden den Tod eines unbekannten Flüchtlings an der Mauer. Erst drei Tage zuvor waren die Flüchtlinge René Groß und Manfred Mäder erschossen worden. Die SED-Führung fürchtet um ihre Reputation. Die Stasi soll alle Spuren verwischen und startet eine operative Aktion mit dem Decknamen „Morgentau". Bittners Leiche wird heimlich eingeäschert, die Familie belogen und drangsaliert. In einem Stasi-Vermerk zur OPK „Morgentau" heißt es kühl: „Die politische Sensibilität der Staatsgrenze zu Berlin (West) machte die Verschleierung des Vorkommnisses notwendig. Es musste verhindert werden, dass Gerüchte über das Vorkommnis in Umlauf geraten bzw. dass Informationen dazu nach WB oder BRD abfließen."

„Am Tag, als Michael nicht nach Hause gekommen war, berichtete das Westfernsehen von einem tödlichen Zwischenfall an der Mauer. Mir blieb fast das Herz stehen, als ich das hörte", sagt Irmgard Bittner. „Als ich bei der Polizei fragte, ist mein Sohn der Tote an der Mauer, antwortete

Trauer. Eine Gedenkecke im Wohnzimmer erinnert an den geliebten Sohn und dessen kurzes Leben

mir der Beamte: ‚Es gibt keine Toten an der Mauer.'" Irmgard Bittner, ihr Mann und die drei anderen Kinder werden systematisch von der Stasi ausgespitzelt. „Sogar ein Nachbar wurde als IM verpflichtet, um uns zu beobachten", sagt Irmgard Bittner. Am 3. Dezember 1986 erlässt der Generalstaatsanwalt der DDR Haftbefehl wegen „landesverräterischer Agententätigkeit und ungesetzlichen Grenzübertritts" gegen Michael Bittner. Dabei wissen die Behörden, dass der angebliche Agent zu diesem Zeitpunkt nicht mehr lebt. „Es ist verachtend, wie man mich belogen hat", sagt Irmgard Bittner. Erst nach dem Mauerfall im Frühjahr 1990 erhält sie die Nachricht vom Tod ihres Sohnes.

„Jeden Tag ist mein Sohn ein bisschen gestorben. Ich hatte immer noch eine kleine Hoffnung, dass er vielleicht doch noch lebt. Die Ungewissheit quält ungemein, ich hatte nachts Angstträume." Imgard Bittner sitzt im Garten ihres Hauses in Berlin-Rosenthal: „Hier ist Michael mit seinen Geschwistern aufgewachsen", sagt sie. „Das Haus hat er damals ausgebaut." Im Wohnzimmer hat sie eine Ecke mit Bildern von Michael eingerichtet, zündet dort fast täglich eine Kerze für ihn an. „Kein Grab von seinem Sohn zu haben, das ist das Schlimmste für eine Mutter", sagt die resolute alte Dame.

„Ich dachte, irgendwann geht der Schmerz vorbei. Aber der Schmerz geht nie vorbei. Ich habe mir etwas vorgemacht. Und die, die für seinen Tod verantwortlich sind, laufen draußen vergnügt durch die Gegend."

Die Opfer der Berliner

1961	Ida Siekmann	23.08.1902 – 22.08.1961	Bei einem Fluchtversuch tödlich verunglückt
	Günter Litfin	19.01.1937 – 24.08.1961	Bei einem Fluchtversuch erschossen
	Roland Hoff	19.03.1934 – 29.08.1961	Bei einem Fluchtversuch erschossen
	Rudolf Urban	06.06.1914 – 17.09.1961	An den Folgen der bei einem Fluchtversuch zugezogenen Verletzungen gestorben
	Olga Segler	31.07.1881 – 26.09.1961	An den Folgen der bei einem Fluchtversuch zugezogenen Verletzungen gestorben
	Bernd Lünser	11.03.1939 – 04.10.1961	Unter Beschuss bei einem Fluchtversuch tödlich verletzt
	Udo Düllick	03.08.1936 – 05.10.1961	Unter Beschuss bei einem Fluchtversuch ertrunken
	Werner Probst	18.06.1936 – 14.10.1961	Bei einem Fluchtversuch erschossen
	Lothar Lehmann	28.01.1942 – 26.11.1961	Bei einem Fluchtversuch ertrunken
	Dieter Wohlfahrt	27.05.1941 – 09.12.1961	Bei einer Fluchthilfeaktion als Fluchthelfer erschossen
	Ingo Krüger	31.01.1940 – 11.12.1961	Bei einem Fluchtversuch ertrunken
	Georg Feldhahn	12.08.1941 – 19.12.1961	Bei einem Fluchtversuch ertrunken
1962	Dorit Schmiel	25.04.1941 – 19.02.1962	Bei einem Fluchtversuch erschossen
	Heinz Jercha	01.07.1934 – 27.03.1962	Bei einer Fluchthilfeaktion als Fluchthelfer erschossen
	Philipp Held	02.05.1942 – April 1962	Bei einem Fluchtversuch ertrunken
	Klaus Brueske	14.09.1938 – 18.04.1962	Bei einem Fluchtversuch erschossen
	Peter Böhme	17.08.1942 – 18.04.1962	Bei einem Fluchtversuch erschossen
	Horst Frank	07.05.1942 – 29.04.1962	Bei einem Fluchtversuch erschossen
	Lutz Haberlandt	29.04.1938 – 27.05.1962	Bei einem Fluchtversuch erschossen
	Axel Hannemann	27.04.1945 – 05.06.1962	Bei einem Fluchtversuch erschossen
	Erna Kelm	21.07.1908 – 11.06.1962	Bei einem Fluchtversuch ertrunken
	Wolfgang Glöde	01.02.1949 – 11.06.1962	Versehentlich beim Spielen im Grenzgebiet erschossen
	Siegfried Noffke	09.12.1939 – 28.06.1962	Bei einer Fluchthilfeaktion als Fluchthelfer erschossen
	Peter Fechter	14.01.1944 – 17.08.1962	Bei einem Fluchtversuch erschossen
	Hans-Dieter Wesa	10.01.1943 – 23.08.1962	Bei einem Fluchtversuch erschossen
	Ernst Mundt	02.12.1921 – 04.09.1962	Bei einem Fluchtversuch erschossen
	Anton Walzer	27.04.1902 – 08.10.1962	Bei einem Fluchtversuch erschossen
	Horst Plischke	12.07.1939 – 19.11.1962	Bei einem Fluchtversuch ertrunken
	Otfried Reck	14.12.1944 – 27.11.1962	Bei einem Fluchtversuch erschossen
	Günter Wiedenhöft	14.02.1942 – 06.12.1962	Bei einem Fluchtversuch ertrunken
1963	Hans Räwel	11.12.1941 – 01.01.1963	Bei einem Fluchtversuch erschossen
	Horst Kutscher	05.07.1931 – 15.01.1963	Bei einem Fluchtversuch erschossen
	Peter Kreitlow	15.01.1943 – 24.01.1963	Bei einem Fluchtversuch erschossen
	Wolf-Olaf Muszynski	01.02.1947 – Febr. 1963	Bei einem Fluchtversuch ertrunken
	Peter Mädler	10.07.1943 – 26.04.1963	Bei einem Fluchtversuch erschossen
	Klaus Schröter	21.02.1940 – 04.11.1963	Bei einem Fluchtversuch angeschossen und ertrunken
	Dietmar Schulz	21.10.1939 – 25.11.1963	Bei einem Fluchtversuch tödlich verunglückt
	Dieter Berger	27.10.1939 – 13.12.1963	Ohne Fluchtabsicht im Grenzgebiet erschossen
	Paul Schultz	02.10.1945 – 25.12.1963	Bei einem Fluchtversuch erschossen

Mauer (1961–1968)

1964	Walter Hayn	31.01.1939 – 27.02.1964	Bei einem Fluchtversuch erschossen
	Adolf Philipp	17.08.1943 – 05.05.1964	Als West-Berliner im Grenzgebiet erschossen
	Walter Heike	20.09.1934 – 22.06.1964	Bei einem Fluchtversuch erschossen
	Norbert Wolscht	27.10.1943 – 28.07.1964	Bei einem Fluchtversuch ertrunken
	Rainer Gneiser	10.01.1944 – 28.07.1964	Bei einem Fluchtversuch ertrunken
	Hildegard Trabant	12.06.1927 – 18.08.1964	Bei einem Fluchtversuch erschossen
	Wernhard Mispelhorn	10.11.1945 – 20.08.1964	Bei einem Fluchtversuch angeschossen und an den Schussverletzungen gestorben
	Hans-Joachim Wolf	08.08.1947 – 26.11.1964	Bei einem Fluchtversuch erschossen
	Joachim Mehr	03.04.1945 – 03.12.1964	Bei einem Fluchtversuch erschossen
1965	Unbekannter Flüchtling	19.01.1965	Bei einem Fluchtversuch ertrunken
	Christian Buttkus	21.02.1944 – 04.03.1965	Bei einem Fluchtversuch erschossen
	Ulrich Krzemien	13.09. 1940 – 25.03.1965	Als West-Berliner im Grenzgewässer ertrunken
	Peter Hauptmann	20.03.1939 – 03.05.1965	Ohne Fluchtabsicht im Grenzgebiet erschossen
	Hermann Döbler	28.10.1922 – 15.06.1965	Als West-Berliner im Grenzgebiet erschossen
	Klaus Kratzel	03.03.1940 – 08.08.1965	Bei einem Fluchtversuch tödlich verunglückt
	Klaus Garten	19.07.1941 – 18.08.1965	Bei einem Fluchtversuch erschossen
	Walter Kittel	21.11.1942 – 18.10.1965	Bei einem Fluchtversuch erschossen
	Heinz Cyrus	05.06.1936 – 11.11.1965	Bei einem Fluchtversuch unter Beschuss tödlich verunglückt
	Heinz Sokolowski	17.12.1917 – 25.11.1965	Bei einem Fluchtversuch erschossen
	Erich Kühn	27.02.1903 – 03.12.1965	Bei einem Fluchtversuch erschossen
	Heinz Schöneberger	07.06.1938 – 26.12.1965	Bei einer Fluchthilfeaktion als Fluchthelfer erschossen
1966	Dieter Brandes	23.10.1946 – 11.01.1966	Bei einem Fluchtversuch angeschossen und an den Schussverletzungen gestorben
	Willi Block	05.06.1934 – 07.02.1966	Bei einem Fluchtversuch erschossen
	Jörg Hartmann	27.10.1955 – 14.03.1966	Bei einem Fluchtversuch erschossen
	Lothar Schleusener	14.01.1953 – 14.03.1966	Bei einem Fluchtversuch erschossen
	Willi Marzahn	03.06.1944 – 19.03.1966	Bei einem Fluchtversuch erschossen oder Selbstmord verübt
	Eberhard Schulz	11.03.1946 – 30.03.1966	Bei einem Fluchtversuch erschossen
	Michael Kollender	19.02.1945 – 25.04.1966	Bei einem Fluchtversuch erschossen
	Paul Stretz	28.02.1935 – 29.04.1966	Als West-Berliner im Grenzgebiet erschossen
	Eduard Wroblewski	03.03.1933 – 26.07.1966	Bei einem Fluchtversuch erschossen
	Heinz Schmidt	26.10.1919 – 29.08.1966	Als West-Berliner im Grenzgebiet erschossen
	Andreas Senk	1960 – 13.09.1966	Im Grenzgewässer ertrunken
	Karl-Heinz Kube	10.04.1949 – 16.12.1966	Bei einem Fluchtversuch erschossen
1967	Max Sahmland	28.03.1929 – 27.01.1967	Bei einem Fluchtversuch angeschossen und ertrunken
	Franciszek Piesik	23.11.1942 – 17.10.1967	Bei einem Fluchtversuch ertrunken
1968	Elke Weckeiser	31.10.1945 – 18.02.1968	Bei einem Fluchtversuch erschossen
	Dieter Weckeiser	15.02.1943 – 19.02.1968	Angeschossen und an den Verletzungen gestorben
	Herbert Mende	09.02.1939 – 10.03.1968	Ohne Fluchtabsicht im Grenzgebiet angeschossen und an den Folgen der Schussverletzung gestorben

	Bernd Lehmann	31.07.1949 – 28.05.1968	Bei einem Fluchtversuch ertrunken
	Siegfried Krug	22.07.1939 – 06.07.1968	Als Bundesbürger im Grenzgebiet erschossen
	Horst Körner	12.07.1947 – 15.11.1968	Bei einem Fluchtversuch erschossen
1969	Johannes Lange	17.12.1940 – 09.04.1969	Bei einem Fluchtversuch erschossen
	Klaus-Jürgen Kluge	25.07.1948 – 13.09.1969	Bei einem Fluchtversuch erschossen
	Leo Lis	10.05.1924 – 20.09.1969	Bei einem Fluchtversuch erschossen
1970	Christel Wehage	15.12.1946 – 10.03.1970	Selbstmord nach gescheitertem Fluchtversuch durch eine Flugzeugentführung
	Eckhard Wehage	08.07.1948 – 10.03.1970	Selbstmord nach gescheitertem Fluchtversuch durch eine Flugzeugentführung
	Heinz Müller	16.05.1943 – 19.06.1970	Als West-Berliner im Grenzgebiet erschossen
	Willi Born	19.07.1950 – 07.07.1970	Selbstmord nach einem gescheiterten Fluchtversuch
	Friedhelm Ehrlich	11.07.1950 – 02.08.1970	Ohne Fluchtabsicht im Grenzgebiet erschossen
	Gerald Thiem	06.09.1928 – 07.08.1970	Als West-Berliner im Grenzgebiet erschossen
	Helmut Kliem	02.06.1939 – 13.11.1970	Ohne Fluchtabsicht im Grenzgebiet erschossen
	Christian-Peter Friese	05.01.1948 – 25.12.1970	Bei einem Fluchtversuch erschossen
1971	Rolf-Dieter Kabelitz	23.06.1951 – 30.01.1971	Bei einem Fluchtversuch angeschossen und an den Folgen der Schussverletzung gestorben
	Wolfgang Hoffmann	01.09.1942 – 15.07.1971	Als West-Berliner nach Festnahme in Ost-Berlin tödlich verunglückt
	Werner Kühl	10.02.1949 – 24.07.1971	Als West-Berliner im Grenzgebiet erschossen
	Dieter Beilig	05.09.1941 – 02.10.1971	Als West-Berliner im Grenzgebiet erschossen
1972	Horst Kullack	20.11.1948 – 21.01.1972	Bei einem Fluchtversuch angeschossen und an den Schussverletzungen gestorben
	Manfred Weylandt	12.07.1942 – 14.02.1972	Bei einem Fluchtversuch erschossen
	Klaus Schulze	13.10.1953 – 07.03.1972	Bei einem Fluchtversuch erschossen
	Cengaver Katrancı	1964 – 30.10.1972	Als West-Berliner im Grenzgewässer ertrunken
1973	Holger H.	1971 – 22.01.1973	Bei einem gelungenen Fluchtversuch der Eltern erstickt
	Volker Frommann	23.04.1944 – 05.03.1973	Bei einem Fluchtversuch tödlich verunglückt
	Horst Einsiedel	08.02.1940 – 15.03.1973	Bei einem Fluchtversuch erschossen
	Manfred Gertzki	17.05.1942 – 27.04.1973	Bei einem Fluchtversuch erschossen
	Siegfried Kroboth	23.04.1968 – 14.05.1973	Im Grenzgewässer ertrunken
1974	Burkhard Niering	01.09.1950 – 05.01.1974	Bei einem Fluchtversuch erschossen
	Johannes Sprenger	03.12.1905 – 10.05.1974	Im Grenzgebiet erschossen
	Guiseppe Savoca	22.04.1968 – 15.06.1974	Im Grenzgewässer ertrunken
1975	Herbert Halli	24.11.1953 – 03.04.1975	Bei einem Fluchtversuch erschossen
	Cetin Mert	11.05.1970 – 11.05.1975	Im Grenzgewässer ertrunken
	Herbert Kiebler	24.03.1952 – 27.06.1975	Bei einem Fluchtversuch erschossen
	Lothar Hennig	30.06.1954 – 05.11.1975	Ohne Fluchtabsicht bei einer Fahndungsaktion erschossen

1977	Dietmar Schwietzer	21.02.1958 – 16.02.1977	Bei einem Fluchtversuch erschossen
	Henri Weise	13.07.1954 – Mai 1977	Bei einem Fluchtversuch ertrunken
1980	Marienetta Jirkowski	25.08.1962 – 22.11.1980	Bei einem Fluchtversuch erschossen
1981	Dr. Johannes Muschol	31.05.1949 – 16.03.1981	Als Bundesbürger im Grenzgebiet erschossen
	Hans-Jürgen Starrost	24.06.1955 – 16.05.1981	Bei einem Fluchtversuch angeschossen und an den Schussverletzungen gestorben
	Thomas Taubmann	22.07.1955 – 12.12.1981	Bei einem Fluchtversuch tödlich verunglückt
1982	Lothar Fritz Freie	08.02.1955 – 06.06.1982	Als West-Berliner im Grenzgebiet erschossen
1983	Silvio Proksch	03.03.1962 – 25.12.1983	Bei einem Fluchtversuch erschossen
1984	Michael Schmidt	20.10.1964 – 01.12.1984	Bei einem Fluchtversuch erschossen
1986	Rainer Liebeke	11.09.1951 – 03.09.1986	Bei einem Fluchtversuch ertrunken
	René Groß	01.05.1964 – 21.11.1986	Bei einem Fluchtversuch erschossen
	Manfred Mäder	23.08.1948 – 21.11.1986	Bei einem Fluchtversuch erschossen
	Michael Bittner	31.08.1961 – 24.11.1986	Bei einem Fluchtversuch erschossen
1987	Lutz Schmidt	08.07.1962 – 12.02.1987	Bei einem Fluchtversuch erschossen
1989	Ingolf Diederichs	13.04.1964 – 13.01.1989	Bei einem Fluchtversuch tödlich verunglückt
	Chris Gueffroy	21.06.1968 – 05.02.1989	Bei einem Fluchtversuch erschossen
	Winfried Freudenberg	29.08.1956 – 08.03.1989	Bei einem Fluchtversuch mit einem Ballon tödlich verunglückt

Grenzsoldaten, die im Dienst getötet wurden

1962	Jörgen Schmidtchen	28.06.1941 – 18.04.1962	Von einem fahnenflüchtigen NVA-Offiziersschüler erschossen, der ebenfalls getötet wurde
	Peter Göring	28.12.1940 – 23.05.1962	Von einem Querschläger aus der Waffe eines West-Berliner Polizisten tödlich getroffen
	Reinhold Huhn	08.03.1942 – 18.06.1962	Von einem West-Berliner Fluchthelfer erschossen
	Günter Seling	28.04.1940 – 30.09.1962	im Dienst getöteter Grenzsoldat
1963	Siegfried Widera	12.02.1941 – 08.09.1963	Von Flüchtlingen niedergeschlagen und den Verletzungen erlegen
1964	Egon Schultz	04.01.1943 – 05.10.1964	Von einem Grenzsoldaten versehentlich erschossen
1968	Rolf Henniger	30.11.1941 – 15.11.1968	Von einem flüchtenden Volkspolizisten erschossen, der ebenfalls getötet wurde
1980	Ulrich Steinhauer	13.03.1956 – 04.11.1980	Von einem fahnenflüchtigen Grenzsoldaten erschossen

Aus: Die Todesopfer an der Berliner Mauer 1961-1989. Ein biografisches Handbuch. Hrsg. von Hans-Hermann Hertle und Maria Nooke. Berlin, 2. Auflage 2009

Arretiert. Gefangene, die ihre Rechte einfordern, werden im berüchtigten Zuchthaus Bautzen I, in dem besonders viele „Republikflüchtlinge“ einsitzen, brutal ruhiggestellt

KAPITEL IX

Politische Verfolgung

Wer die Berliner Mauer oder innerdeutsche Grenze überwinden will, gilt im offiziellen Sprachgebrauch der DDR als „Grenzverletzer“ und „Staatsverbrecher“. Entsprechend haben die Angehörigen der Grenztruppe den Auftrag, Flüchtlinge notfalls zu erschießen. Trotz aller ideologischen Schulung, trotz aller Erziehung zum Hass auf den Klassenfeind bleiben jedoch bei den Grenzsoldaten die moralischen Hemmschwellen allgegenwärtig. Und sicherlich mag auch die Sorge eine Rolle spielen, vielleicht doch noch eines Tages zur Rechenschaft gezogen zu werden, weiß man doch auch bei der Grenztruppe, dass im niedersächsischen Salzgitter DDR-Unrecht penibel registriert wird. Das Regime versucht daher, bei der Truppe die Bereitschaft zum rücksichtslosen Einsatz der Schusswaffe gegen „Grenzverletzer“ durch empfindlich harte Strafen bei Fehlverhalten durchzusetzen. So wird eine zugelassene Flucht als Bruch des geleisteten Fahneneids und als Verstoß gegen den sogenannten Grenzbefehl gewertet, was nicht selten mehrjährige Gefängnisstrafen nach sich zieht, die dann in der berüchtigten Militärjustizvollzugsanstalt in Schwedt verbüßt werden müssen. Nicht zuletzt dadurch lastet auf den Angehörigen der DDR-Grenztruppe ein enormer Druck, der nicht wenige von ihnen in den Freitod treibt.

Der Druck auf die Grenzer treibt manchen in den Freitod

Auch auf diejenigen, die beim Grenzdurchbruch gestellt werden, warten im SED-Unrechtsstaat drakonische Strafen. Nach dem Strafgesetzbuch der DDR von 1968 wird der Grundtatbestand des „ungesetzlichen Grenzübertritts“ mit einer Freiheitsstrafe von zwei Jahren geahndet. Im „schweren Fall“ liegt das Strafmaß bei bis zu fünf Jahren, seit 1979 bei bis zu acht Jahren Freiheitsstrafe. Wie willkürlich der „schwere Fall“ seine Anwendung findet, verdeutlicht der Prozess gegen Chris G., der im Februar 1989 vergeblich versucht hat, die Berliner Mauer zu überwinden. In der Urteilsbegründung der Strafkammer des Stadtbezirksgerichts Berlin-Pankow wird es als erwiesen angesehen, dass der junge Mann, dessen Freund Chris Gueffroy bei dem Fluchtversuch erschossen worden ist, „in massiver Weise gegen die Aufrechterhaltung der Ordnung und Sicherheit an der Staatsgrenze der DDR“ verstoßen habe. Zum „Schutz der Interessen der Gesellschaft und zur nachhaltigen erzieherischen Einwirkung“ sei eine Freiheitsstrafe von drei Jahren wegen versuchten ungesetzlichen Grenzübertritts im schweren Fall angebracht, urteilen die Richter.

Ins Gefängnis kommen in der DDR auch diejenigen, die einen Ausreiseantrag stellen und ihr Begehren publik machen. Solches gilt als Straftat gegen die staatliche und öffentliche Ordnung. Die Urteile, die in nicht öffentlichen Prozessen gesprochen werden, liegen zwischen sechs Monaten und zwei Jahren Gefängnis. Bei einer Rücknahme des Ausreiseantrags wird die Strafe zur Bewährung ausgesetzt. Selbst der bei den DDR-Behörden vehement vorgetragene Ausreisewunsch zieht Kriminalisierung und Haft nach sich, wie der Fall der Ost-Berliner Familie K. zeigt. Diese legt im April 1988 im Berlin-Köpenicker Rathaus einen „Offenen Brief an die Abteilung Innere Angelegenheiten“ vor, in dem sie die rechtlichen Grundlagen für ihren seit einem Jahr vergeblich vorgetragenen Ausreisewunsch aufzählt und sich dabei auf die KSZE-Schlussakte aus dem Jahr 1975 bezieht. Darüber hinaus überreicht die Familie den Mitarbeitern noch einen mit Stacheldraht dekorierten Blumentopf „zum ersten Jahrestag unseres Antrages“.

Unmenschlich. Politische Gefangene in Bautzen müssen ihren sogenannten Freigang in winzigen, eingemauerten Höfen absolvieren

Ort des Schreckens. Marita Ulbricht zu Besuch in einer Zelle der Stasi-Opfer-Gedenkstätte Hohenschönhausen

Im Gefängnis bekam ich vom schlechten Essen Wasserödeme

„Die ersten Tage waren die schlimmsten", erinnert sich Marita Ulbricht an ihre Haftzeit in der DDR. „Man sitzt alleine in der Zelle. Man sieht niemanden. Man hört nur Geräusche und kann diese nicht zuordnen."

Am 26. September 1981 wird sie am Checkpoint Charlie verhaftet. Die Bürokauffrau aus der Charité wollte im Kofferraum eines burmesischen Diplomatenfahrzeugs aus der DDR flüchten. Seit 1967 liebt sie einen französischen Pharmareferenten, den sie bei der Arbeit in der Klinik kennengelernt hat. „Jemand muss der Stasi einen Tipp gegeben haben. Unser Auto wurde herausgewunken und durchsucht. Diplomaten durften die Grenze eigentlich ohne Kontrolle passieren", so Marita Ulbricht. Sie wird zusammen mit dem Fahrer Vum Ko Hau und einem zweiten Flüchtling, der im Kofferraum lag, verhaftet. „Man nahm mir meinen Schmuck ab und brachte mich von den anderen getrennt in das Stasi-Untersuchungsgefängnis Berlin-Hohenschönhausen." Marita Ulbricht muss sich nackt ausziehen. Sie wird untersucht, bekommt Häftlingskleidung. „Eins, kommen Sie! Gesicht zur Wand!", brüllt ein Schließer, als sie zum Verhör geführt wird. „Sobald ich im Gefängnis war, wurde ich nicht mehr mit meinem Namen angesprochen, sondern nur noch mit einer Nummer", so Marita Ulbricht. Nach zwei Wochen bekommt sie eine Zellennachbarin. „Man musste sehr vorsichtig sein. Ich wusste nicht, ob die Frau wirklich ein Mithäftling war oder eine getarnte Stasi-Mitarbeiterin, die mich aushorchen sollte." Immer wieder wird die Gefangene in das Verhörzimmer der Stasi geführt, beim ersten Mal dauert die Vernehmung bis zum Morgengrauen. „Ich habe mir gesagt: Ihr kriegt mich nicht klein. Man muss einen starken Willen zeigen, sonst macht einen der Vernehmer fertig." Die Stasi versucht es mit immer neuen Verhörmethoden. Nachts werden die Gefangenen mit Licht terrorisiert. Alle zehn Minuten geht das Neonlicht aus und wieder an. „Einmal wurde mir plötzlich Kaffee und sogar ein Stück Kuchen angeboten. Ich dachte, was ist denn jetzt los." Schnell versteht Marita Ulbricht, was der Grund für die plötzliche Freundlichkeit ist. „Bei jedem Verhör habe ich betont, dass ich unbedingt in den Westen will. Einmal sagte ich, dass ich in der DDR noch nicht mal eine vernünftige Wohnung bekomme, weil ich eine andere politische Meinung habe. Jetzt wollte mich der Vernehmer mit der Aussicht auf eine Zweiraumwohnung in einem Neubau ködern." Nach mehreren Wochen legt der Stasi-Offizier der selbstbewussten Gefangenen eine Liste mit Anwälten vor. Ein Name fehlt darauf. Rechtsanwalt Wolfgang Vogel. Der Mann, der für die DDR den Freikauf politischer Häftlinge in den Westen organisiert. Marita Ulbricht: „Ich bestand auf Vogel. Schließlich bekam ich einen Mitarbeiter von ihm als meinen Rechtsanwalt." Am 12. Januar 1982 steht sie vor dem Stadtgericht in Ost-Berlin. Die Verhandlung nennt sich öffentlich. Doch die Öffentlichkeit ist ausgeschlossen – aus „Gründen der Sicherheit des Staates", wie es in den Akten des DDR-Generalstaatsanwaltes heißt. Die Verhandlung beginnt um 8.30 Uhr und wird 70 Minuten später geschlossen. Das Urteil lautet: „Die Angeklagte wird wegen landesverräterischer Agententätigkeit in Tateinheit mit versuchtem ungesetzlichen Grenzübertritt im schweren Fall zu einer Freiheitsstrafe von zwei Jahren und acht Monaten verurteilt." Marita Ulbricht wird mit einem Gefangenenzug der DDR-Reichsbahn nach Karl-Marx-Stadt verlegt. Die Häftlinge nennen den Zug spöttisch „Grotewohl-Express". Von Karl-Marx-Stadt geht es in das berüchtigte Frauengefängnis Hoheneck. Dort sitzt sie mit anderen politischen Gefangenen und Mörderinnen ein, wird zur Arbeit gezwungen. „Ich musste in einer Näherei im Akkord Bettwäsche für den VEB Planet nähen, die dann in den Westen verkauft wurde. Der Lohn wurde mit den angeblichen Kosten für unsere Unterkunft im Gefängnis verrechnet." Nach einem Jahr und zwei Monaten Haft kommt Marita Ulbricht frei. „Am 24. November 1982 wurde ich in Hoheneck entlassen und drei Tage später im Stasi-Knast in Karl-Marx–Stadt ausgebürgert." Mit einem Bus und anderen freigekauften Häftlingen geht es zur Grenze nach Bayern. Vorweg fährt in einem Mercedes Rechtsanwalt Vogel mit allen Papieren.

Trotz ihrer psychischen Stärke übersteht Marita Ulbricht die Haft nicht ohne Folgen: „Ich habe seit damals Rheuma. Vom schlechten Essen in Hoheneck bekam in Wasserödeme, unter denen ich heute noch zu leiden habe."

Rekonstruktion. Nach der Verhaftung fotografiert der Staatssicherheitsdienst Marita Ulbricht und ihren Flucht-Fahrer in dem burmesischen Diplomatenfahrzeug. Im Stasi-Untersuchungsknast (Foto unten) bekommt Marita Ulbricht das Essen durch eine solche Klappe. Wenn sie zum Verhör abgeholt wird, heißt es: „Gesicht zur Wand“

Geheime Ausreise. Freigekaufte Häftlinge werden mit neutralen Bussen in den Westen gefahren. Insgesamt gelangen auf diesem Weg mehr als 33 000 Menschen in die Bundesrepublik

Wenige Minuten später stürmen zehn Mann der bewaffneten Bereitschaftspolizei in den Raum und nehmen Familie K. fest. Norbert und Ursula K. werden bald darauf wegen „gemeinschaftlicher Beeinträchtigung staatlicher Tätigkeit" zu einem Jahr und zehn Monaten Haft verurteilt. Die 18-jährige Tochter erhält ein Jahr Gefängnis. Auch Familie K. gehört damit zum Heer der politischen Häftlinge, die es den Worten des SED-Generalsekretärs Erich Honecker zufolge im „Arbeiter- und Bauernstaat" gar nicht gibt. In Wahrheit sitzen in der 40-jährigen Geschichte der DDR zwischen 100 000 und 250 000 Menschen in den Gefängnissen ein oder schuften in „Strafvollzugskommandos" und „Haftarbeitslagern".

Die politischen Häftlinge werden offiziell als Kriminelle betrachtet und mit diesen bei der Verwahrung gleichgestellt. Tatsächlich aber werden inhaftierte „Republikflüchtige", Ausreiseantragsteller und Regimegegner im DDR-Strafvollzug von Anfang an schlechter behandelt als Kriminelle.

Wärter tun sich als regelrechte Menschenschinder hervor

Seit 1971 ist den sogenannten Erziehern, wie die Aufseher jetzt heißen, die Anwendung von Gewalt verboten. Doch es kommt immer wieder zu Ausschreitungen. In manchen Zuchthäusern, wie in Cottbus, tun sich zu Beginn der 80er-Jahre zwei Wärter, die von den Häftlingen „Arafat" und „Roter Terror" genannt werden, als regelrechte Menschenschinder hervor. Und am Ende der 80er-Jahre kommt es in demselben Gefängnis sogar zu Scheinhinrichtungen. In der Anklageschrift des nach der Wende zur Rechenschaft gezogenen Justizbediensteten, der zu DDR-Zeiten den Namen „Würger" trägt, heißt es: „Dem Gefangenen B. wurden ... die Hände auf den Rücken gebunden. Alsdann musste sich Herr B ... auf einen in der Zelle befindlichen Hocker stellen. Der Angeklagte legte ihm einen zu einer sich unter Belastung zuziehenden Schlinge gebundenen und zuvor in etwa zwei Metern Höhe befestigten Strick um den Hals. Dann vernahm der Gefangene die Worte: ‚So, B., du machst jetzt einen kleinen Selbstmord!' Der Hocker wurde unter den Füßen des in Todesangst befindlichen Geschädigten weggezogen, die Schlinge zog sich an seinem Hals etwas fester zu. Noch bevor die Schlinge aber Herrn B. ... die Atemluft nehmen konnte, wurde er von unten abgestützt und schließlich aus der scheinbar akut lebensbedrohlichen Lage befreit."

Letzte Hoffnung der meisten Häftlinge ist der Freikauf

Besonders in der Untersuchungshaft ist psychische und physische Gewalt alltäglich. Dazu gehören Einzelhaft, Verhöre zur Nachtzeit und der damit verbundene Schlafentzug, die Kontaktsperre zur Außenwelt und immer wieder Faustschläge und Fußtritte. Die Folgen sind bei vielen Häftlingen oft lebenslange Depressionen und Ängste, Schlaf- und Konzentrationsstörungen, aber auch psychosomatische Erkrankungen. Einzige Hoffnung für die politischen Häftlinge in den Zuchthäusern der DDR ist der Freikauf durch die Bundesrepublik. Für jeden achten von ihnen erfüllt sich der Traum von der Freiheit. Bis 1989 gelangen so 33 755 Menschen aus Bautzen, Hoheneck, Chemnitz (Karl-Marx-Stadt) und anderen berüchtigten DDR-Zuchthäusern in den Westen. Insgesamt bringt die Bundesrepublik dafür mehr als 3,5 Milliarden D-Mark auf. Der Menschenhandel beginnt 1962 am Ende der Ära Adenauer, in der Amtszeit des Ministers für gesamtdeutsche Fragen Rainer Barzel. Dieser berichtet später, dass alles mit einem Hinweis aus der DDR an den Verleger Axel Springer begonnen hätte. „Axel Springer rief mich an, und ich habe ihn besucht. Ich habe dann den Bundeskanzler informiert, und der sagte, versuchen Sie das ..." Eine wichtige Rolle spielt bei der weiteren Anbahnung der Kontakte auch das Diakonische Werk der Evangelischen Kirchen in Deutschland.

Nach mühevollen Gesprächen, die auf DDR-Seite der Rechtsanwalt Wolfgang Vogel und auf westdeutscher der dafür zuständige Staatssekretär vom Bundesministerium für

DDR-Unterhändler. Für Rechtsanwalt Wolfgang Vogel sind die Freikaufsverhandlungen mit dem Westen ein gutes Geschäft. Nach dem Mauerfall verteidigt er Honecker, legt aber sein Mandat im Oktober 1990 nieder

Bonner Staatssekretär. Ludwig A. Rehlinger vereinbart Weihnachten 1962 den ersten Freikauf. Über viele Jahre hinweg spielt er bei den humanitären Aktivitäten eine Schlüsselrolle

Herr der Akten. Bürgerrechtler Roland Jahn übernimmt im März 2011 das Amt des Bundesbeauftragten für die Stasi-Unterlagen

Man nahm meine Familie regelrecht in Sippenhaft

„Man wird nicht als Staatsfeind geboren. Man wird zum Staatsfeind gemacht", erklärt Roland Jahn. Er wächst in Thüringen auf. Als Jugendlicher tritt er in die FDJ ein. „Ich wollte dazugehören." Seine Eltern erziehen ihn unpolitisch. Roland Jahn leistet seinen Wehrdienst ab – er will studieren können. Vom Anpasser wandelt sich der junge Mann langsam zum Widerständler. Mehr und mehr hinterfragt er die Zustände in der DDR, fühlt sich eingeengt.

Roland Jahn nimmt die DDR-Parolen von Demokratie und einer gerechten Gesellschaft wörtlich. „Ich habe mir nichts vormachen lassen, stellte in Seminaren an der Uni kritische Fragen. Als Antwort bekam ich Repression." Er gerät in das Blickfeld der Stasi. „Ich trug lange Haare, hörte gerne Westmusik und träumte von einem selbstbestimmten Leben", erzählt der Dissident. Die Gewalt der DDR-Staatsmacht spüren er und seine Freunde zum ersten Mal bei einer Party in einer Jenaer Wohnung. „Meine Leute hörten Musik und feierten. Plötzlich stürmte die Polizei herein und knüppelte sie zusammen", so Jahn. „Einige beschwerten sich über die Brutalität und kamen dafür in den Knast." Der junge Student fragt sich: Was ist das für ein Staat, der seine Jugend zusammenknüppelt? 1976 ruft Erich Honecker zur Volkskammerwahl auf. Roland Jahn streicht alle Namen auf dem Wahlzettel durch, wirft ihn in die Urne. Der SED-Parteisekretär schert sich nicht um das Wahlgeheimnis und bestellt ihn zum Rapport. Jahn: „Ich sei der einzige von 6000 Studenten, der gegen die Kandidaten der Nationalen Front gestimmt habe."

Gegen den Aufmüpfigen beginnt jetzt ein Kesseltreiben. Dozenten müssen Beurteilungen über ihn schreiben. Es wird Front gemacht. In einem Seminar über Marxismus-Leninismus spricht Jahn die Ausbürgerung des DDR-kritischen Liedermachers Wolf Biermann an. Er wettert: „Es ist nicht akzeptabel, dass gegen jemanden vorgegangen wird, nur weil er sich ein Stück Meinungsfreiheit nimmt."

Für den damals 23-jährigen Studenten bedeutet diese „Provokation" den Rausschmiss. Am 25. Februar 1977 wird er von allen Universitäten der DDR ausgeschlossen. Begründung: „Weil er gröblich gegen die Studiendisziplin verstoßen hat." Roland Jahn fängt als Transportarbeiter beim VEB Carl Zeiss Jena an. Bei der offiziellen Kundgebung zum 1. Mai 1977 trägt er als Protest gegen die Einschränkung der Meinungsfreiheit ein leeres weißes Plakat.

Am 10. April 1981 verhaftet die Stasi Jahns Freund Matthias Domaschk. Zwei Tage später stirbt dieser in Stasi-Untersuchungshaft unter bis heute ungeklärten Umständen. „Der Tod von Domaschk hat mich entschlossener gemacht. Das war ein Punkt, an dem die Zeit der Kompromisse vorbei war." Er steht vor der Frage Rückzug ins Private, Ausreiseantrag oder Opposition. „Damals waren schon viele meiner Freunde im Westen. Ich entschied mich, die Leute in der DDR wachzurütteln. Jena ist meine Heimat. Ich wollte nicht weg." Roland Jahn lässt sich mit einer Binde über dem Mund fotografieren, auf der die Aufschrift „Bildungsverbot" steht. Zur Parade am 1. Mai 1982 schminkt er sich sein Gesicht je zur Hälfte als Hitler und Stalin. Ein Denkanstoß an die Mitbürger: „Überlegt euch, welchen Diktatoren ihr zujubelt". Immer wieder wird Roland Jahn kurzzeitig festgenommen und verhört. Wochenlang fährt er aus Protest gegen das Kriegsrecht in Polen mit einer „Solidarnosc"-Fahne an seinem Fahrrad durch Jena. Am 1. September 1982 wird Jahn „wegen Missachtung staatlicher Symbole" verhaftet. Es folgen fünf Monate Psychoterror in der Stasi-Untersuchungshaft in Gera. Dem gleichen Gefängnis, in dem sein Freund Matthias Domaschk gestorben ist. Auch Jahns Freundin, mit der er eine inzwischen dreijährige Tochter hat, kommt ins Gefängnis. Sein Vater, der die Jugendabteilung des FC Carl Zeiss Jena aufgebaut hat und Ehrenmitglied ist, fliegt aus dem Verein. „Man nahm meine Familie regelrecht in Sippenhaft", sagt der frühere DDR-Regimegegner. Am 20. Januar 1983 verurteilt das Kreisgericht Gera Roland Jahn wegen „Missachtung staatlicher Symbole in Tateinheit mit mehrfacher öffentlicher Herabwürdigung" zu einem Jahr und zehn Monaten Gefängnis.

Nach Protesten im Westen kommt Roland Jahn Ende Februar 1983 frei. In der Haft hat ihm sein Anwalt Wolfgang Schnur, ein Inoffizieller Mitarbeiter der Staatssicherheit, unter psychischem Druck einen Ausreiseantrag diktiert. Am 7. Juni 1983 wird ihm dieses Schreiben zum Verhängnis, obwohl er es längst für nichtig erklärt hat. „Ich

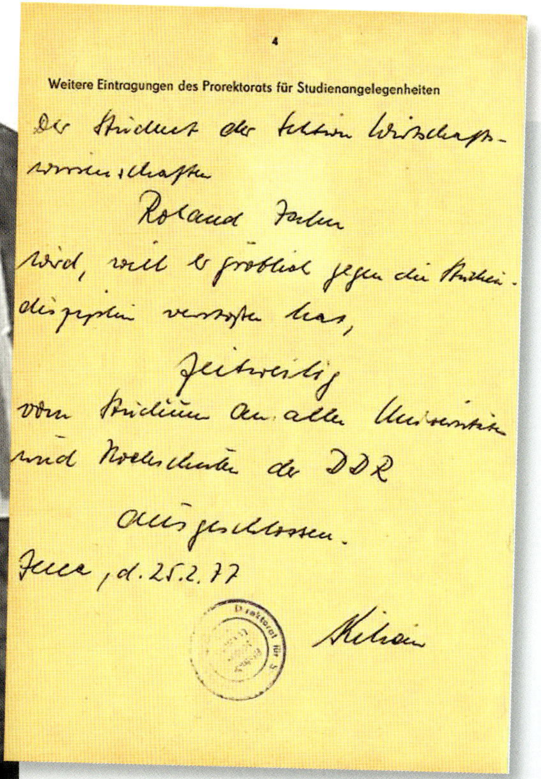

4

Weitere Eintragungen des Prorektorats für Studienangelegenheiten

Der Student der Sektion Wirtschaftswissenschaften

Roland Jahn

wird, weil er gröblich gegen die Studiendisziplin verstoßen hat,

zeitweilig

vom Studium an allen Universitäten und Hochschulen der DDR

ausgeschlossen.

Jena, d. 25.2.77

Kilian

Rausschmiss. Beim Pfingsttreffen der FDJ im Bezirk Gera demonstriert Roland Jahn im Mai 1983 (links). Kurz darauf zeichnet Erich Mielke einen „Maßnahmeplan" (unten) zur Zwangsausbürgerung des Dissidenten ab (unten). Bereits im Februar 1977 ist Jahn von der Universität ausgeschlossen worden (oben)

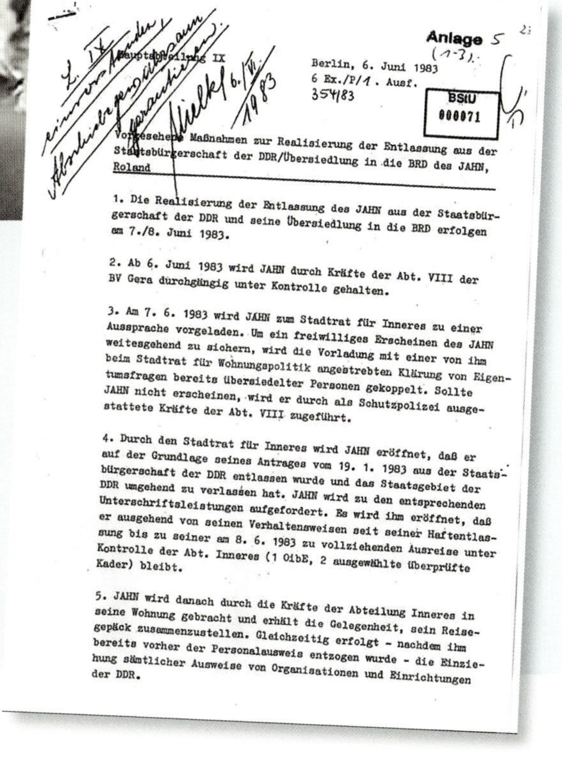

Anlage 5 (1-3).

Hauptabteilung IX

Berlin, 6. Juni 1983
6 Ex./P/1. Ausf.
354/83

BStU
000071

Mielke 6./VI. 1983

Vorgesehene Maßnahmen zur Realisierung der Entlassung aus der Staatsbürgerschaft der DDR/Übersiedlung in die BRD des JAHN, Roland

1. Die Realisierung der Entlassung des JAHN aus der Staatsbürgerschaft der DDR und seine Übersiedlung in die BRD erfolgen am 7./8. Juni 1983.

2. Ab 6. Juni 1983 wird JAHN durch Kräfte der Abt. VIII der BV Gera durchgängig unter Kontrolle gehalten.

3. Am 7. 6. 1983 wird JAHN zum Stadtrat für Inneres zu einer Aussprache vorgeladen. Um ein freiwilliges Erscheinen des JAHN weitesgehend zu sichern, wird die Vorladung mit einer von ihm beim Stadtrat für Wohnungspolitik angestrebten Klärung von Eigentumsfragen bereits übersiedelter Personen gekoppelt. Sollte JAHN nicht erscheinen, wird er durch als Schutzpolizei ausgestattete Kräfte der Abt. VIII zugeführt.

4. Durch den Stadtrat für Inneres wird JAHN eröffnet, daß er auf der Grundlage seines Antrages vom 19. 1. 1983 aus der Staatsbürgerschaft der DDR entlassen wurde und das Staatsgebiet der DDR umgehend zu verlassen hat. JAHN wird zu den entsprechenden Unterschriftsleistungen aufgefordert. Es wird ihm eröffnet, daß er ausgehend von seinen Verhaltensweisen seit seiner Haftentlassung bis zu seiner am 8. 6. 1983 zu vollziehenden Ausreise unter Kontrolle der Abt. Inneres (1 OibE, 2 ausgewählte überprüfte Kader) bleibt.

5. JAHN wird danach durch die Kräfte der Abteilung Inneres in seine Wohnung gebracht und erhält die Gelegenheit, sein Reisegepäck zusammenzustellen. Gleichzeitig erfolgt - nachdem ihm bereits vorher der Personalausweis entzogen wurde - die Einziehung sämtlicher Ausweise von Organisationen und Einrichtungen der DDR.

wurde unter dem Vorwand einer Wohnungsangelegenheit zum Stadtrat vorgeladen", berichtet Jahn. „Mir wurde erklärt, dass ich aufgrund meines Antrags ausgebürgert werde." Erich Mielke persönlich hatte den „Maßnahmeplan" zur Ausbürgerung am Tag zuvor genehmigt. Roland Jahn weigert sich, seine Heimat zu verlassen. Vier Volkspolizisten nehmen ihn fest. Stasi-Leute legen den „Konterrevolutionär" in Knebelketten, bringen ihn zum Bahnhof Probstzella an die bayerische Grenze. „Ich wurde in den Interzonenzug geschmissen und im letzten Waggon im Schlafabteil eingeschlossen."

Im Abschlussbericht der Stasi heißt es: „Um 3.14 Uhr passierte der D 301 die Staatsgrenze zur DDR ohne Zwischenfälle."

Hinrichtungsstätte. In einem abgetrennten Raum der Leipziger Strafvollzugseinrichtung Alfred-Kästner-Straße werden alle zwischen 1960 und 1981 in der DDR verhängten Todesurteile vollstreckt innerdeutsche Beziehungen, Ludwig Rehlinger, führt, wird Weihnachten 1962 der erste Freikauf vereinbart. Weitere folgen bald. Unter den ersten politischen Häftlingen, die in den Westen entlassen werden, ist der damals 75 Jahre alte Walter Nuthmann. Rehlinger erinnert sich: „Er saß damals schon 13 Jahre in verschiedenen DDR-Gefängnissen. Sicher hatte er jede Hoffnung aufgegeben. Und dann saß er nur Stunden, nachdem ihn Wolfgang Vogel aus Bautzen abgeholt hatte, in einem West-Berliner Büro und war frei. Er brachte nur einen Satz heraus: ‚Dass einer an mich gedacht hat …' Das werde ich nie vergessen. Das war das Bewegendste, was ich je erlebt habe."

Walther P 38. Der Scharfrichter ist unbemerkt von hinten an den zum Tode Verurteilten herangetreten und hat abgedrückt. Anschließend sind die Leichen als Anatomie-Abfall im Leipziger Krematorium eingeäschert worden

Der Preis für diesen ersten Häftlingsfreikauf sind drei Eisenbahnwaggons mit Düngemitteln. Doch sehr bald schraubt das SED-Regime, das im Menschenhandel eine willkommene und verlässliche Einnahmequelle sieht, die Forderungen herauf. Sind es in der Anfangszeit 40 000 D-Mark, die pro Häftling bezahlt werden müssen, liegt der Kopfpreis in den 80er-Jahren bei fast 200 000 D-Mark. Begründet wird die Summe, die von der Bundesrepublik meist durch Warenlieferungen beglichen wird, unter anderem mit den Ausbildungskosten der betreffenden Personen in der DDR.

Hingerichtet wird durch den Nahschuss in den Hinterkopf

Problematisch ist die Auswahl der Inhaftierten. Während auf DDR-Seite SED-Generalsekretär Honecker oder sein Staatssicherheitsminister Erich Mielke in vielen Fällen persönlich entscheiden, obliegt solches diesseits von Mauer und Stacheldraht Rehlinger und seinen Mitarbeitern. Er schreibt später: „Durch Angehörige der Hilfsorganisationen kannten wir viele Namen und Schicksale. Es war jedes Mal klar, dass die DDR nur wenige Häftlinge freilassen würde. So war es vor allem an uns zu entscheiden, für wen wir uns besonders einsetzten. Eine sehr belastende Aufgabe." Denn ihm sei klar gewesen – so Rehlinger –, dass er gleichzeitig vielen anderen nicht habe helfen können. Eingefädelt werden von den beiden Unterhändlern auch Agenten-Austauschaktionen. Ausgenommen davon sind auf DDR-Seite Angehörige der „bewaffneten Organe", also der Nationalen Volksarmee, der Volkspolizei und des Staatssicherheitsdienstes. Hier zeigt sich der SED-Staat gnadenlos. Auf „Sabotage", „Spionage" und „Staatsverrat" steht im schweren Fall die Todesstrafe. Dieser vorangegangen ist in aller Regel ein von Erich Mielke in allen Einzelheiten vorab festgelegter Geheimprozess, bei dem sogar Pflichtverteidiger eine Rolle spielen. Sie werden aus einem Häuflein zum Schweigen verpflichteter besonders zuverlässiger DDR-Juristen rekrutiert.

Hingerichtet wird in Frankfurt/Oder und in Leipzig zunächst mit der sogenannten Fallschwertmaschine, von 1968 an durch Nahschuss in den Hinterkopf. Die Exekutionen werden streng geheim abgewickelt, die Toten als Anatomie-Leichen eingeäschert und die Urnen anonym vergraben.

Selbst die Angehörigen werden oft im Unklaren gelassen, wie im Falle des im Juni 1981 in Leipzig hingerichteten Staatssicherheitsoffiziers Werner Teske, der sich in den Westen hatte absetzen wollen.

Seine Ehefrau glaubt bis 1990, dass ihr Mann irgendwo unter anderem Namen lebt. Schließlich findet sich ein gefälschter Totenschein, nach dem Werner Teske in Stendal an Herzversagen gestorben sei. Der Staatssicherheitsoffizier ist – soweit man heute weiß – das letzte Todesopfer der DDR-Unrechtsjustiz. Im Jahr 1987 schafft diese schließlich die Todesstrafe als erste kommunistische Diktatur offiziell ab.

Symbol des Kalten Krieges. An der Glienicker Brücke, die Potsdam und Berlin miteinander verbindet, ist die Zeit des Ost-West-Konflikts erlebbar. Über die Stahlkonstruktion werden dreimal Agenten ausgetauscht, insgesamt 38 Personen. Unter ihnen sind der sowjetische Atomspion Rudolf Abel, der über der UdSSR abgeschossene amerikanische U-2-Pilot Gary Powers sowie der russische Bürgerrechtler Anatoli Schtscharanski, der später in Israel Minister wird.
Die „Brücke der Einheit", so lautet ihr Name in der DDR, wird nicht zuletzt auch deshalb zur Legende, weil sie für jeglichen Privatverkehr gesperrt ist: Von 1953 an dürfen sie nur noch die Limousinen der vier alliierten Militärmissionen überqueren. Heute erinnert ein viel besuchtes Museum in der Villa Schöningen an jene Zeit

Bizarr. In der Harzer Straße in Berlin verläuft die Grenze mitten durch das Haus. Auf der östlichen Seite sind die Fenster zugemauert worden

KAPITEL X

Leben mit der Mauer

Die Empörung über die „Schandmauer", die die West-Berliner nach dem 13. August 1961 eint und massenhaft zu Protesten auf die Straßen treibt, weicht schon recht bald einer Resignation. Schließlich wenden die Bewohner der Halbstadt der Mauer mehr und mehr den Rücken zu, wie es der Schriftsteller Wolfgang Paul formuliert. Die Teilung der Welt in zwei waffenstarrende Blöcke, die in Berlin ihren dramatischsten Ausdruck gefunden hat, scheint in Beton gegossene, unabänderliche Realität geworden zu sein. Die politische Forderung nach einer Überwindung dieser Teilung wird immer mehr zu einem bloßen Ritual.

Unhöflichkeit und Schikanen werden zum Sinnbild der DDR

Dass man sich mit der Mauer im Westen arrangieren kann, dazu tragen zwischen dem Jahreswechsel 1963/64 und 1966 vier Passierscheinabkommen bei, die den West-Berlinern zeitweilig die Möglichkeit eröffnen, Verwandte und Freunde im Osten wiederzusehen. 1972 treten Regelungen in Kraft, die West-Berlinern derlei Reisen regelmäßig ermöglichen. Etwa 40 Millionen Besuchervisa werden bis 1989 ausgestellt, durchschnittlich zwei Millionen Tagesbesuche werden pro Jahr gezählt. Doch die Zahl sagt wenig darüber aus, wie viele West-Berliner diese Möglichkeit wie häufig und in welcher Regelmäßigkeit nutzen.

Auf jene, die keine Verwandten im Osten haben oder deren einst bestehende Freundschaften in den anderen Teil der Stadt durch die Trennung erkaltet sind, übt der andere Stadtteil wenig Anziehungskraft aus. Für viele bleibt der Kontakt mit den Menschen aus der DDR auf die Grenzer beschränkt, die den Transitverkehr von und nach Westdeutschland kontrollieren. Deren Schikanen und Unhöflichkeit werden zum Sinnbild der „Ostzone", die es bei diesen Reisen so schnell wie erlaubt zu durchqueren gilt. Nur wenige nutzen etwa das Ost-Berliner Kulturangebot. Für Einkaufstouren ist die Ost-Berliner Mangelwirtschaft noch weniger attraktiv. Viele aus dem Westen haben Schwierigkeiten, die 25 D-Mark auszugeben, die pro Person und Tag im Verhältnis 1:1 in ostdeutsche Mark getauscht werden müssen. Die West-Berliner beginnen, sich in ihrer Insel einzurichten, wenn sie dieser nicht gar für immer den Rücken kehren. Denn die Halbstadt erlebt nach dem Mauerbau eine fortgesetzte Abwanderung. Die Einwohnerzahl geht von 2,2 Millionen im Jahr 1961 auf 1,9 Millionen im Jahr 1985 zurück. Gut zehn Prozent davon sind inzwischen ausländischer Herkunft. Mitte der 80er-Jahre hat allenfalls die Hälfte der West-Berliner eigene Erinnerungen an die Zeit, als man das Brandenburger Tor noch frei passieren konnte. Die Abwanderung hat gleichermaßen ökonomische Gründe, wie sie auch der Insellage West-Berlins geschuldet ist. Trotz massiver Subventionen schrumpft die Wirtschaft im freien Teil der Stadt kontinuierlich. Betriebe wandern nach Westdeutschland ab; die Beschäftigten folgen ihnen.

Nicht unterschätzt werden dürfen die psychischen Folgen, die die Mauer mit sich bringt. Hans Georg Lehmann verweist in einem Aufsatz über die Auswirkungen der Mauer auf den Alltag in West-Berlin darauf, dass Psychologen eine Zunahme von Klaustrophobien verzeichneten, also Menschen in Behandlung hätten, die unter dem Gefühl leiden würden, „eingesperrt" oder „eingemauert" zu sein. Am Beispiel der Familie Müller aus dem Südwesten Berlins wird in einer Reportage der „Berliner Morgenpost" vom August 1981 beschrieben, wie es ist, mit dem Monstrum

Trennungsschmerz. Die Braut weint, als sie im September 1961 heiratet. Ihre Eltern dürfen nicht dabei sein. Sie stehen 200 Meter hinter der Mauer und winken

Enger Hohlweg. Am Bethaniendamm in Berlin-Kreuzberg liegen keine vier Meter zwischen der Mauer und den West-Berliner Häuserfassaden

zu leben. Wenn die Nacht allmählich ihr Dunkel über die Stadt legt, so heißt es in dem Beitrag, „wird es bei Müllers taghell. Grelles Halogen-Flutlicht lässt die gelben Blumen auf der verwilderten Wiese kalkweiß leuchten. Der Himmel zeigt keine Sterne. Das Licht verschluckt sie. Dunkle Nächte kennen die Müller nur vom Urlaub. Ohne Jalousien vor dem Schlafzimmerfenster wäre es bei ihnen nie dunkel. Auf der Terrasse kann die Familie nachts Zeitung lesen. Die luxstarken Scheinwerfer von drüben tauchen den ‚antifaschistischen Schutzwall' in Superglanz. Drei Meter hoch, betoniert und weiß gestrichen, ist er für die Müllers der höchste und abstoßendste Gartenzaun der Welt."

Der Streifen vor der Mauer wird zu Joggingstrecke und Radweg

So ist der Wegzug aus Berlin vielfach auch die Flucht vor den von manchen als unerträglich empfundenen Lebensbedingungen, selbst als die Angst vor einem militärischen Konflikt zwischen den Supermächten nicht mehr den Alltag bestimmt. Mit einer Berlin-Zulage von zuletzt acht Prozent auf das Bruttogehalt kann unter diesen Umständen die Abwanderung nicht gebremst werden. Jene, die bleiben, verdrängen die Mauer nach Kräften aus ihren Köpfen. Wer in Steglitz oder Wilmersdorf wohnt, sieht die Grenze oft nur dann, wenn er sich mit dem Pkw auf den Transitweg nach Westdeutschland macht. Und jene, die unweit der Grenze leben und deren Existenz schlechterdings nicht verdrängen können, beginnen umgekehrt, die Grenze in ihren Alltag zu integrieren. Der Streifen vor der Mauer wird zur Joggingstrecke oder zum Radweg, dient für Picknicks, teils wurden dort Schrebergärten angelegt; mitunter auf Ost-Berliner Territorium, verläuft die Mauer doch keineswegs unmittelbar auf der innerstädtischen Grenzlinie. Immer wieder protestieren Ost-Berliner Behörden gegen den Wildwuchs auf ihrem Terrain im Vorfeld der Grenzsperranlagen, ohne viel Gehör zu finden.

Ein Relikt aus jener Zeit kann bis heute vis-à-vis der Kreuzberger Sankt-Thomas-Kirche am Bethaniendamm besichtigt werden. Dort hat der Türke Osman Kalin Anfang der 80er-Jahre damit begonnen, im Niemandsland zwischen der Mauer und West-Berlin sein Gemüse zu ziehen und schließlich eine zweigeschossige Gartenlaube zu errichten; mit notgedrungener Duldung der irritierten DDR-Grenzer. Die westlichen Anwohner der Mauer lernen die Abgeschiedenheit ihrer Kieze zu schätzen. In diesen Wohnstraßen im Wedding, in Kreuzberg oder Neukölln ist kaum Verkehr, allenfalls stört die nächtliche Ausleuchtung der Grenze sowie gelegentliches Hundegebell die unmittelbaren Anwohner. Das Anormale wird zur Normalität.

Die Grenzer durften kein Wort mit uns West-Berlinern reden

„Honecker, Erich – 2 x klingeln" steht über einer Schelle an der Berliner Mauer. „Irgendein Witzbold hat das mal neben das Eingangstor geschrieben", erinnert sich Marianne Schemmel.

Die zweifache Mutter und ihr Mann Günther sind Mitglieder in der West-Berliner „Sport- und Wochenendgemeinschaft Fichtewiese". Das Vereinsgelände mit einer großen Gemeinschaftswiese liegt in einer Exklave. Zwischen Kiefern, Erlen und Birken stehen 35 Gartenlauben. „Wenn wir den Klingelknopf an der Mauer drückten, öffnete sich ein Tor", erinnert sich das Paar. „Der Weg zu unserem Grundstück führte von Berlin-West durch die Grenze über einen 200 Meter langen Sandweg auf DDR-Gebiet und dann wieder in den Westen. In einem Häuschen saßen zwei Soldaten, die unsere Pässe kontrollieren."

Reingelassen werden nur die Vereinsmitglieder und deren Familienangehörige, die auf einer Liste stehen. Der Vereinsvorstand muss die Namen jedes Jahr bis zum 28. Februar bei den Grenztruppen einreichen.

„Das Tor in der Mauer war nur zu bestimmten Zeiten geöffnet", so Marianne Schemmel. In der Woche schließen die Grenzer den Eingang um 19 Uhr. Am Wochenende werden die Gartenfreunde noch zwei Stunden länger durchgelassen. Die genauen Bestimmungen regelt die DDR auf fünf DIN-A4-Seiten – in „Festlegungen zum Zwecke des Betretens und Verlassens der Exklaven Fichtewiese, Erlengrund und Wüstmark". Baumaterial für die Hütten, Getränke und Essen transportieren die Laubenpieper mit einer Handkarre durch den Todesstreifen. „Am Anfang der Saision kontrollierten die Grenzer ganz genau. Im Lauf des Sommers wurden sie lockerer und winkten uns manchmal durch", erinnert sich Günther Schemmel.

Offiziell dürfen die Grenzpolizisten kein Wort mit den West-Berlinern reden. Doch ab und zu werfen die Wiesenfreunde eine Flasche Bier über den drei Meter hohen Streckmetallzaun. „Das Leergut kam beim nächsten Rundgang wieder zurück. Das konnten die Grenzer ja nicht im Todesstreifen liegen lassen", erzählt Schemmel.

Im Niemandsland. Der Weg zu den Lauben der West-Berliner „Sport- und Wochenendgemeinschaft Fichtewiese" führt durch ein Tor in der Mauer über einen sandigen Weg auf DDR-Gebiet

Laubenpieper. Marianne und Günther Schemmel in ihrem West-Berliner Garten

1978 flüchtet ein Soldat durch die kuriose Tür in der Mauer. Er nimmt zwei Laubenpieper als Schutzschild und ruft „Nicht schießen, nicht schießen".

Die Berliner gewinnen der seltsamen Lage ihres Gartenparadieses bald eine praktische Seite ab. „Um die Kinder brauchten wir uns keine Sorgen machen. Die konnten nicht weglaufen. Und eingebrochen hat auch niemand." Marianne Schemmel verbringt fast den ganzen Sommer mit ihren Söhnen Sebastian und Benjamin auf der Fichtewiese. Höhepunkte sind ein Sommerfest mit Spanferkelgrillen und Faustballturniere. Wasser kommt aus Regentonnen, Strom gibt es nicht. „Wir haben viel gemeinsam gemacht. Abends waren wir ja eingeschlossen. Der Zusammenhalt war sehr groß", schwärmt sie.

Die Stasi legt ganze Aktenordner über die Enklaven und ihre Bewohner an. Ein Stasi-Generalleutnant sorgt sich 1981, dass Brände auf der Fichtewiese „den angrenzenden Wald der DDR gefährden können". Kurz zuvor war ein Bunglow in Flammen aufgegangen. Ein Jahr vor dem 9. November 1989 fällt in der Exklave die Mauer. Zumindest teilweise. Durch einen Gebietsaustausch mit der DDR bekommen die Laubenpieper einen direkten Anschluss an West-Berlin. Marianne Schemmel: „Mit der Abgeschiedenheit und Ruhe war es da vorbei."

Legiendamm
28-2
Einigkeit u. Freih. für Ber

Spielplatz. Eine Gruppe West-Berliner Kinder tummelt sich im März 1972 auf der Mauer am Legiendamm im Stadtteil Kreuzberg

Im Schatten. Freizeit zu Füßen von Mauer und Stacheldraht. Mancherorts bietet das hässliche Bauwerk den West-Berlinern eine Nische der Entspannung von der Hektik der Großstadt

Der Verlauf der Mauer hinter der eigentlichen Sektorengrenze führt zu skurrilen Begebenheiten. So reicht in der Kreuzberger Sebastianstraße die Grenze bis an die Baufluchten heran. Für die Bewohner der Gebäude ist es kein Problem, diese über Ost-Berliner Gebiet zu betreten, wohl aber für die West-Berliner Polizei, die sich damit der Grenzverletzung schuldig macht. Ein anderes Beispiel: Ein Areal an der Heidelberger Straße in Neukölln wird zum Abstellplatz für Schrottfahrzeuge. Um keine Grenzzwischenfälle zu provozieren, dürfen West-Berliner Polizeibeamte daher bei der Fahndung nach den Besitzern der „Rostlauben" nur aus der Ferne ermitteln.

Auf ihrer Westseite wird die Mauer überdies zur größten Leinwand der Welt. Sie bietet Raum für politische Bekenntnisse, Liebesschwüre und Hasstiraden, für Kunst und Geschmiere in allen Formen und Farben. Völlig risikofrei ist diese Form der Selbstverwirklichung freilich nicht. Immer wieder tauchen unverhofft DDR-Grenzer an Ort und Stelle auf, um – wenn auch letztlich vergeblich – dem Treiben Einhalt zu gebieten. Im Schatten der Mauer entwickelt sich in Teilen von Kreuzberg ein ganz eigenes Milieu, in dem eine wachsende Zahl an Ausländern, aber auch junge Westdeutsche eine neue Heimat finden.

Die Abwanderung von Menschen und Kapital nach Westdeutschland hat hier für billigen Wohnraum gesorgt, und zugleich wächst die Zahl der besetzten Häuser, die in Ermangelung zahlungskräftiger Mieter und in Erwartung einer Kahlschlagsanierung aus spekulativen Gründen leer stehen. Auch die Alternativkultur hat mehrheitlich mit dem als spießig empfundenen Osten der Stadt wenig im Sinn. Sie organisiert sich in unzähligen linken Splittergruppen, die aus der 68er-Bewegung hervorgegangen sind und die den Boden für die Berliner Grünen, für die Alternative Liste (AL), wie sie hier heißen, bereiten. Allerdings finden sich gerade in diesem West-Berliner alternativen Milieu auch Personen und Gruppen, die Kontakt zur Ost-Berliner Subkultur suchen, die sich in den 80er-Jahren in Prenzlauer Berg herausbildet.

Als Reagan Berlin besucht, kommt es zu heftigen Protesten

Die Mauer selbst wird immer mehr zur Touristenattraktion. Zum Berlin-Programm zählt stets auch der Besuch der Mauer. Vor den 54 Aussichtsplattformen – etwa am Potsdamer Platz – bilden sich nicht selten lange Schlangen von Touristen, die die Grenzbefestigungen in Augenschein nehmen und bei den fliegenden Händlern Berlin-Souvenirs kaufen wollen. Der Besuch der Mauer gehört auch zum Protokoll aller politischen Gäste des freien Teils der Stadt. Diese bringen im Angesicht des Todesstreifens ebenso protokollarisch ihre Empörung zum Ausdruck, um sich dann wieder so rasch wie möglich den schönen Dingen der Stadt zu widmen.

Selbstredend gibt es nach wie vor auch jene Berliner, die sich mit der „Schandmauer" nicht abfinden können. Und wenn wieder Todesschüsse an der Mauer fallen oder – wie in den 70er-Jahren – wiederholt Kinder in Kreuzberg in der Spree ertrinken, weil der Fluss dort zum Osten gehört und westliche Helfer keine Hilfe leisten dürfen, dann finden sich wütende Demonstranten an der Grenze ein. Aber auf einen massenhaften Widerhall stoßen diese Proteste – anders als in den 60er-Jahren – kaum mehr. Tote an der Mauer werden vielmehr zum Störfall für die fragilen und im geteilten Berlin besonders komplizierten innerdeutschen Beziehungen. Frauen und Männer, die an Grenzübergangsstellen für die Ausreise von Angehörigen demonstrieren, können sich längst nicht mehr der Solidarität der politischen Klasse sicher sein. Wer in den 80er-Jahren die Überwindung der SED-Diktatur und der Mauer for-

Denkwürdige Aufforderung. US-Präsident Ronald Reagan bei seiner Rede vor dem Brandenburger Tor am 12. Juni 1987. An Gorbatschow richtet er die Worte: „Reißen Sie die Mauer nieder, öffnen Sie das Tor."

Observation I. Nicht nur die Journalisten, sondern auch Leute der Staatssicherheit halten das Geschehen im Bild fest

Observation II. Der DDR-Geheimdienst fotografiert auch Hannelore Kohl, die Frau des Bundeskanzlers (roter Blazer)

dert, wird rasch als Kalter Krieger verunglimpft. Diese Erfahrung muss auch der amerikanische Präsident Ronald Reagan machen, als er im Juni 1987 West-Berlin aus Anlass der 750-Jahr-Feier besucht. Heftige Proteste erschüttern die westliche Teilstadt. Die Polizei riegelt Kreuzberg zeitweilig ab, um Reagans öffentlichen Auftritt vor dem Brandenburger Tor vor handverlesenem Publikum abzusichern. Viele Kommentatoren, aber auch westliche Politiker haben für dessen Aufforderung „Mr. Gorbachev, tear down this wall!" nur Spott übrig.

Der „antifaschistische Schutzwall" nimmt bizarre Formen an

Während in West-Berlin die Mauer als unabänderliche Realität wahrgenommen wird und jene, die sie anprangern, als Störenfriede der „Entspannungspolitik" gescholten werden, tut sich die SED schwer, das Bauwerk gegenüber ihrer Bevölkerung zu legitimieren. Seit eh und je werden in der DDR die runden Jahrestage des Mauerbaus mit martialischen Kundgebungen gefeiert; Plakate, Münzen und Briefmarken erscheinen aus diesen Anlässen. Im Schulunterricht wird ihre historische Notwendigkeit gegenüber jeder neuen Schülergeneration parteiamtlich begründet. Und dennoch wird ihre Existenz vom SED-Staat im Alltag nach Kräften verdrängt. Dies geschieht nicht nur, um Fluchten zu verhindern. Was sich in der Propaganda scheinbar so schlüssig herleiten lässt, was in Geschichtsbüchern und Romanen unwidersprochen formuliert werden kann, straft die Realität für jeden sehenden Menschen offenkundig Lügen, der sich vom Osten aus der Mauer nähern kann.

Der „antifaschistische Schutzwall" um West-Berlin herum und quer durch Deutschland ist nicht gegen die behauptete Bedrohung aus dem Westen gerichtet, sondern gegen Osten, um die Menschen in der DDR zum Bleiben zu zwingen. Folgerichtig setzt die Partei- und Staatsführung alles daran, diese Grenze so unsichtbar wie möglich zu machen. Dazu trägt vor allem auch das Sperrgebiet an der sogenannten Hinterlandmauer bei, das nur mit besonderer Genehmigung betreten werden darf.

Zunehmend tritt die Mauer aus dem Bewusstsein der Ost-Berliner. Dies liegt nicht zuletzt daran, dass von den 1,24 Millionen Bewohnern der „Hauptstadt der DDR", die im Jahr 1986 gezählt werden, 635 000 nach 1951 geboren worden sind und sich deshalb kaum noch an die Zeit vor dem Mauerbau erinnern können. Detlef Matthes, 1968 geboren, ist in Biesenthal nördlich von Berlin aufgewachsen.

Eingemauert. Der sogenannte Entenschnabel ist eine DDR-Exklave, die in den Stadtteil Frohnau im Norden West-Berlins hineinragt

Nachts durften wir uns nicht auf der Straße aufhalten

Dorfrepublik. Meinhard Schmechel vor dem Ortsschild Rüterberg

„Ihre Dokumente zur Einreise bitte." Jedes Mal, wenn Meinhard Schmechel seine Frau mit dem Wartburg von der Arbeit abholt und nach Hause fährt, hört er diesen Satz. Schmechel wohnt in Rüterberg, einem unscheinbaren Dorf in Mecklenburg. Das Örtchen liegt auf einer Landzunge in einem Knick der Elbe – direkt an der Grenze zu Niedersachsen. Und so wird Rüterberg in der DDR zur Festung ausgebaut. Das Dorf, in dem früher Ziegel gebrannt und nach Hamburg verschifft wurden, ist komplett von einem drei Meter hohen Zaun umgeben.

Seit 1967 kann man Rüterberg nur noch durch ein Tor erreichen, muss sich beim Wachposten als Dorfbewohner ausweisen.

Eingesperrt. Nur durch dieses streng bewachte Tor, das auf diesem Plakat abgebildet ist, gelangen die Rüterberger zu ihren Häusern. Nachts ist es verschlossen

Besucher dürfen nur in Ausnahmefällen und mit einer Sondergenehmigung kommen. „Abends um 11 Uhr wurde das Tor abgeriegel. Bis morgens um 5 waren wir dann eingeschlossen", erzählt Schmechel. Wer zu spät kommt, muss die Nacht auf der Straße verbringen oder er wird zum „Grenzverletzer". Schmechel erinnert sich: „Anfang der 70er-Jahre kehrten wir spätabends von einer Feier zurück. Das Tor war schon zu. Ein Hauptmann der Grenztruppen, der mitgefeiert hatte und im Dorf wohnte, bog den Stacheldraht auf: Wir krochen unter dem Zaun hindurch." Am nächsten Morgen wird der gelernte Schlosser von der Polizei geweckt. „Ich hatte mich eines illegalen Grenzdurchbruchs schuldig gemacht", erzählt er. „Zum Glück war Hauptmann Raffel dabei. So kamen wir mit einem strengen Verweis davon." Am 22. Juli 1972 flüchtet ausgerechnet der 18-jährige Sohn des Grenz-Hauptmanns nachts über die Elbe. „Die ganze Familie musste daraufhin Rüterberg verlassen. Die Flucht seines Sohnes wurde dem Grenz-Hauptmann als persönliches Versagen angelastet", erinnert sich Meinhard Schmechel.

Das Leben mit der Grenze bestimmt den Alltag der Menschen. Seit dem Mauerbau sinkt die Einwohnerzahl um fast die Hälfte. 22 Familien werden aus dem Grenzgebiet ausgewiesen, 22 Häuser und drei Betriebe abgerissen. Treffpunkt der Männer ist die Freiwillige Feuerwehr, die Frauen schließen sich in einem Frauenverein zusammen. Tag und Nacht gehen Soldaten rund um Rüterberg Streife, kontrollieren das Dorf von einem Wachturm. Von 1966 bis '69 ist Meinhard Schmechel selbst als Grenzer in Rüterberg stationiert. „Durch den Feldstecher entdeckte ich eines Tages eine schöne, junge Frau. Ich heiratete sie und blieb."

1981 sucht Rüterberg einen Bürgermeister. Schmechel ist SED-Mitglied und übernimmt den Job hauptamtlich. „Wir waren noch 170 Einwohner. Davon brauchte ich 24 Abgeordnete für den Gemeinderat, die Hälfte davon mit SED-Parteibuch. Das war eine schwierige Aufgabe." Nach Einbruch der Dunkelheit dürfen sich die Einwohner des abgeriegelten Dorfes nicht mehr auf der Straße aufhalten. „Als unsere Tochter Jugendweihe hatte, schmückten meine Frau und ich am Abend vorher den Gemeindesaal. Auf dem Heimweg hörte ich auf einmal, wie jemand hinter mir brüllte: ‚Halt, stehen bleiben!'" Am nächsten Tag zitiert die SED-Kreisleitung den Bürgermeister zu sich und erteilt dem Parteigenossen eine Ermahnung.

Im Herbst 1989 haben auch die Rüterberger vom Leben hinter Stacheldraht genug. Ein Jahr zuvor ist der Grenzzaun noch für 11 Millionen DDR-Mark ausgebaut worden. Am 24. Oktober 1989 beantragt der Schneidermeister Hans Rasenberger eine Einwohnerversammlung, die für den 8. November genehmigt wird. Meinhard Schmeichel: „Fast das ganze Dorf versammelte sich bei mir im Gemeindesaal. Rasenberger schlug die Gründung einer Dorfrepublik mit eigenen Gesetzen und Unabhängigkeit von der DDR vor. Der Vorschlag wurde einstimmig beschlossen."

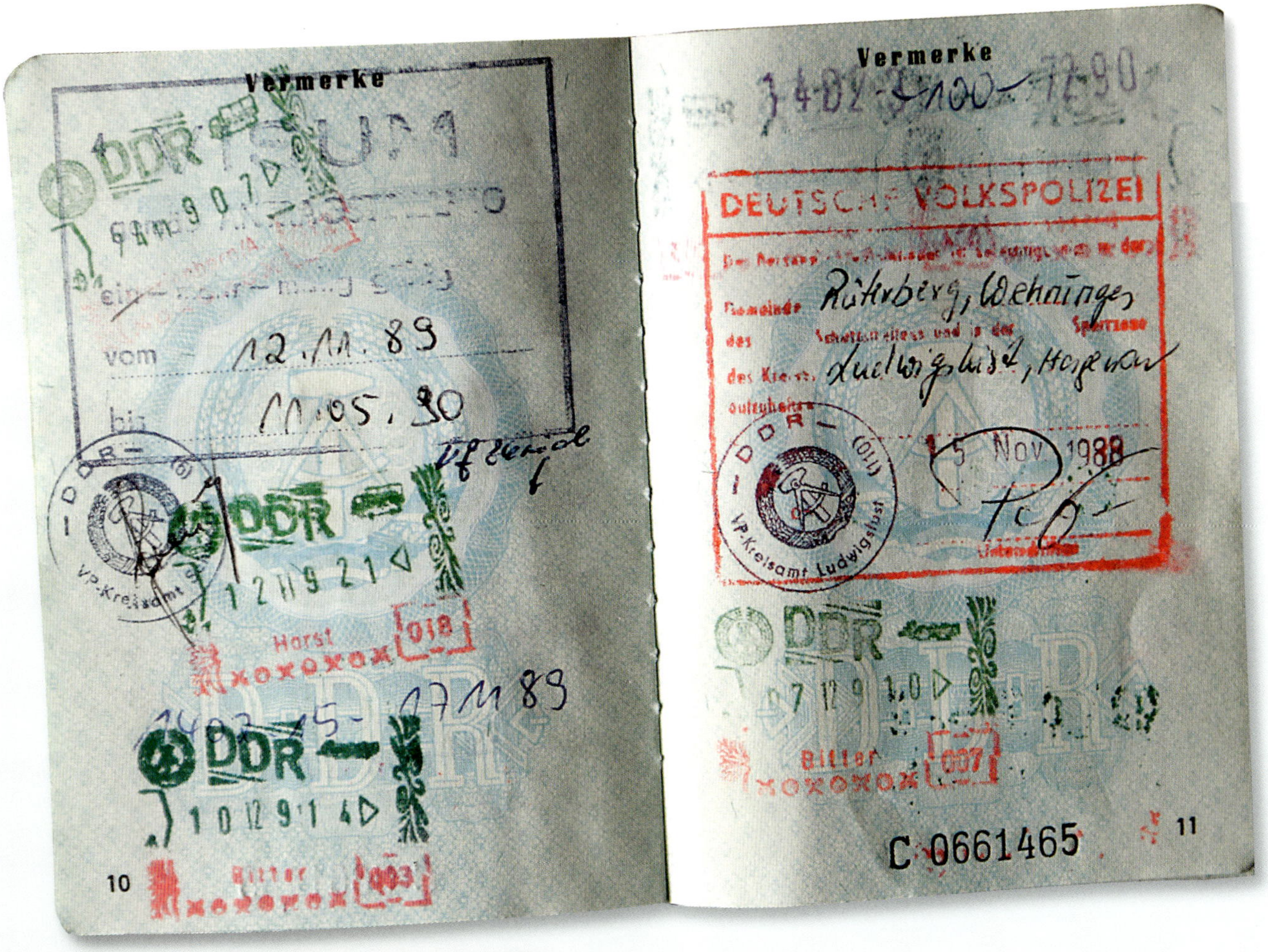

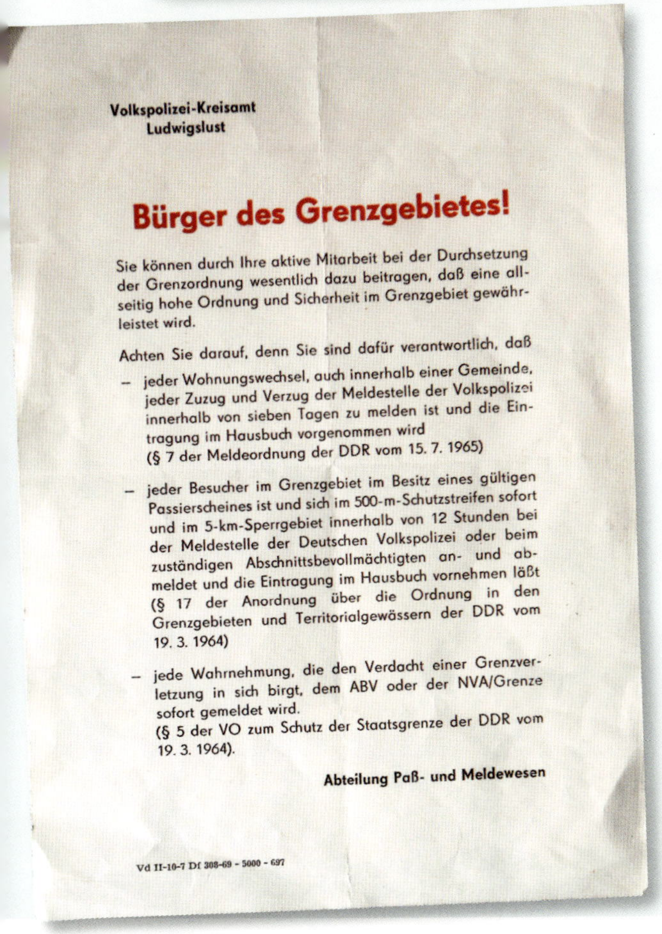

Volkspolizei-Kreisamt
Ludwigslust

Bürger des Grenzgebietes!

Sie können durch Ihre aktive Mitarbeit bei der Durchsetzung der Grenzordnung wesentlich dazu beitragen, daß eine allseitig hohe Ordnung und Sicherheit im Grenzgebiet gewährleistet wird.

Achten Sie darauf, denn Sie sind dafür verantwortlich, daß

- jeder Wohnungswechsel, auch innerhalb einer Gemeinde, jeder Zuzug und Verzug der Meldestelle der Volkspolizei innerhalb von sieben Tagen zu melden ist und die Eintragung im Hausbuch vorgenommen wird (§ 7 der Meldeordnung der DDR vom 15. 7. 1965)
- jeder Besucher im Grenzgebiet im Besitz eines gültigen Passierscheines ist und sich im 500-m-Schutzstreifen sofort und im 5-km-Sperrgebiet innerhalb von 12 Stunden bei der Meldestelle der Deutschen Volkspolizei oder beim zuständigen Abschnittsbevollmächtigten an- und abmeldet und die Eintragung im Hausbuch vornehmen läßt (§ 17 der Anordnung über die Ordnung in den Grenzgebieten und Territorialgewässern der DDR vom 19. 3. 1964)
- jede Wahrnehmung, die den Verdacht einer Grenzverletzung in sich birgt, dem ABV oder der NVA/Grenze sofort gemeldet wird. (§ 5 der VO zum Schutz der Staatsgrenze der DDR vom 19. 3. 1964).

Abteilung Paß- und Meldewesen

Vd II-10-7 Df 308-69 – 5000 – 697

Abgestempelt. Die Rüterberger brauchen eine besondere Erlaubnis in ihrem Ausweis, um ihr eigenes Dorf betreten zu können (oben). Nicht-Einwohner durften nur mit einem extra zu beantragenden Passierschein (unten) die Gemeinde an der Elbe besuchen. Mit Handzetteln fordert die Volkspolizei Anwohner auf, „jede Wahrnehmung, die den Verdacht einer Grenzverletzung in sich birgt", sofort dem „Abschnittsbevollmächtigten" oder der NVA zu melden

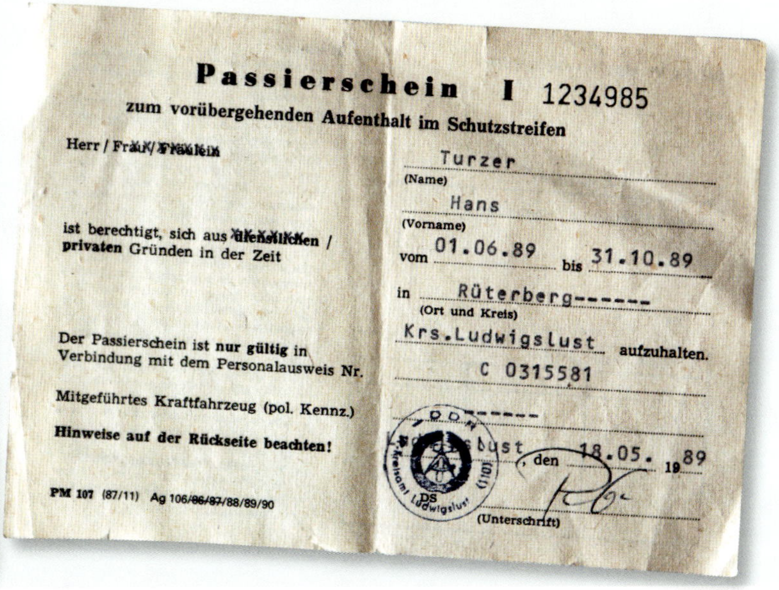

Passierschein I 1234985

zum vorübergehenden Aufenthalt im Schutzstreifen

Herr / ~~Frau / Fräulein~~ Turzer (Name)

Hans (Vorname)

ist berechtigt, sich aus ~~dienstlichen~~ / privaten Gründen in der Zeit vom 01.06.89 bis 31.10.89

in Rüterberg------ (Ort und Kreis) Krs.Ludwigslust aufzuhalten.

Der Passierschein ist nur gültig in Verbindung mit dem Personalausweis Nr. C 0315581

Mitgeführtes Kraftfahrzeug (pol. Kennz.) --------

Hinweise auf der Rückseite beachten!

Ludwigslust, den 18.05. 1989

(Unterschrift)

PM 107 (87/11) Ag 106/~~86/87~~/88/89/90

Unwirklich. West-Berliner Sommeridylle zu Füßen der Mauer im Jahr 1984

Er gibt in seinem Aufsatz „Im Grenzgebiet fotografieren", der in dem Band „Weltende – Die Ostseite der Berliner Mauer" erschienen ist, einen Dialog wieder, den er als Kind mit seinen Eltern geführt hat. Irgendwann in den 70er-Jahren, als die Familie bei einem Ausflug nach Ost-Berlin auf der Allee Unter den Linden bis kurz vor das Brandenburger Tor spaziert ist: „Was ist denn das weiße Ding da hinten?" „Was meinst du? Etwa die Mauer?" „Die was?" „Die Mauer!" „Das weiße Ding da hinten, wo die Leute rüberschauen! Das mein ich! Was ist das da?" „Na, die Mauer!" „Die Mauer?" „Ja, die Mauer! Und dahinter ist der Westen!" „Der Westen?" „Ja, der Westen! Hinter der Mauer ist West-Berlin!" „West-Berlin? Wie, West-Berlin? Was ist West-Berlin?" „Der andere Teil von Berlin!" Wie viele Gespräche dieser Art mögen zwischen Mauerbau und Mauerfall in Ost-Berlin mit Kindern geführt worden sein?

West-Berlin ist auf dem Ost-Berliner Stadtplan nur ein weißer Fleck

Wie erklärt man Heranwachsenden, dass hinter sorgsam bewachten und überhaupt nur an wenigen Stellen sichtbaren Mauern eine andere Welt in der gleichen, aber geteilten Stadt liegt, die zu besuchen nur wenige im Osten berechtigt sind? Denn im offiziellen Sprachgebrauch hat die DDR ihren alleinigen Anspruch auf den Städtenamen „Berlin" durchgesetzt. Wo immer Bezug auf die ummauerte westliche Stadthälfte genommen wird, ist von „Westberlin" die Rede, als sei es eine eigenständige Stadt, mit der Berlin, „Hauptstadt der DDR", nichts zu tun hat. Der in Ost-Berlin erhältliche Stadtplan war Ausdruck einer besonderen Verdrängungsleistung: Jenseits der dort eingezeichneten Grenze zu West-Berlin scheint ein Niemandsland zu beginnen, in dem die wenigen Straßen im Nichts endeten, die über einen der Übergänge führen. Auf diesen Karten hat West-Berlin aufgehört zu existieren. Jugendliche, die ihren Entdeckertrieb trotz aller Warnungen ausleben wollen, können die Mauer ungefährdet nur an wenigen Stellen in Augenschein nehmen. Trügerisch ist das Areal östlich des Brandenburger Tors, hinter dem die Mauer auf westlicher Seite verläuft.

Wer wie Detlef Matthes die Linden in Richtung Brandenburger Tor hinuntergelaufen ist, ist bis zur Otto-Grotewohl-Straße gelangt, die heute wieder Wilhelmstraße heißt. Vor dem Spaziergänger breitet sich der Pariser Platz aus, eine riesige Freifläche ohne Bebauung. Nur ein hüfthoher Zaun trennt den Besucher von jener Brache, die auf das Brandenburger Tor zuläuft. Die Mauer im Hintergrund des Tors hätte unscheinbarer nicht wirken können.

Auf dem Brandenburger Tor, das seit dem 13. August 1961 verschlossen ist, weht die Fahne der DDR. Zur Linken und zur Rechten des Bauwerks flattert jeweils eine rote Fahne. All dies sind Symbole, mit denen das SED-Regime triumphierend demonstrieren will, dass dieses Berliner Symbol nun Teil der selbst erklärten „Arbeiter- und Bauernmacht" ist. Trügerisch ist das Bild, weil jeder, der es gewagt hätte, den Zaun am Pariser Platz zu übersteigen, unweigerlich von Greiftrupps gestellt worden wäre, die zumeist im Verborgenen darüber wachen, dass gerade an dieser Stelle nie ein Grenzdurchbruch gelingt. Erfahrbar ist die Mauer im doppelten Wortsinn für die Passagiere der S-Bahn, die zwischen den Bahnhöfen Pankow und Schönhauser Allee verkehrt. Hier rumpelt die Bahn durch die sogenannte Ulbrichtkurve, wie der Volksmund spottet, eine S-Bahnverbindung, die in großer Eile nach dem Mauerbau im unmittelbaren Grenzgebiet zu West-Berlin errichtet worden ist. Sie trägt dem Umstand Rechnung, dass das alte S-Bahnnetz keine Direktverbindung von der Schönhauser Allee zum Bahnhof Pankow und weiter nach Bernau in den Norden

Explosion.
Eine Aufnahme des Staatssicherheitsdienstes von einem Bombenanschlag auf die Berliner Mauer aus dem Jahr 1986

Sehenswürdigkeit. Am Potsdamer Platz drängen sich 1989 Besucher auf einer Aussichtsplattform. Noch ist die Mauer nicht gefallen

Berlins aufweist und Passagiere bis 1961 im Bahnhof Gesundbrunnen auf West-Berliner Gebiet umsteigen müssen. Nach dem Mauerbau entsteht so eine paradoxe Situation: Sowohl jene West-Berliner S-Bahnlinie, die die Ost-Berliner Mitte unterquert und den Norden West-Berlins mit dessen Süden verbindet, als auch jene neu geschaffene S-Bahntrasse, die den Norden Ost-Berlins an den Südosten der Stadt anschließt, verlaufen zeitweilig nur durch Mauern getrennt auf Ost-Berliner Territorium. Hier fuhren Ost-Berliner Tag für Tag unmittelbar durchs Grenzgebiet. Streng bewacht, ohne Halt, beiderseits der Gleise durch Mauern bewehrt. Was den Pendler nicht mehr von der Zeitung aufsehen lässt, übt auf Jugendliche magische Anziehungskraft aus. Wohl kaum ein Heranwachsender wird bei einer solchen Fahrt die Grenzanlagen nicht mit dem Hintergedanken gemustert haben, ob denn diese wirklich undurchdringbar sind.

Der Blick auf das Axel-Springer-Verlagshaus soll verbaut werden

Mit dem Pkw oder Bus, wohl seltener zu Fuß, passiert man in der Nähe des heutigen Ostbahnhofs ein langes Stück Hinterlandmauer. Der Spree vorgelagert, ist die Mauer dort in der zweiten Hälfte der 80er-Jahre wie an vielen anderen Stellen auch durch weiße, quer liegende Rechtecke „verschönert" worden, die in regelmäßigen Abständen aufgemalt worden sind. Und sonst? Der neugierige Spaziergänger kann in Prenzlauer Berg seinen Blick in Straßen schweifen lassen, die an einer Mauer münden, vor der Blumenkübel nur scheinbar zur Zier aufgestellt worden sind. Tatsächlich sollen sie Mauerdurchbrüche mit schweren Fahrzeugen verhindern. Ist es schon eine Herausforderung gewesen, die Grenze in Augenschein zu nehmen, ist West-Berlin weithin dem Blick entzogen. Die Abschirmung geht so weit, dass eine Reihe von Hochhäusern, die längs der Leipziger Straße errichtet wurden, nicht nur einen Beitrag zur Lösung des Wohnungsproblems leisten soll. Ihre Aufgabe ist es auch, den Blick auf das Hochhaus des Axel Springer Verlages zu verstellen, das der Verleger mit Bedacht in Kreuzberg direkt an der Sektorengrenze hat errichten lassen. Natürlich kann der Besucher des Ost-Berliner Fernsehturms aus großer Höhe weit in den Westen blicken. Aber auch mit einem Fernglas blieb der Westteil der Stadt in entrückter Ferne. Nur wenige kennen einen Anwohner im unmittelbaren Grenzgebiet, von dessen Fenster ein Blick nach drüben zu erhaschen ist. So ist das Hochhaus der Charité einer der wenigen Orte nahe der Grenze, wo solches möglich ist.

Letztlich erinnert jeder Blick nach West-Berlin daran, dass diese vom Ost-Berliner Bahnhof Friedrichstraße nur eine S-Bahnstation-weite Reise ohne Einschränkung erst mit Erreichen des Rentenalters möglich sein würde. Sicher, in den 80er-Jahren steigt die Zahl der Ostdeutschen beträchtlich an, die die DDR in dringenden Familienangelegenheiten oder aus beruflichen Gründen für einige Tage verlassen dürfen. Doch jede dieser Reisen liegt im Ermessen der Obrigkeit, kann nur in seltenen Fällen mit der Ehefrau oder dem Ehemann unternommen werden, ist eine Gnade, die gewährt oder ohne Begründung abgelehnt werden kann.

Aus diesen Gründen ist das Leben mit der Mauer in Ost-Berlin, aber auch andernorts in der DDR, letztlich ein Leben, in dem Mauer und innerdeutsche Grenze – ganz im Sinne der SED-Führung – im Alltag der Menschen keinen Platz haben. West-Berlin oder Westdeutschland finden allabendlich im Fernsehen statt. Was auf der Mattscheibe so beständig präsent ist, spielt im wirklichen Leben kaum eine Rolle. Ist für Touristen aus dem Westen der Besuch der Mauer mit Schaulust verbunden und dem Gefühl der Erleichterung, auf der richtigen Seite des Eisernen Vorhangs zu leben, kann sich vergleichbare Schaulust im Osten schlechterdings nicht einstellen. Selbst unter jener Minderheit der DDR-Deutschen, bei der der Frust und der Leidensdruck, die das SED-Regime verursacht, ein Maß erreichen, das ein Bleiben in der DDR nicht mehr erträglich erscheinen lässt, zieht nur eine verschwindend kleine Zahl eine Flucht durch die Grenzanlagen ernsthaft in Erwägung. Die Mauer wird auch hier zu einer unabänderlichen Realität, die auf Dauer nur auf dem bürokratischen und demütigenden Weg einer Ausreise überwindbar zu sein scheint.

Klassenfeind. Der Axel Springer Verlag, fotografiert vom Ministerium für Staatssicherheit

Finstere Mienen. Soldaten der DDR-Grenztruppen vor einem Wachturm an der innerdeutschen Grenze im Jahr 1971

KAPITEL XI

Der Grenzausbau 1970–89

Grenzregime und Grenzausbau stehen zu Beginn der 70er-Jahre in einem schroffen Widerspruch zur Entspannungspolitik. Denn ungeachtet aller politischen Rhetorik aus Ost-Berlin lässt die SED die Perfektionierung der Sperranlagen vorantreiben – und dies, obgleich der Grenzausbau bereits beträchtliche Ausmaße angenommen hat. Ende der 60er-Jahre ist ein Drittel der 1378 Kilometer langen, mit Stacheldraht und Minenfeldern gesicherten innerdeutschen Grenze mit einem aufeinander abgestimmten Sicherungssystem ausgestattet, das nunmehr aus Grenzzäunen, Beobachtungstürmen, Kfz-Sperren und Minen besteht.

Lichtsperren & Todesautomaten gegen die eigene Bevölkerung

Im Jahr 1970 bringt die DDR an der innerdeutschen Grenze, an der neun von zehn Fluchten scheitern, eine besonders heimtückische und todbringende Waffe zum Einsatz. Die für die Bekämpfung von „Grenzverletzern" eigens entwickelte Splittermine SM-70. Sie wird an der zur DDR zugewandten Seite am Grenzzaun I angebracht und durch Spanndrähte gezündet. Bei einer Streuung von 15 bis 26 Metern beträgt die Reichweite der 80 vier mal vier Millimeter großen Stahlsplitter etwa 100 Meter. Ein zur Diskussion stehender Einsatz von Hartgummi-Schrapnell, der weit weniger schwere Verletzungen nach sich gezogen hätte, wird vom neuen SED-Staats- und Parteichef Erich Honecker persönlich abgelehnt.

Im Jahr 1971 beschließt das Politbüro, 180 Ortschaften und 139 Ortsteile mit insgesamt mehr als 164 000 Bewohnern aus dem Grenzgebiet auszugliedern, indem die Sperrzone verkleinert wird. Diese Entscheidung geht einher mit einer neuen Grenzordnung, die eine variable Tiefe von Sperrzone und Schutzstreifen vorsieht, die seit 1952 fünf Kilometer bzw. 500 Meter betragen haben. Als neues und hochwirksames Element kommt im Jahr 1973 ein Grenz- und Signalzaun (sogenannter Schutzstreifenzaun) dazu, der zwischen Sperrzone und Schutzstreifen errichtet wird. Er besteht aus einer Reihe von Metallgitterplatten, über die mehrere Reihen stromführender Stacheldraht verlaufen, die bei Berührung Alarm auslösen.

Da die meisten „Republikflüchtigen" bereits am Grenz- und Signalzaun – also mehrere Hundert Meter von der eigentlichen Demarkationslinie entfernt – scheitern, entzieht sich das Fluchtgeschehen meist der Beobachtung des Bundesgrenzschutzes. Ein solches Sicherungssystem lässt sich eher mit der Propaganda von der „friedliebenden DDR" in Einklang bringen als die Bilder von erschossenen oder durch Splitterminen getöteter Flüchtlinge am eigentlichen Grenzzaun. Diese belasten nicht nur das Verhältnis zwischen den beiden deutschen Staaten, sondern beschädigen auch die internationale Reputation der DDR.

Der „Arbeiter- und Bauernstaat" hat nämlich 1973 seine außenpolitische Isolation durchbrochen. Nach der Aufnahme beider deutscher Staaten in die Uno wird die kommunistische Diktatur weltweit staatlich anerkannt. Die DDR kann nun gleichberechtigt mit der Bundesrepublik an der Konferenz für Sicherheit und Zusammenarbeit in Europa (KSZE) teilnehmen. Deren 1975 in Helsinki verabschiedete Schlussakte sichert die territoriale Integrität der Staaten, die Unverletzlichkeit der Grenzen in Europa sowie die Nichteinmischung in innere Angelegenheiten zu.

Während die Partei- und Staatsführung in Ost-Berlin diese vereinbarten Prinzipien als Erfolg feiert, versucht sie über die im sogenannten Korb III der Schlussakte formulierten Grundsätze den Mantel des Schweigens zu hüllen.

Denn hier geht es um die Zusammenarbeit in humani-

Perfide Waffen. Die sowjetische Kunststoffmine PMN. Durch Selbstzündungen werden immer wieder auch Angehörige der Grenztruppen verletzt oder getötet

tären und anderen Bereichen. Mit Korb III anerkennt die DDR nicht nur „die universelle Bedeutung der Menschenrechte und Grundfreiheiten", sondern verpflichtet sich auch, grenzüberschreitende menschliche Kontakte und Familienzusammenführungen zu erleichtern. Auch wenn es sich bei der KSZE-Schlussakte nicht um einen völkerrechtlich bindenden Vertrag handelt, kommt die SED-Diktatur damit in Erklärungsnot, wollen doch die innerdeutsche Grenze und die Berliner Mauer ganz und gar nicht zu Helsinki passen.

Jeder Grenztote beschädigt das internationale Ansehen der DDR

Ausgerechnet in dieser Situation gelingt es dem 32-jährigen Michael Gartenschläger gemeinsam mit Freunden im Frühjahr 1976, vom Westen aus zwei der SM-70-Todesautomaten an der innerdeutschen Grenze abzumontieren und sicherzustellen. In der Ost-Berliner Partei- und Staatsführung herrscht helle Aufregung, als in Westdeutschland Bestrebungen laut werden, die Mordmaschine der Uno vorzuführen. Gleichzeitig gibt es in der Bundesrepublik auch Stimmen, die in der Aktion Gartenschlägers eine Gefahr für den Entspannungsprozess sehen, der in den 70er-Jahren mühsam in Gang gekommen ist.

Für die SED-Diktatur werden die Todesautomaten SM-70 jedoch auch aus einem anderen Grund ein Problem. Es tritt das gleiche Phänomen wie bei den Bodenminen auf. In einer „Vertraulichen Verschlußsache" aus dem Jahr 1980 stellt der Staatssicherheitsdienst fest, dass von Januar 1978 bis Ende Juni 1980 rund 24 000 Todesautomaten detonierten, davon nur 58 durch „Feindeinwirkung". Das sind gerade mal 0,2 Prozent. Der Staatssicherheitsdienst vermerkt: „Die häufigsten Ursachen der Detonation liegen bei Wildeinwirkung (45 %), Witterungseinflüssen (ca. 30 %) und technischen De-

Beklemmend.
Die Demarkationslinie mit Todesstreifen und Wachturm entlang der „Staatsgrenze West" zum Landkreis Göttingen, Ende 1972

fekten (ca. 24 %)." Dennoch hält das Regime vorerst an der SM-70 fest. Im Sommer 1983 beschließt der Nationale Verteidigungsrat der DDR weitreichende Maßnahmen zur „Erhöhung der Wirksamkeit von Grenzsicherungsanlagen an der Staatsgrenze der DDR zur BRD und zu Berlin (West)". Diese sehen einerseits den Rückbau bestehender Minenfelder und den Ausbau mechanischer Sperren vor. Andererseits heißt es zu den Todesautomaten: „Die Splitterminenanlagen sind ständig technisch zu vervollkommnen" und in besonders gefährdeten Abschnitten auf einer Länge von insgesamt 120 Kilometern zu modernisieren. Wenige Monate später ist dieser Beschluss hinfällig. Die DDR ist in Zahlungsschwierigkeiten geraten, aus denen sie der bayerische Ministerpräsident Franz Josef Strauß durch die Vermittlung eines Milliardenkredits befreit. Im Gegenzug sichert Staats- und Parteichef Erich Honecker seinem bayerischen Verhandlungspartner den Abbau aller 1,3 Millionen Minen zu. Bis Herbst 1985 ist die innerdeutsche Grenze frei von Splitter- und Bodenminen, sieht man von einigen Resten ab, die unentdeckt geblieben und erst in den 90er-Jahren geräumt worden sind.

Flüchtlinge sollen so früh wie möglich gestellt werden

Zu Beginn der 80er-Jahre erreicht die Grenze einen monströsen Perfektionierungsgrad, der auch in der Schulung der dort eingesetzten Grenzsoldaten, Volkspolizisten und Stasi-Mitarbeiter seinen Ausdruck findet. In einem NVA-Papier heißt es, die Grenzsoldaten seien „zu bewußten militärischen Klassenkämpfern zu erziehen, die sich durch eine hohe revolutionäre Wachsamkeit auszeichnen, die durchdrungen sind vom Hass auf den imperialistischen Klassenfeind und vom festen Willen, jeden Aggressor unter Einsatz des Lebens kompromisslos zu vernichten".

Daheim. Christa Paar mit ihren Kindern auf der Wiese, auf der einmal ihr Zuhause gestanden hat

Am 18. Dezember 1986 haben wir Erlebach verlassen müssen. Das tat uns allen sehr weh

Ein letztes Mal blickt Christa Paar auf das Gehöft, auf dem sie 30 glückliche Jahre verbrachte. Ein Zweifamilienhaus, ein Stall für zwölf Rinder und eine Scheune. Hier sind ihre Kinder Wolfgang, Marina und Gunter aufgewachsen. Sie sitzt auf der Pritsche eines Traktor-Anhängers HW 80. Neben ihr Schwiegersohn Norbert, Türen, Fenster und Balken. Es ist die letzte Fuhre von ihrem Hof in Erlebach ins zwei Kilometer entfernte Ummerstadt. Alles, was man noch gebrauchen kann, hat die Familie aus dem Haus ausgebaut. Es ist das traurige Ende eines stolzen Dorfes, das 1310 erstmals urkundlich erwähnt worden ist.

„Am 18. Dezember 1986 haben wir Erlebach verlassen. Das tat sehr weh", erzählt die weißhaarige Dame. „Danach wurden alle Häuser abgerissen und das ganze Dorf dem Erdboden gleichgemacht." Lange hatte sich die Familie gegen die Zwangsaussiedlung gewehrt. Doch jetzt müssen sich die Paars dem Grenzsicherungswahn des SED-Regimes beugen. Erlebach liegt im südlichen Thüringen, direkt im 500-Meter-Streifen der deutsch-deutschen Grenze. Anwohner sind für die SED-Funktionäre und das Grenzregiment Störfaktoren, die beseitigt werden müssen. „Eigentlich sollte es Erlebach 1986 schon lange nicht mehr geben", sagt Christa Paar. „Aber zwei heimatvertriebene Damen, die nach dem Krieg hier angesiedelt wurden, wollten sich kein zweites Mal vertreiben lassen. Sie drohten mit Selbstmord, wenn sie gehen müssten. Das schreckte die Organe ab." Am 6. August 1974 beschließt der Rat des Kreises Hildburghausen „Vorstellungen über die schrittweise Auflösung des Ortes Erlebach an der Staatsgrenze West". Bis 1978 soll der letzte der damals noch 17 Einwohner Erlebach verlassen haben. Die Kriminalpolizei Hildburghausen stellt im September 1976 in einer Lageeinschätzung allerdings fest, dass die Bewohner des Ortes besonders zusammenhalten: „In Erlebach wird die Situation viel schwieriger eingeschätzt", heißt es in dem Protokoll.

1956 kommt die gelernte Laborantin Christa nach Erlebach, heiratet ihren Mann Adolf Paar. Im gleichen Jahr wird Sohn Wolfgang geboren. „Wir lebten mit meinen Schwiegereltern auf dem Hof, hatten knapp 10 Hektar Land und vier Kühe. Abgesehen vom Grenzzaun war es sehr idyllisch hier." 1960 wird die Landwirtschaftliche Produktionsgenossenschaft (LPG) „Erlengrund" gegründet, der sich auch die Familie Paar anschließen muss. „Bis zum Mauerbau war die Grenze noch halbwegs durchlässig. Da habe ich noch direkt im Grenzstreifen auf unserem Land gearbeitet. Dann wurden die Sicherungen immer mehr verschärft und ausgebaut." Ständig fahren NVA-Soldaten Patrouille, beobachten die Erlebacher rund um die Uhr. Minen werden verlegt. „Wir hatten immer einen Hofhund. 1970 ist unser Schäferhund durch den Zaun auf den Todesstreifen gekrochen und auf eine Mine getreten. Die Explosion hat ihn zerfetzt", erzählt Sohn Wolfgang Paar. Es ist nicht seine einzige traurige Kindheitserinnerung. „Freunde zum Geburtstag einladen oder zum Spielen mit nach Hause nehmen konnten wir eigentlich nie", sagt er. „Wer uns besuchen wollte, brauchte einen Passierschein, und der musste vier Wochen vorher beantragt werden. Für Schulkinder, die ihre Freunde besuchen wollten, gab es den nicht." Nach und nach verschwinden Nachbarn und ihre Häuser. Eine Erlebacher Familie wird zwangsausgesiedelt, weil der Sohn eine kaputte Weltkriegspistole mit in die Schule gebracht hatte. Sein Vater kommt für anderthalb Jahre ins Gefängnis. Die SED-Bonzen denken sich immer neue Dinge aus, um die widerborstigen Erlebacher mürbe zu machen. „Irgendwann fuhr der Schulbus nicht mehr bis nach Erlebach, sodass wir laufen mussten", erklärt Gunter Paar. Als sein Bruder Wolfgang 1978 heiratet, wird ihm die Aufenthaltsgenehmigung für Erlebach aus dem Pass gestrichen. Er hat in das Haus seiner Eltern ziehen wollen, das die Familie gerade ausgebaut hatte. 1981 geben Christa und Adolf Paar auf, schließen eine Vereinbarung mit dem „Rat des Kreises" ab. Sie kaufen ein Haus im Nachbarort Ummerstadt und dürfen Baumaterialien aus den alten Gebäuden für ihr neues Zuhause herausnehmen. Baustoffe sind Mangelware. „1982 kamen abends zwei Männer vom Rat des Kreises nach einer Sitzung zu uns. Sie waren angetrunken und meinten hämisch: Jetzt müsst ihr raus hier." Sie haben gerade eine neue Konzeption zur Auflösung von Erlebach beschlossen gehabt.

Christa Paar und ihre Familie sind inzwischen an den Ort zurückgekehrt, von dem

Abgerissen. In diesem Haus wohnte die Familie Paar bis zur Zwangsaussiedlung 1986

sie vertrieben wurden. „Wir haben das Grundstück, auf dem unser Hof stand, zurückgekauft“, erzählt Christa Paar stolz. „Wir mussten lange darum kämpfen. Eine Entschädigung haben wir nach der Wende nicht gekriegt.“ Vögel zwitschern, Blumen blühen, auf dem Teich des verschwundenen Dorfes tauchen zwei Enten. Christa Paar hockt auf einer Bank und erklärt: „Ich sitze hier in unserem ehemaligen Garten. Da drüben standen die Apfelbäume.“ Ihr Haus hat sie seit dem verregneten Tag im Dezember 1986 nie wiedergesehen. „Jetzt kommen wir fast jedes Wochenende hierher, trinken Kaffee und genießen die schöne Umgebung. Nur neu bauen, dass wollen wir nicht. Erlebach gibt es nicht mehr.“

Familienfoto. Christa Paar mit Sohn Gunter (rechts) und Tochter Marina in den 70er-Jahren in Erlebach. Das Nachbardorf Billmuthausen ist bereits 1978 abgerissen worden. Nur den Friedhof und einen Wachturm der Grenztruppen (kleines Foto oben) gibt es noch

Zentrale. Im Leitstand des Führungsturms nehmen Kompaniechef und Zugführer Meldungen entgegen und erteilen Befehle an die Streifenposten

Berliner Mauer und innerdeutsche Grenze werden durch drei unterschiedliche Wachtürme gesichert. Der Grenzturm vom Typ Führungsstelle (oben links) besteht aus Betonfertigteilen und ist 8,85 Meter hoch. Er hat Schießscharten nach allen Seiten. Hier sitzen der Kompaniechef und der Zugführer. Der Führungsturm verfügt über einen Keller, Erdgeschoss, zwei weitere Etagen und eine Dachplattform mit Suchscheinwerfer. Der Beobachtungsturm BT 6 (oben Mitte) besteht aus sechs Schaftringen, Kabinenboden, Brüstungsplatte, Halterahmen und Dachplattform. Auf dem Dach ist ein Suchscheinwerfer angebracht. Die Höhe des Turms beträgt 8,67 Meter, in der größeren Version 13,67 Meter. Der Schaft hat einen Durchmesser von 1,40 Metern, die Kabine von 3,40 Metern. Ab 1975 errichtet die DDR an der Grenze einen neuen Turm. Der BT-9 (oben rechts) ist neun Meter hoch und löst die runden windanfälligen Türme ab. Die Fenster des Kanzelgeschosses sind zum Teil getönt, darunter gibt es drei weitere Geschosse. Im zweiten Zwischengeschoss befinden sich vier Schießscharten

Das SED-Regime hat aber auch sogenannte Freiwillige Helfer der 50 000 Mann zählenden Grenztruppen unter der ortsansässigen Bevölkerung angeworben. Mehr als 7000 von ihnen leisten in eigener Uniform, wenn auch ohne Bewaffnung in Teilzeit neben dem eigentlichen Berufsleben Hilfsdienste. Sie alle machen es nahezu unmöglich, sich unbemerkt dem Grenzsignal und Sperrzaun (Schutzstreifenzaun)zu nähern.

Dieser ist seit Beginn der 80er-Jahre weiterentwickelt worden. Er trägt nun die Typenbezeichnung „GSZ 80". Seine unmittelbaren Vorgänger waren der Grenzsignalzaun 70 (Höhe 2,20 m) und Grenzsignalzaun 74 (Höhe 3,24 m). Nach einer Aufstellung der Grenztruppen vom Mai 1982 sind 1157 Kilometer Grenze mit Grenzsignalzäunen unterschiedlichen Typs ausgestattet. Ihre Umrüstung mit dem „GSZ 80" soll beschleunigt vorangetrieben werden.

Der Sperrbereich darf nur mit Genehmigung betreten werden

Der „GSZ 80" ist nahezu unüberwindbar. Ins Erdreich eingelassene Betonplatten verhindern das Untergraben des Zaunes. Auf der Höhe von zwei Metern soll eine 40 Zentimeter hohe, Y-förmige Stacheldrahtkonstruktion das Übersteigen des Zaunes erschweren. Doch die größte Herausforderung stellen nun die in kurzen Abständen bis zur Y-Konstruktion gespannten Signaldrähte dar. 24 an der Zahl, stehen diese unter Schwachstrom. Berührt der Flüchtende zwei dieser Drähte, löst er einen Kurzschluss und damit einen stillen Alarm aus, der exakt lokalisiert werden kann.

Im 300- bis 500 Meter breiten Schutzstreifen – also hinter dem „GSZ 80" – folgen Beobachtungstürme, kleine Betonbunker und Stolperdrähte. Darüber hinaus finden sich dort vielerorts die Hundelaufanlagen, in denen bis zu 1200 Tiere ihr Dasein fristen. Begrenzt wird der Schutzstreifen mit einem nach Osten ausgerichteten Kfz-Sperrgraben, den sechs Meter breiten, sorgfältig geeggten Kontrollstreifen, der Fußspuren der „Grenzverletzer" kenntlich machen soll, sowie durch den Kolonnenweg, auf dem die Fahrzeuge der Grenztruppe jeden Punkt der Sperranlagen schnell erreichen können.

Die letzte Barriere der Grenzsperranlagen, deren Ausbau in den 80er-Jahren pro Kilometer rund 2 Millionen DDR-Mark kostet, ist schließlich der drei Meter hohe Metallgitterzaun, der Grenzzaun I. Hier sind vorgefertigte Streckmetallplatten an Betonpfählen befestigt, die aufgrund ihrer Konstruktion Fingern keinen Halt geben und deren oberste Kante so scharfkantig ist, dass diese mit bloßen Händen kaum gegriffen werden kann. Nur die allerwenigsten Flüchtlinge können diese Grenzsperranlagen überwinden. Und wem es dennoch geglückt ist, der ist noch nicht auf bundesdeutschem Gebiet. Die eigentliche Grenze markiert erst der schwarz-rot-gold gestrichene Grenzpfahl mit dem Staatsemblem der DDR.

Todesautomat. Die Splittermine SM-70 besteht aus einem Schusstrichter, gefüllt mit TNT und Metallsplittern. Funktionsspanndrähte lösen das tödliche Gerät aus

Der Grenzwahnsinn hat mich zum Invaliden gemacht

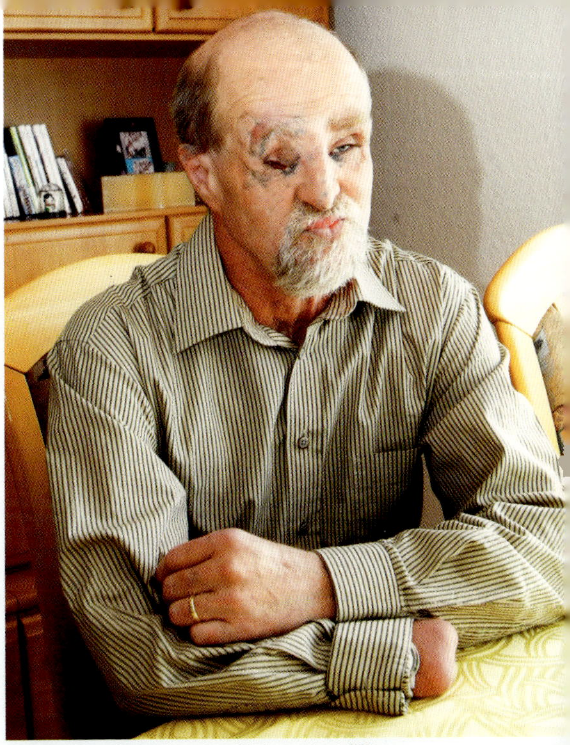

Erblindet. Durch eine SM-70 hat Klaus Eppler sein Augenlicht und die rechte Hand verloren

Das Letzte, das die Augen von Klaus Eppler sehen, ist der Todesautomat SM-70. Nach einer Elektriker-Lehre wird der Thüringer zur NVA eingezogen, muss seinen Armeedienst bei den Grenztruppen ableisten. Er ist 20 Jahre alt und Gefreiter bei einem Minentrupp in Geisa in der Rhön. Am Nachmittag des 5. Dezember 1980 soll er Selbstschussanlagen an der Grenze warten.

„Wir waren zu zweit", sagt Klaus Eppler. „Mein Kollege versuchte, eine SM-70 auseinanderzuschrauben. Irgendwas klemmte. Ich sollte es mal probieren." An diesen Moment kann sich der Thüringer noch erinnern. Als er das Gerät untersucht, explodiert die Ladung mit 100 Gramm TNT-Sprengstoff und scharfkantigen Metallsplittern. Sein Vorgesetzter hatte vergessen, den Strom am Todesautomaten abzuschalten. Erst nach zwei Wochen kommt Klaus Eppler wieder zu Bewusstsein, in der Medizinischen Akademie in Erfurt. Eine Krankenschwester offenbart ihm sein Schicksal. Der junge Soldat hat seine rechte Hand verloren und sein Augenlicht. „Sie sagte mir, dass ich für immer blind sein werde." Ein halbes Jahr zuvor hatte der junge Elektriker geheiratet. Zur Hochzeit trägt er einen schwarzen Anzug, seine Braut Carmen ein weißes Kleid und Schleier. Sie ist 18 Jahre alt. Jetzt liegt er schwer verletzt im Krankenhaus. Das unbeschwerte Leben ist Vergangenheit. Der gemeinsame Sohn Fabian ist zwei Monate alt. Der Grenzwahnsinn des SED-Regimes hat ihn zum Invaliden gemacht.

„Neun Monate lag ich im Krankenhaus, wurde 15-mal operiert", berichtet Eppler. Die NVA entlässt ihn als dienstuntauglich. Er bekommt 4000 Ost-Mark Entschädigung, einen Orden und wird mit 700 DDR-Mark Rente abgespeist. Die Armee verdonnert ihn zum Schweigen. Niemand soll wissen, wie sich der Schwerbeschädigte die Verstümmelungen zugezogen hat. Doch daran hält er sich nicht. „Wer mich gefragt hat, dem habe ich erzählt, was passiert ist. Wie wollte die NVA mich denn noch bestrafen?" Klaus Eppler lernt die Blindenschrift und das Bürstenbinden. Mit der linken Hand kann er arbeiten. Laut einer „Vertraulichen Verschlußsache" G/693805 der DDR-Grenztruppen werden bis 1979 104 Grenzer durch Minen verletzt: 36 von ihnen schwer, 67 leicht und mittel. Ein Soldat stirbt durch eine Explosion. Klaus Eppler ist in dieser Statistik noch nicht berücksichtigt. Sein Schicksal meistert er ohne Verbitterung und mit großem Lebensmut. Lapidar bemerkt er: „Es ist, wie es ist. Man kann es nicht ändern."

Der gelernte Elektriker und seine Carmen bekommen nach dem ersten Jungen noch drei weitere Kinder: Florian, Juliane und Nesthäkchen Lea. Ihnen einmal ins Gesicht sehen – das konnte das Minenopfer noch nie.

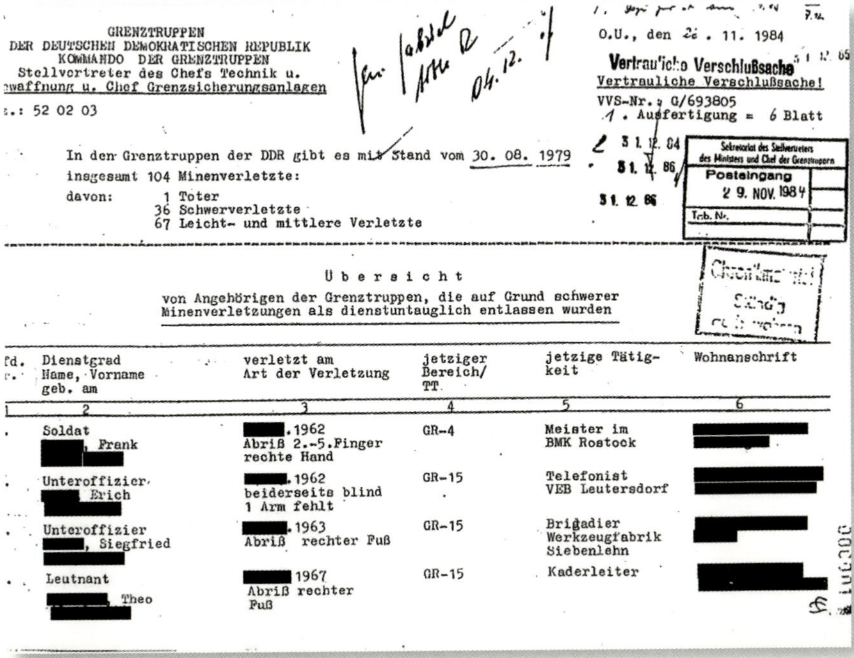

GRENZTRUPPEN
DER DEUTSCHEN DEMOKRATISCHEN REPUBLIK
KOMMANDO DER GRENZTRUPPEN
Stellvertreter des Chefs Technik u.
...waffnung u. Chef Grenzsicherungsanlagen
...: 52 02 03

O.U., den 2. 11. 1984

Vertrauliche Verschlußsache
Vertrauliche Verschlußsache!
VVS-Nr.: G/693805
1. Ausfertigung = 6 Blatt

Sekretariat des Stellvertreters des Ministers und Chef der Grenztruppen
Posteingang 29. NOV. 1984
Tgb. Nr.

In den Grenztruppen der DDR gibt es mit Stand vom 30. 08. 1979
insgesamt 104 Minenverletzte:
davon: 1 Toter
36 Schwerverletzte
67 Leicht- und mittlere Verletzte

Übersicht
von Angehörigen der Grenztruppen, die auf Grund schwerer Minenverletzungen als dienstuntauglich entlassen wurden

fd. r.	Dienstgrad Name, Vorname geb. am	verletzt am Art der Verletzung	jetziger Bereich/ TT	jetzige Tätigkeit	Wohnanschrift
1	2	3	4	5	6
.	Soldat [redacted], Frank [redacted]	[redacted].1962 Abriß 2.-5. Finger rechte Hand	GR-4	Meister im BMK Rostock	[redacted]
.	Unteroffizier [redacted] Erich [redacted]	[redacted].1962 beiderseits blind 1 Arm fehlt	GR-15	Telefonist VEB Leutersdorf	[redacted]
.	Unteroffizier [redacted], Siegfried [redacted]	[redacted].1963 Abriß rechter Fuß	GR-15	Brigadier Werkzeugfabrik Siebenlehn	[redacted]
.	Leutnant [redacted], Theo [redacted]	[redacted] 1967 Abriß rechter Fuß	GR-15	Kaderleiter	[redacted]

Bessere Tage. Ein halbes Jahr vor dem Unfall heiratet Klaus Eppler seine Frau Carmen. Laut einem Geheimpapier der Grenztruppen (links) gibt es durch Minen bis 1979 einen toten, 36 schwer sowie 67 leicht und mittelverletzte Soldaten

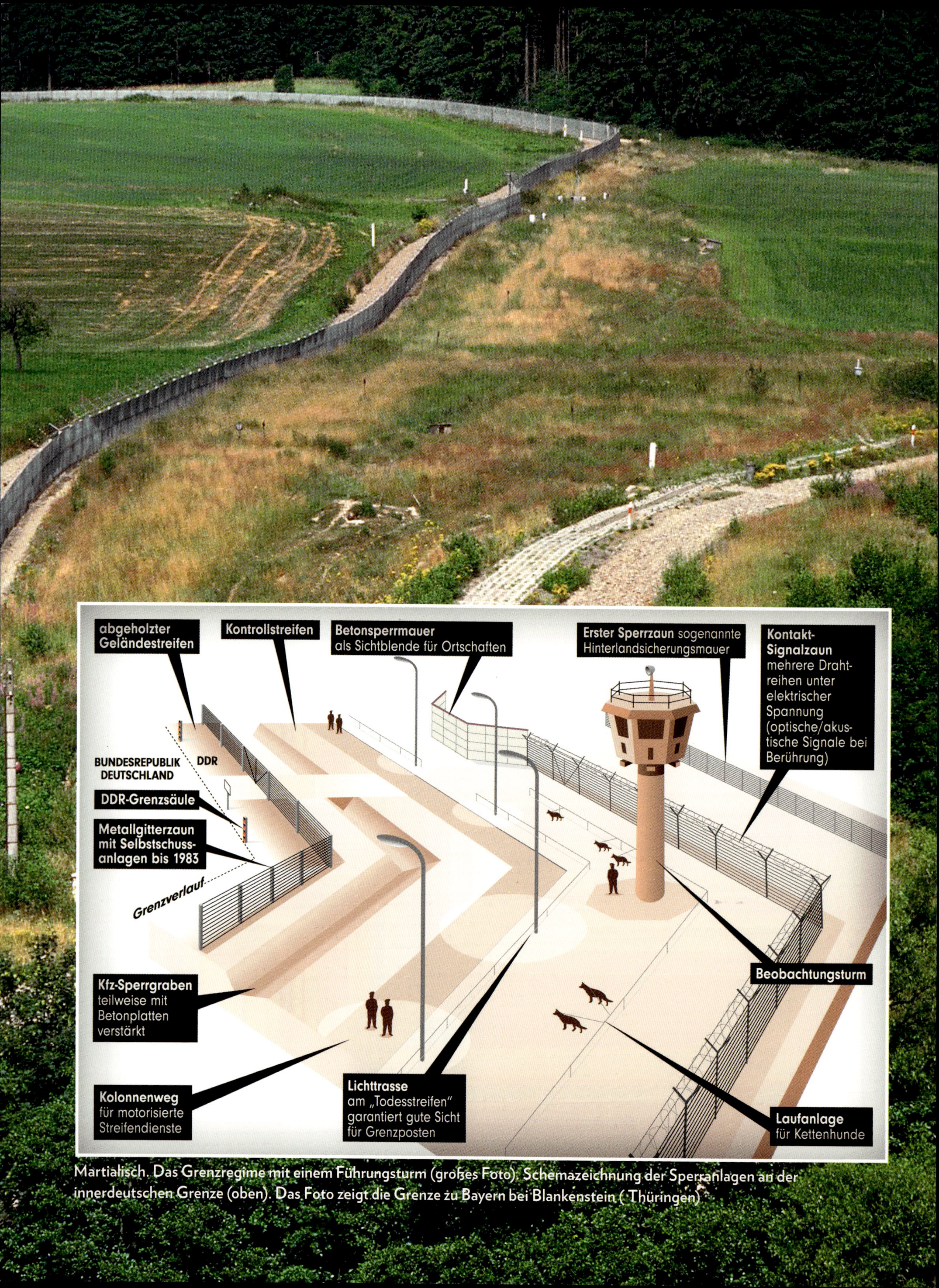

Martialisch. Das Grenzregime mit einem Führungsturm (großes Foto). Schemazeichnung der Sperranlagen an der innerdeutschen Grenze (oben). Das Foto zeigt die Grenze zu Bayern bei Blankenstein (Thüringen)

Eine Mauer, wie sie das geteilte Berlin durchzieht, gibt es an der innerdeutschen Grenze nur an jenen Stellen, an denen sie Orte teilt oder die Sicht auf unmittelbar an der Grenze liegende DDR-Ortschaften eingeschränkt werden soll. Zu Recht schreibt Jürgen Ritter, der wohl beste Kenner der innerdeutschen Grenze: „Während an der Grenze in Berlin die Mauer das Kennzeichen der deutschen Teilung war, waren das an der innerdeutschen Grenze die Betonbeobachtungstürme." Dort gibt es von diesen zu Beginn der 80er-Jahre 734.

Von der Vorderlandmauer gibt es drei Ausführungen

Wie die innerdeutsche Grenze wandelt sich auch die Gestalt der Berliner Mauer in den fast drei Jahrzehnten ihrer Existenz. Selbst deren Länge variierte, was nicht zuletzt dem Gebietsaustausch geschuldet ist, den die beiden Stadthälften in den 80er-Jahren vereinbaren. Im Sommer 1989 soll die Mauer etwa 156 Kilometer gemessen haben, davon gehen knapp 44 Kilometer unmittelbar durch die Stadt. Je nachdem, ob die Grenze innerstädtisch oder durch unbebautes Gelände verläuft, variieren die Grenzanlagen.

Wer sich aus Ost-Berlin oder dem Umland der Grenze nähert, stößt innerstädtisch auf die sogenannte Hinterlandmauer oder außerhalb dichter Bebauung auf einen Signalzaun, der bei Berührung Fluchtversuche anzeigt.

Vergleichbare Signalgeber befinden sich auch hinter der Hinterlandmauer. Dieser ersten Befestigungslinie schließt sich ein 30 und 500 Meter breiter Grenzstreifen an, der an einigen Stellen durch Kfz-Sperren verstärkt ist. Auf diesem Grenzstreifen verläuft der Kolonnenweg. Anders als an der innerdeutschen Grenze ist der Grenzstreifen zu West-Berlin nie vermint worden. Stattdessen sorgt eine 161 Kilometer lange Lichttrasse dafür, dass sich kein Flüchtling durch die Nacht zur letzten Barriere vor der Freiheit, der Vorderlandmauer, schleichen kann.

Seit 1975 hat die SED diese eigentliche Grenzmauer neu bauen lassen. 42 Kilometer sind mit den Betonelementen vom Typ „Grenzmauer 75" versehen worden. Diese besteht aus 3,60 Meter hohen und 1,20 Meter breiten, über 2,7 Tonnen schweren Stahlbetonsegmenten, die nach oben durch eine Asbestbetonröhre abgeschlossen sind. Die Mauersegmente produziert das VEB Baustoffkombinat Neubrandenburg in Malchin und die Rohre der VEB Asbestzementwerk „Otto Grotewohl" in Magdeburg. Ein Segment kostet 1986 831 Ost-Mark und jedes Stück Rohr 168 Mark. Weitaus größere Abschnitte der Mauer sind jedoch mit der alten Platten-

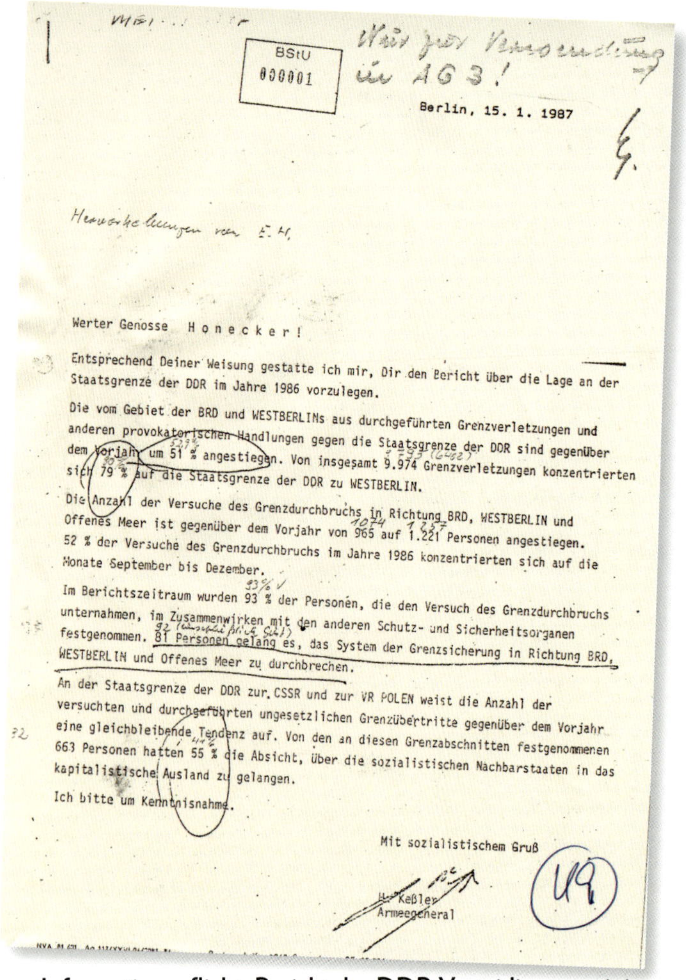
BStU
000001

Berlin, 15. 1. 1987

Werter Genosse H o n e c k e r !

Entsprechend Deiner Weisung gestatte ich mir, Dir den Bericht über die Lage an der Staatsgrenze der DDR im Jahre 1986 vorzulegen.

Die vom Gebiet der BRD und WESTBERLINs aus durchgeführten Grenzverletzungen und anderen provokatorischen Handlungen gegen die Staatsgrenze der DDR sind gegenüber dem Vorjahr um 51 % angestiegen. Von insgesamt 9.974 Grenzverletzungen konzentrierten sich 79 % auf die Staatsgrenze der DDR zu WESTBERLIN.

Die Anzahl der Versuche des Grenzdurchbruchs in Richtung BRD, WESTBERLIN und Offenes Meer ist gegenüber dem Vorjahr von 965 auf 1.221 Personen angestiegen. 52 % der Versuche des Grenzdurchbruchs im Jahre 1986 konzentrierten sich auf die Monate September bis Dezember.

Im Berichtszeitraum wurden 93 % der Personen, die den Versuch des Grenzdurchbruchs unternahmen, im Zusammenwirken mit den anderen Schutz- und Sicherheitsorganen festgenommen. 81 Personen gelang es, das System der Grenzsicherung in Richtung BRD, WESTBERLIN und Offenes Meer zu durchbrechen.

An der Staatsgrenze der DDR zur CSSR und zur VR POLEN weist die Anzahl der versuchten und durchgeführten ungesetzlichen Grenzübertritte gegenüber dem Vorjahr eine gleichbleibende Tendenz auf. Von den an diesen Grenzabschnitten festgenommenen 663 Personen hatten 55 % die Absicht, über die sozialistischen Nachbarstaaten in das kapitalistische Ausland zu gelangen.

Ich bitte um Kenntnisnahme.

Mit sozialistischem Gruß

H. Keßler
Armeegeneral

Informationspflicht. Bericht des DDR-Verteidigungsministers Heinz Keßler an Partei- und Staatschef Erich Honecker über die Lage an der „Staatsgrenze West“

bauweise (58 Kilometer) oder durch Streckmetallzaun (48 Kilometer) gesichert.

Wie der Metallgitterzaun an der innerdeutschen Grenze verläuft auch die Mauer nicht unmittelbar auf der Grenzlinie zu West-Berlin, sondern ist in den Osten zurückgesetzt. In unregelmäßigen Abständen sind Stahltüren eingelassen. Diese bieten den Angehörigen der DDR-Grenztruppen nicht nur zu Wartungs- und Sanierungszwecken Zugang zur Westseite der Mauer. Nicht nur Flüchtlinge, sondern auch Demonstranten oder Grafitti-Sprüher, die meinen, sie befänden sich auf West-Berliner Gebiet, können auf diesem Wege unverhofft aufgegriffen werden.

Der Bahnhof Friedrichstraße ist zu einer Legende geworden

Durchbrochen ist die Berliner Mauer durch zuletzt 25 Grenzübergangsstellen, davon acht an Wasserstraßen und vier Kontrollstellen an Schienenwegen. Der Bahnhof Friedrichstraße ist dabei aufgrund seiner verkehrstechnischen Anbindung zugleich eine der wichtigsten Grenzübergangsstellen. Um die Passkontrolle abzuwickeln, ist bald nach der Grenzschließung auf dem Bahnhofsvorplatz ein Abfertigungsgebäude errichtet worden, das als „Tränenpalast“ in die Erinnerung der Menschen eingeht. Ein früh eingerichtetes äußerst perfides Überwachungssystem macht auch am Bahnhof Friedrichstraße Fluchtversuche nahezu unmöglich.

An den 18 Straßengrenzübergangsstellen zur Bundesrepublik lässt die DDR in der zweiten Hälfte der 70er-Jahre die Kontroll- und Sicherheitstechnik ausbauen. Sie schreckt dabei nicht einmal davor zurück, radioaktive Strahlung einzusetzen. So werden nach zweijähriger Testphase unter dem

Im Wege – die Versöhnungskirche in der Bernauer Straße in Berlin. Selbst vor der Sprengung von Gotteshäusern schreckt der atheistische Staat nicht zurück

Decknamen „Technik V" von 1980 an die Fahrzeuge an der Grenzübergangsstelle Marienborn mit Gammastrahlen aus Cäsium 137 durchleuchtet. Damit sollen Personenschleusungen erkannt und vereitelt werden. Außerdem sichern Rollschranken den Übergang, die den Aufprall eines 50 Tonnen schweren Lkw mit einer Geschwindigkeit bis zu 80 Stundenkilometer standhalten.

Bis in ihre letzten Tage arbeitet die DDR unermüdlich am Ausbau der Staatsgrenze zur Bundesrepublik und zu West-Berlin sowie an der Perfektionierung der Kontrollverfahren an den Grenzübergängen. So ist zum Beispiel im Fünfjahresplan 1991–1995 neben vielen anderen Projekten für das Jahr 1996 vorgesehen, den Grenzsignalzaun „GSZ 80" durch eine Weiterentwicklung zu ersetzen.

Niemand von den Planern hat es sich wohl vorstellen können, dass es die Mauer dann nicht mehr geben wird, hat doch kein Geringerer als Erich Honecker im Januar 1989 verkündet, dass sie „noch in 50 und auch in 100 Jahren noch bestehen bleiben (wird), wenn die dazu vorhandenen Gründe nicht beseitigt sind".

Zufall. Ein erschöpfter Grenzer an der Mauerkrone. Er ahnt nicht, was da geschrieben steht

ES YOU

Symbolik. Ausgelassene Stimmung und eine schwarz-rot-goldene Fahne mit der Aufschrift „BRDDR“ auf der Mauer vor dem Brandenburger Tor, das 28 Jahre das Wahrzeichen der offenen deutschen Frage gewesen ist

KAPITEL XII

Der Fall der Mauer

Es ist 18.53 Uhr, als SED-Politbüro-Mitglied Günter Schabowski im Internationalen Pressezentrum in Ost-Berlin verkündet: Die DDR-Staatsführung habe sich „dazu entschlossen, heute eine Regelung zu treffen, die es jedem Bürger der DDR möglich macht, über Grenzübergangspunkte der DDR auszureisen". Auf Nachfrage eines Journalisten, wann die neue Reiseregelung in Kraft trete, blättert Schabowski in seinen Papieren und antwortet irrtümlich: „Sofort, unverzüglich."

Abertausende strömen zu den Berliner Grenzkontrollpunkten

Der SED-Funktionär löst damit eine Lawine aus. Denn kaum hat die Deutsche Presse-Agentur um 19.04 Uhr die Eilmeldung verbreitet, machen sich unzählige Ost-Berliner auf den Weg zu den Grenzübergangsstellen. An der Bornholmer Straße stauen sich gegen 21 Uhr dieses 9. November 1989 Trabants und Wartburgs. In Sprechchören fordert die Menschenmenge die Öffnung der Grenze, doch der verantwortliche Offizier hat keine Weisung. Im Bonner Bundestag erheben sich die Abgeordneten von ihren Plätzen und stimmen das Deutschlandlied an. Das „Einigkeit und Recht und Freiheit" ist kaum verhallt, als an der Bornholmer Straße die ersten Ost-Berliner passieren dürfen. Nach und nach werden auch andere Übergänge unter dem Druck der Massen geöffnet. Berlin gerät innerhalb kürzester Zeit in einen Ausnahmezustand. Hunderttausende aus beiden Teilen der Stadt feiern an den Kontrollpunkten, auf dem Kurfürstendamm und vor dem Brandenburger Tor, dem Wahrzeichen der deutschen Teilung. Nach 28 Jahren ist die Mauer gefallen.

Möglich geworden war alles durch die Reformpolitik des sowjetischen Staats- und Parteichefs Michail Gorbatschow. Sein Glasnost und Perestroika haben die Welt verändert. Im Westen wecken sie die Hoffnung auf ein Ende des Wettrüstens, im Osten auf Demokratisierung. Tatsächlich räumt Moskau seinen Verbündeten Schritt für Schritt mehr Selbstständigkeit ein. Polen und Ungarn sind zu Vorreitern des Reformprozesses geworden. Die SED-Führung verweigert sich jedoch dem neuen Kurs. Früher hat man in Ost-Berlin von der Sowjetunion „siegen lernen" wollen. Nun werden sowjetische Filme und die sowjetische Zeitschrift „Sputnik" in der DDR verboten, weil sie sich kritisch mit dem Stalinismus auseinandersetzen. Die DDR gerät im eigenen Lager zunehmend in die Isolation. Immer mehr SED-Mitglieder beginnen, an ihrer Führung zu zweifeln. Die zeigt sich starrsinnig.

Seit Jahren ist die ökonomische Misere der DDR unübersehbar geworden. Die Industrieanlagen sind marode. Die ineffiziente Planwirtschaft ist von billigem sowjetischen Erdöl und zunehmend auch von westlichen Krediten abhängig. Umweltverschmutzung allerorten. Gelbe Luft gehört in Teilen der DDR genauso zum Alltag wie graue Wäsche auf der Leine. Grau sind auch die verfallenen Altstädte. An den Stadträndern wachsen derweil eilig errichtete Plattenbausiedlungen.

Pressekonferenz. Auf die Frage, wann die neue Reiseregelung in Kraft trete, erklärt der SED-Funktionär Günter Schabowski: „Sofort, unverzüglich!"

Neue Hoffnung. Österreichs Außenminister Alois Mock (links) und sein ungarischer Kollege Gyula Horn (rechts) durchscheiden am 27. Juni 1989 den Stacheldraht an der Grenze. Der Eiserne Vorhang wird immer löchriger

Das Leben in der DDR ist überwacht, reglementiert und weithin vom Parteistaat vorbestimmt. Die Unzufriedenheit wächst. Jeden Abend reisen die Menschen in der DDR mit dem bundesdeutschen Fernsehen für einige Stunden geistig in den Westen aus. Im Alltag wird Loyalität inszeniert, werden Häuser beflaggt, Kundgebungen besucht und Mitgliedsbeiträge für Massenorganisationen und Parteien entrichtet. „Ihr tut so, als ob ihr uns folgt, und wir tun so, als ob wir euch glauben", scheint die Devise der Obrigkeit zu lauten.

Nach den Kommunalwahlen bricht sich der Volkszorn Bahn

Doch als im Mai 1989 die Kommunalwahlen einmal mehr die Zustimmung der Bevölkerung zur SED-Politik vorgaukeln soll, wird Widerspruch sichtbar. Vor laufenden Kameras des Westfernsehens weisen mutige Frauen und Männer dem SED-Staat Wahlfälschung nach und berichten, dass Bürgerrechtler DDR-weit in vielen Hundert Wahllokalen die Auszählung überwacht haben. Viele Ostdeutsche erfahren erst jetzt von dem zunehmend dichteren Netz von Friedens-, Menschenrechts-, Umwelt- und Dritte-Welt-Gruppen, die teils unter dem schützenden Dach der Kirchen den politischen Vormachtanspruch der SED infrage stellen. Die bestreitet alle Vorwürfe und muss zunehmend hilfloser erleben, wie Bürgerrechtler, die sich auf Gorbatschow berufen, nicht nur mit einer Flut von Eingaben und Strafanzeigen, sondern mit öffentlichen Protesten auf die Wahlfälschung reagieren.

Während zunächst noch eine Minderheit ihren Protest in die Öffentlichkeit trägt, haben viele andere die Hoffnung auf Reformen in der DDR aufgegeben. 1989 warten mehr als 100 000 Bürger auf die Genehmigung ihrer Anträge auf dauerhafte Ausreise in die Bundesrepublik. Als im Sommer Ungarn mit Gorbatschows Einverständnis den Stacheldrahtverhau nach Österreich zu beseitigen beginnt und am 11. September die Grenze für die Menschen aus der DDR öffnet, kommt es zu einem regelrechten Exodus. Binnen drei Tagen reisen 15 000 Menschen in Richtung Bundesrepublik aus. Tausende Deutsche aus der DDR suchen zudem im Sommer Zuflucht in den westdeutschen Vertretungen in Prag, Budapest, Warschau und Ost-Berlin. In der tschechoslowakischen Hauptstadt sind es alleine 6000 DDR-Bürger, die auf ihre Ausreise warten.

Günstige Gelegenheit. Bei einem „Paneuropäischen Frühstück" an der österreich-ungarischen Grenze fliehen am 19. August 1989 bei Sopron 400 Ostdeutsche

Botschafts-Zaun. Michael Fleischman kehrt an den Prager Botschaftszaun zurück. In den Händen hält er ein Foto, das ihn zeigt, als er im Herbst 1989 um seine Freiheit kämpft

Ich würde es immer wieder so machen. Nur 20 Jahre früher

Es ist ein dramatischer Kampf um die Freiheit. Prag, 2. Oktober 1989. DDR-Flüchtling Michael Fleischman (damals 33) klammert sich verzweifelt an den Zaun der bundesdeutschen Botschaft. Er will sich auf das Gelände der diplomatischen Vertretung retten. Tschechoslowakische Polizisten schlagen mit Gummiknüppeln auf ihn ein, versprühen Tränengas. Einer versucht, Fleischman vom Zaun zu reißen, zieht mit aller Gewalt an seiner Jeansjacke. „Loslassen hätte Knast bedeutet. Eine Viertelstunde hing ich an den Gitterstäben. Meine Finger waren ganz blau“, erzählt der Mann, dessen Bild damals um die Welt ging. Schließlich erreicht der deutsche Presseattaché Michael Steiner, dass Fleischman ungehindert auf das Botschaftsgelände darf.

20 Jahre später reist der Berliner zum ersten Mal wieder mit der Bahn nach Prag. „Ich habe ein ganz flaues Gefühl im Magen. Ich spüre wieder ein bisschen die Angst von damals. Dabei ist mir klar, dass ich heute keine Angst mehr haben muss.“

16 000 DDR-Bürger fliehen im Herbst 1989 in die Prager Botschaft der Bundesrepublik. Fleischman ist einer von ihnen. Im Westfernsehen sieht er die umjubelte Rede des damaligen Außenministers Hans-Dietrich Genscher, der den DDR-Abtrünningen vom Botschaftsbalkon ihre Ausreiseerlaubnis verkündete. Fleischman, der im Ost-Berliner Stadtteil Prenzlauer Berg wohnt, entschließt sich zur Flucht. „Ich wollte nicht der Letzte sein, der in der DDR das Licht ausmacht. Meine Exfrau war bereits mit meiner Tochter nach Bayern abgehauen und hatte mir eine Postkarte geschickt.“

Fleischman nimmt eine Reisetasche, packt Unterhosen, Hemd und Hose ein. „Ich konnte keine Fotoalben oder andere Erinnerungsstücke mitnehmen. Sonst wäre klar gewesen, dass ich flüchten will.“ Der heutige Verkäufer von Chemieprodukten guckt aus dem Zugfenster. „An der Grenze wurden wir scharf kontrolliert. Polizisten durchwühlten das Gepäck, liefen mit Hunden durch die Waggons.“ Der Zug rollt im Bahnhof Prag-Holesovice ein. „Mit der U-Bahn bin ich damals in die Innenstadt gefahren und dann einfach anderen Deutschen bis zur Botschaft gefolgt.“ Tschechoslowakische Polizisten hatten das Gelände abgeriegelt. Fleischman: „Ich lief einen Abhang durch ein Waldstück hinunter. Fast hinter jedem Baum stand ein Polizist. Jeden, der sich mir in den Weg stellte, habe ich umgeschubst. Ich schmiss meine Tasche über den Zaun und wollte selbst rüberklettern. Aber da packten mich schon die Polizisten.“

Der Zaun ist heute ein Stück höher als damals, die Gitterstäbe sind frisch lackiert. Der Mann mit dem breiten Kreuz und den kräftigen Armen ist tief bewegt: „Ich würde es immer wieder so machen. Nur 20 Jahre früher.“

Fluchtpunkt. Bis zu 4000 DDR-Flüchtlinge campieren im Herbst 1989 in der völlig überfüllten bundesdeutschen Botschaft in Prag

Zweierlei Welten. Während sich die DDR-Staatsmacht am 40. Jahrestag der DDR-Gründung im Palast der Republik selbst feiert, demonstrieren draußen Abertausende. Die Sicherheitskräfte des SED-Staates sind kaum noch Herr der Lage

In der Ost-Berliner Führung herrscht derweil Ratlosigkeit. „Man sollte ihnen keine Träne nachweinen", lässt Staats- und Parteichef Honecker in der SED-Parteizeitung „Neues Deutschland" zynisch kommentieren. Als sich die Staatspartei weiteren Reformen verweigert, formiert sich die politische Opposition. Bereits im Juli ist der Aufruf zur Gründung einer Sozialdemokratischen Partei erfolgt. „Aufbruch 89" ist eine Resolution überschrieben, mit der das „Neue Forum" im September aus der Taufe gehoben wird. „Demokratie Jetzt", „Demokratischer Aufbruch" lauten die Bezeichnungen anderer Gruppen, die allesamt die Öffentlichkeit suchen und eine politische Alternative zur SED formulieren. Sie alle berufen sich auf Gorbatschow und nennen als Ziel ihrer Politik einen demokratischen Sozialismus in einer eigenständigen DDR.

Am 4. September beginnen die Leipziger Montagsdemonstrationen, als 1000 Bürgerrechtler und Ausreisewillige nach dem Friedensgebet vor der Kirche „Für ein offenes Land mit freien Menschen" auf die Straße gehen. Eine Woche später nimmt die Volkspolizei 89 Demonstranten fest. 19 werden zu Haftstrafen verurteilt. In landesweiten Fürbittgottesdiensten solidarisieren sich die Menschen mit den Gefangenen. Die Empörung wächst. An immer mehr Orten finden Demonstrationen statt. Aus dem Ruf der Ausreisewilligen „Wir wollen raus!" wird ein trotziges „Wir bleiben hier!".

Anfang September beginnen die Montagsdemonstrationen

Von den Entwicklungen im Lande scheinbar unbeeindruckt, bereitet die Partei- und Staatsführung derweil den 40. Jahrestag der DDR-Gründung am 7. Oktober vor. Nichts soll die Feierlichkeiten stören, schon gar keine Bilder von den überfüllten bundesdeutschen Botschaften in Warschau und Prag. Und so stimmt die DDR-Führung Ende September der Ausreise der 6000 Botschaftsflüchtlinge aus Prag unter der Bedingung zu, dass diese mit Sonderzügen über das Territorium der DDR erfolgt. Die Demonstration staatlicher Souveränität gerät jedoch zum Desaster. Am 4. Oktober kommt es in Dresden zu gewalttätigen Auseinandersetzungen mit der Polizei,

Mann der Reformen. Auf Michail Gorbatschow setzten die Deutschen in der DDR ihre Hoffnungen. Das Foto zeigt ihn, wie er mit Erich Honecker einen Termin abstimmt. „Wer zu spät kommt, den bestraft das Leben" wird zum Motto der Stunde

als sich 3000 Dresdner auf dem Hauptbahnhof Zutritt zu den durchfahrenden Zügen verschaffen wollen. Die Unruhen halten tagelang an.

Die SED-Inszenierung zum 40. Jahrestag mit Massenaufmärschen, Militärparaden und einem Festakt im Palast der Republik gerät zu einem gespenstischen Schauspiel der vermeintlichen Stärke. Und selbst an diesem Tag gelingt es nicht, die Proteste in der DDR zu unterbinden. In Ost-Berlin kommt es zu Knüppelorgien der Volkspolizei gegen Tausende friedlicher Demonstranten, während sich im Palast der Republik kommunistische Staats- und Parteiführer aus der ganzen Welt eingefunden haben, darunter auch Michail Gorbatschow, der nach seiner Ankunft in Berlin – an die Adresse der Reformverweigerer gerichtet – meint: „Wer zu spät kommt, den bestraft das Leben!"

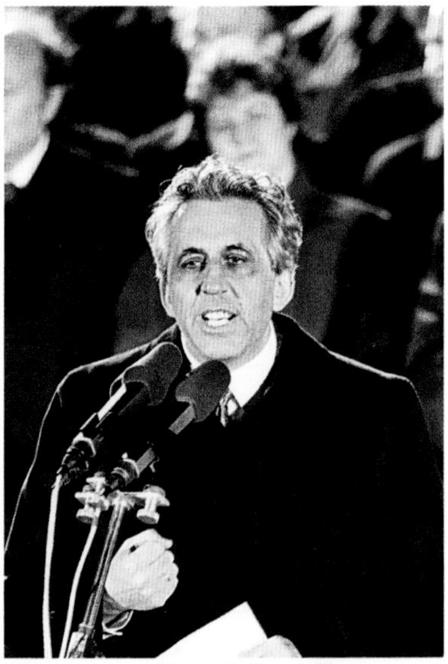

Honeckers Thronfolger. Egon Krenz versucht zu retten, was von der alten DDR zu retten ist. Er scheitert

Am Montag nach den Staatsfeierlichkeiten droht in Leipzig, wo Woche für Woche die Zahl der Demonstranten gestiegen ist, die Eskalation. Am Stadtrand gehen Militärfahrzeuge in Stellung. In Krankenhäusern wird Blutplasma bereitgestellt, Ärzte zur Bereitschaft gerufen.

Trotz aller Drohgebärden der Staatsmacht haben sich in den Abendstunden des 9. Oktober 70 000 Frauen und Männer in den Straßen um die Nikolaikirche und auf dem Karl-Marx-Platz versammelt; mehr als alle, die Einsatzkräfte eingeschlossen, erwartet haben. Dann macht sich der Zug der Zehntausenden mit Kerzen in der Hand auf, um den Innenstadtring erstmals voll zu umrunden. „Wir sind das Volk!" und „Keine Gewalt!" sind die Losungen, die durch Leipzigs

Wir sind das Volk. Zigtausende demonstrieren im Oktober 1989 auf dem Leipziger Karl-Marx-Platz. Sie fordern politische Reformen, Pressefreiheit und freie Wahlen in der DDR. Doch die Staatsmacht ist zu solch weitreichenden Reformen nicht bereit

Ich entschied eigenmächtig, die Kontrollen einzustellen und die Leute rauszulassen

Grenzöffner. Stasi-Oberstleutnant Harald Jäger an der Bösebrücke in der Bornholmer Straße. Am 9. November 1989 hat er Dienst an der Grenzübergangsstelle

Die Pressekonferenz von Günter Schabowski verfolgt Harald Jäger in der Kantine der Grenzübergangsstelle Bornholmer Straße. Seit 25 Jahren versieht der stellvertretende Leiter der Passkontrolleinheit seinen Dienst an der Brücke zwischen dem Ost-Berliner Stadtteil Prenzlauer Berg und dem West-Berliner Bezirk Wedding. „Was ist das für ein geistiger Dünnschiss", entfährt es dem Oberstleutnant der Staatssicherheit, als Schabowski die neuen Reiseregelungen verkündet. Ab sofort – das ist doch gar nicht möglich, denkt der diensthabende Chef. Jäger lässt sein Essen stehen und ruft seinen Vorgesetzten Oberst Rudi Z. an. Auch der weiß von nichts. Harald Jäger soll erst mal abwarten. Er läuft zum Schlagbaum, will sich selbst ein Bild von der Lage machen. Jäger trifft auf Major Manfred S., den diensthabenden Offizier der Grenztruppen an der Übergangsstelle.

„Nach einer halben Stunde waren etwa 100 bis 200 Personen an der Bornholmer Straße. Sie forderten die Ausreise nach West-Berlin und beriefen sich auf die Presserklärung von Schabowski", berichtet Jäger.

Er und Manfred S. versuchen, die Leute zurückzuschicken. Um 20.30 Uhr kommt ein Streifenwagen der Volkspolizei. Ein Oberleutnant verkündet über Lautsprecher: „Es ist nicht möglich, Ihnen hier und jetzt die Ausreise zu gewähren." Die Berliner reagieren sauer. Inzwischen drängen sich mehrere Hundert Menschen an der Kontrollstelle. Eine lange Schlange aus Trabis und Wartburgs hat sich gebildet. Gegen 21 Uhr löst Jäger stillen Grenzalarm aus, fordert mehr Kräfte an. Der Kommandeur fürchtet mit seinen Leuten, von den Massen überrannt zu werden. 20 Minuten später bekommt er von Z. den Befehl für eine „Ventillösung". Die Aufsässigsten sollen rausgelassen werden, aber nicht mehr rein. Wer einen Stempel über das Passbild bekommt, ist heimlich ausgebürgert. Gegen 22.30 Uhr wollen ein Mann und eine Frau zurück nach Ost-Berlin. Aber sie haben den Stempel im Pass. Die junge Mutter weint: „Ich will zu meinen Kindern." Harald Jäger entscheidet: „Lasst sie zurück. Lasst alle zurück." Eine Stunde später ist die Grenzübergangsstelle nicht mehr zu halten. Der Ansturm ist zu groß, Tausende drängen Richtung Schlagbaum. Die Masse skandiert: „Tor auf! Tor auf" und „Wir kommen wieder". Jäger: „Ich entschied eigenmächtig, die Kontrollen einzustellen und die Leute rauszulassen. Dann informierte ich meinen Vorgesetzten."

Offene Schlagbäume. Es kann nicht schnell genug gehen, nachdem sie Jäger passieren lässt. Die ersten glücklichen Ost-Berliner, die über den Grenzübergang Bornholmer Straße Richtung West-Berlin eilen. Es folgen ihnen in dieser Nacht noch Abertausende, jetzt auch motorisiert in Trabants und Wartburgs

Hier war es. Toralf Jechorek und Torsten Lenz-Frömmrich vor einem historischen Foto am ehemaligen Checkpoint Charlie in Berlin

Wir wurden als Verstärkung zum Übergang Checkpoint Charlie abkommandiert

Berlin ist im Freudentaumel, die Freiheit schlägt Purzelbäume. Am Checkpoint Charlie drängeln sich die Menschen auf beiden Seiten des Übergangs. Nur die Grenzer feiern in dieser Nacht nicht. Hinter einem geschlossenen Schwenktor steht auf West-Berliner Seite ein bärtiger Mann. Freudestrahlend reicht er zwei DDR-Posten die ausgestreckte Hand entgegen. Doch die behalten ihre Arme stur auf dem Rücken verschränkt, erwidern die Geste nicht. „Der Mann auf der anderen Seite war schon ein bisschen angeheitert. Uns hat die ganze Lage verunsichert", erinnern sich die beiden ehemaligen Offiziersschüler Toralf Jechorek und Torsten Lenz-Frömmrich. „Es war eine ganz komische Situation – die Mauer war auf, aber die Menschen im Westen galten ja offiziell noch als unsere Feinde", erzählen die beiden. Befehle, wie sie mit den jubelnden Menschen umgehen sollen, kriegen sie nicht.

Toralf Jechorek (damals 19) und Torsten Lenz-Frömmrich (damals 20) werden am 9. November als Verstärkung zum Checkpoint Charlie abkommandiert. Der historische Tag beginnt für sie in Klein Kienitz, einer provisorischen Truppenunterkunft der NVA, 50 Kilometer südlich von Berlin. Wecken um 4 Uhr in der Nacht, eine Stunde später bei vier Grad Abtransport mit einem DDR-Armeelaster, Typ W 50. „Wir waren als Einsatzreserve am Brandenburger Tor eingeteilt", erinnert sich Jechorek.

Verunsichert. Die Offiziersschüler Toralf Jechorek und Torsten Lenz-Frömmrich (rechts) ignorieren verlegen die ausgestreckte Hand aus dem Westen

Die Pressekonferenz, auf der Günter Schabowski die Grenzöffnung verkündet, verfolgen die Offiziersschüler vor einem Fernseher in einem Armeezelt. „Niemand wusste, ob das von Schabowski ernst gemeint war. Die Nachricht traf uns völlig unvorbereitet", sagt Lenz-Frömmrich. Dann kommt der Befehl: „Stock aufnehmen, MP bleibt in der Waffenkammer, Abfahrt zum Checkpoint." Überall sind Menschen unterwegs. Durch einen Nebeneingang werden die Soldaten zur Grenzübergangsstelle gebracht. „Wir sollten verhindern, dass die Ost-Berliner in den Westen drängen. Doch dann wollten viel mehr West-Berliner in den Osten, und wir wurden auf der anderen Seite postiert", so Torsten Lenz-Frömmrich. Verkehrte Welt am Checkpoint Charlie.

„Dieser Tag hat unser Leben komplett verändert", sind sich die Ex-Grenzer einig. Torsten Lenz-Frömmrich arbeitet seit 1990 bei der Bundespolizei. Toralf Jechorek lebt als Betriebsmaler in Nordrhein-Westfalen. „Ohne den Fall der Mauer hätten wir unsere Frauen nie kennengelernt – sie kommen beide aus dem Westen."

Innenstadt hallten. Um 18.25 Uhr befiehlt der Chef der Volkspolizei den Rückzug seiner bewaffneten Einheiten, nachdem weder die Ost-Berliner Führung noch die örtliche SED-Spitze den Befehl zum Einsatz zu geben gewagt hatten. Die Bilder der 70 000 namenlosen Helden, die ihre Angst überwunden haben, werden vom Westfernsehen in die Wohnzimmer in ganz Deutschland übertragen und werden zum Inbegriff dieser friedlichen Revolution.

Die Menschen skandierten jetzt: „Wir sind ein Volk"

Neun Tage mit immer neuen Demonstrationen im ganzen Land, in Plauen, Dresden, Chemnitz (Karl-Marx-Stadt), Halle und in vielen kleinen Orten, verstreichen, bis die SED-Führung sichtbare Konsequenzen zieht. Am 18. Oktober tritt Staats- und Parteichef Erich Honecker von allen Ämtern zurück. Sein Nachfolger wird Egon Krenz. In seiner ersten Fernsehansprache als Parteichef verkündet dieser eine politische „Wende". Dialog und Reformen sollen die SED-Herrschaft retten. Doch die Menschen misstrauen dem langjährigen Kronprinzen Honeckers, der noch im Sommer das Massaker in Peking gerechtfertigt hat.

Krenz, der nicht Gorbatschows Mann ist, scheitert an der Realität: Die DDR-Wirtschaft steht vor der Zahlungsunfähigkeit. Westdeutsche Finanzhilfen werden nur unter dem Vorbehalt weiterer politischer Reformen zugesagt. Und vor allem: Die Friedliche Revolution hat eine Dynamik erreicht, die nicht mehr zu bremsen ist. Am 4. November demonstrieren mehr als 500 000 Menschen auf dem Ost-Berliner Alexanderplatz, unter ihnen Kulturschaffende aus der gesamten DDR. Am 7. November tritt die Regierung, tags darauf das gesamte SED-Politbüro zurück.

Der erste Entwurf eines neuen Reisegesetzes hat so viele Ausnahmen vorgesehen, dass in Leipzig eine halbe Million Menschen auf die Straße gehen. Nur zwei Tage später kündigt dann Günter Schabowski die neue Reiseregelung an, die Westreisen „ohne Vorliegen von Voraussetzungen" erlauben soll. Das „ab sofort" des Berliner SED-Bezirksvorsitzenden und der damit einhergehende Fall der Mauer machen schließlich die Entwicklung für die DDR-Führung vollends unsteuerbar. Anstelle des „Wir sind das Volk" skandieren die Menschen in der DDR bald: „Wir sind ein Volk."

Ein Jahr später gibt es die Deutsche Demokratische Republik nicht mehr. In der Nacht zum 3. Oktober 1990 wird Deutschland mit einer großen Feier vor dem Berliner Reichstagsgebäude in Frieden und Freiheit wiedervereinigt.

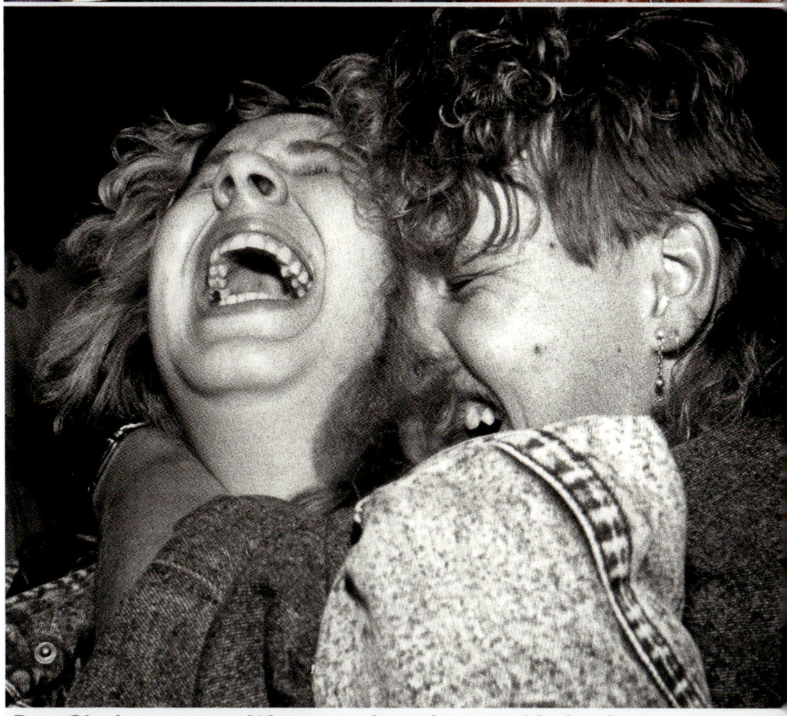

Drei Glücksmomente. Wo man in dieser längsten Nacht, die Berlin wohl erlebt, hinsieht, überall herrscht Freude, Ausgelassenheit, ja Ergriffenheit. Die Menschen sind überwältigt von der historischen Stunde

Historisches Hemd. Werner Friedrichsohn ist an die Mauer zurückgekehrt. Er hat das Hemd an, das er in der Nacht der Nächte getragen hat

Auf der Mauer empfand ich ein unglaubliches Freiheitsgefühl

Ein Mann steht jubelnd und klitschnass auf der Mauer. Er hat die Arme hochgerissen, macht mit den Fingern das Victory-Zeichen. Vor dem Brandenburger Tor ist der West-Berliner auf den „antifaschistischen Schutzwall" geklettert. „Das war mein persönlicher Sieg über die DDR", erinnert er sich. Soldaten versuchen, ihn mit einem Wasserstrahl von der Mauerkrone zu spülen. Sie hantieren mit alten Feuerwehrschläuchen. Es sind nur ein paar Grad über null. Doch der Mann mit der Lederjacke und dem blau-weiß gestreiften Hemd bleibt trotz der Kälte im vollen Wasserstrahl stehen. Minutenlang! Die Menschen vor der Mauer jubeln.

„Ich musste da hoch", sagt Werner Friedrichsohn. „Es war ein unglaubliches Freiheitsgefühl, in dieser Nacht auf der Mauer zu stehen."

Ein zweiter West-Berliner, der auf die Grenzbefestigung geklettert war, springt herab, als es nass wird. Aber Werner Friedrichsohn bleibt. „Ich habe den Grenzern gesagt: ‚Ich komme herunter. Aber erst, wenn ihr aufhört zu spritzen. Ich lasse mich nicht verjagen.' Elf Jahre zuvor war Friedrichsohn selbst noch in der DDR zu Hause. Mit 17 wird er durch den Bau der Mauer von seinen Eltern getrennt. Friedrichsohn: „Sie waren am 13. August 1961 in unserem Garten in West-Berlin, ich in der Wohnung im Ostteil der Stadt." Er bleibt mit Schwester und Großmutter in der DDR zurück. Seine Mutter sieht er nie wieder, sie stirbt zwei Jahre später. Als sein Vater einen Schlaganfall erleidet, stellt Werner Friedrichsohn einen Ausreiseantrag. Die Stasi notiert über ihn: „Er besitzt eine negative Einstellung zu unserem Staat." Gehen lassen sie ihn trotzdem nicht. Der renitente DDR-Bürger stellt immer neue Anträge. Er geht zum Grenzübergang Berlin-Friedrichstraße, verlangt seine Ausreise nach West-Berlin zu seinem Vater. Er wird festgenommen. Im Juni 1978 darf er die DDR endlich verlassen.

Werner Friedrichsohn sitzt in einer Kneipe im West-Berliner Stadtteil Neukölln, als es heißt, die Mauer ist auf: „Da bin ich sofort aufgestanden. Das musste ich sehen", erzählt der Rentner. Vor dem Wahrzeichen der Stadt versammeln sich bereits Dutzende Menschen und erste Reporter. „Da kam mir die Idee, auf die Mauer zu klettern. Schließlich waren die Grenzen ja jetzt auf." Friedrichsohn genießt den Blick von oben und das Gefühl, ein Bollwerk erklommen zu haben, das bis vor ein paar Stunden als uneinnehmbar galt. Er spürt den harten Wasserstrahl im Rücken und die Mauer unter seinen Füßen. „Es war fantastisch. Der absolute Wahnsinn", erinnert er sich. Als die Grenzer das Wasser abdrehen, klettert Werner Friedrichsohn herunter. Das blau-weiß gestreifte Hemd, das er in der Nacht der Nächte trug, hat der Berliner bis heute aufgehoben. Er sagt: „Es ist mein Erinnerungsstück an einen der schönsten Momente in meinem Leben."

Im Wasserstrahl. Als einer der Ersten klettert Werner Friedrichsohn am Brandenburger Tor auf die Mauer. Grenzer wollen ihn mit einem Wasserwerfer verjagen – vergeblich. Wenig später stehen Hunderte dort oben

Am Tag danach. Abertausende Trabants und Wartburgs stauen sich auf der Straße des 17. Juni. Nichts hält die Menschen aus Ost-Berlin und der DDR mehr zu Hause. „Go West" heißt die Devise

Jubel vor dem Reichstag. Kein Jahr nach dem Fall der Mauer wird Deutschland in der Nacht zum 3. Oktober 1990 in Frieden und Freiheit wiedervereinigt

Schmerz. Karin Gueffroy verharrt an der Gedenkstele für ihren erschossenen Sohn Chris am Britzer Zweigkanal in Berlin-Treptow

KAPITEL XIII

Aufarbeitung

„Wir wollten Gerechtigkeit und bekamen den Rechtsstaat." Dieser viel zitierte Satz der DDR-Bürgerrechtlerin Bärbel Bohley begleitet die juristische Auseinandersetzung mit der SED-Diktatur. Was von Vertretern des einstigen Regimes immer wieder als „Siegerjustiz" denunziert wird, gilt insbesondere den Opfern der SED oft als die Kapitulation der gesamtdeutschen Justiz vor dem SED-Unrecht. Gegen rund 100 000 Personen wird nach 1989/90 ein Ermittlungsverfahren eingeleitet, weil diese im Verdacht stehen, Wahlen gefälscht, das Recht gebeugt, Gefangene misshandelt, ihre Ämter missbraucht oder andere Menschenrechtsverletzungen in der DDR begangen zu haben. Einen Schwerpunkt der Ermittlungen bilden Hinweise auf Gewalttaten an der deutsch-deutschen Grenze. Lediglich in rund 1000 Verfahren wird schließlich gegen insgesamt 1737 Beschuldigte Anklage erhoben oder ein Antrag auf Strafbefehl gestellt. Wenig mehr als die Hälfte aller Angeklagten werden bis 2005 rechtskräftig verurteilt. Davon werden 523 Personen zu einer Freiheitsstrafe verurteilt. Der überwiegende Teil dieser Haftstrafen wird indes zur Bewährung ausgesetzt. Von Siegerjustiz kann deshalb keine Rede sein.

Von Siegerjustiz kann nach dem Ende der DDR keine Rede sein

Gegen 466 Personen werden nach 1990 Anklagen wegen Gewalttaten an der Grenze erhoben. In 266 Fällen wird eine Freiheitsstrafe verhängt, die jedoch zumeist zwei Jahre nicht übersteigt und in diesen Fällen zur Bewährung ausgesetzt wird. Lediglich 30 Angeklagte müssen nach dem Urteil Gefängnisstrafen von bis zu zehn Jahren antreten. Nicht ein einziger der Verurteilten muss allerdings die Zeit voll absitzen. Die Serie der Gerichtsverfahren, die die Rechtshistoriker Gerhard Werle und Klaus Marxen erforscht und dokumentiert haben, richtet sich zunächst gegen die eigentlichen Mauerschützen. Auf der Basis dieser Ermittlungen und umfänglicher Recherchen wird im Mai 1992 die erste Anklage gegen sechs Mitglieder des Nationalen Verteidigungsrates erhoben, darunter gegen den ehemaligen Staats- und Parteichef Erich Honecker, Ex-Stasi-Chef Erich Mielke und den vormaligen Verteidigungsminister Heinz Keßler. Eine dritte Gruppe von Angeklagten umfasst hochrangige Offiziere von Grenzpolizei und Grenztruppen. Bei den Verfahren ist nachzuweisen, dass sich die Angeklagten sowohl nach DDR-Recht als auch nach dem Recht des vereinten Deutschlands vor 1990 in der DDR schuldig gemacht haben; so ist es im Einigungsvertrag festgelegt worden. Die Verteidiger machten in den Verfahren geltend, dass die Angeklagten in Übereinstimmung mit dem DDR-Grenzgesetz sowie den Richtlinien für den Schusswaffengebrauch an der Grenze gehandelt hätten bzw. dass diese Bestimmungen international üblich und legitim gewesen seien. Die Gesetzeslage der Bundesrepublik, so deren Argumentation, dürfe nicht rückwirkend auf Taten angewandt werden, die in der DDR begangen worden sind. Die Richter folgen indes der Argumentation der Staatsanwaltschaft, dass es offenkundiges und für jeden erkennbares Unrecht gewesen sei, Menschen vorsätzlich durch Schusswaffen, Minen oder Selbstschussanlagen zu töten, um deren Flucht aus der DDR zu verhindern. Offenkundiges „gesetzliches Unrecht" müsse dem „übergesetzlichen Recht" weichen, wie es der Rechtsgelehrte Gustav Radbruch unter dem Eindruck der Nazi-Zeit im Jahr 1946 formuliert hatte. Die DDR habe die Menschenrechte nicht durch eigene Gesetze außer Kraft setzen können.

Am Checkpoint Charlie in Kreuzberg. Das Mauermuseum „Haus am Checkpoint Charlie" ist eine Attraktion für Berlin-Besucher

Erst nach einer Stunde kam der Armeekrankenwagen. Die dramatischen Minuten einer tödlichen Flucht

Vor dem Berliner Landgericht beginnt im Herbst 1994 der erste Prozess gegen frühere DDR-Grenzsoldaten wegen der Todesschüsse an der Berliner Mauer und der innerdeutschen Grenze. Den vier Beschuldigten wird Totschlag und versuchter Totschlag vorgeworfen. Sie sollen am späten Abend des 5. Februar 1989 den 20 Jahre alten Chris Gueffroy an der Berliner Mauer erschossen und den ebenso alten Christian G. verletzt haben. Das im Folgenden abgedruckte – vom West-Berliner Staatsschutz angefertigte – Vernehmungsprotokoll vom 4. Dezember 1989 schildert die dramatischen Ereignisse im Todesstreifen sowie die spätere Aburteilung durch die DDR-Justiz aus der Sicht des Christian G. nach dessen Freikauf und Ausreise in den Westen. Es ist ein erschrecken-des Dokument zum Grenzregime des SED-Staates.

Berlin … 1989
Vorgeladen erscheint der Kellner
Christian G.
17. 10. 68 Berlin geb.,
und erklärt:

Da ich mit den politischen Verhältnissen in der DDR nicht einverstanden war, schmiedete ich mit Chris G u e f f r o y zusammen Fluchtpläne. Wir suchten uns einen Fluchtort aus, den der Chris kannte, da er dort gewohnt hat. Es handelte sich hier um ein Gelände, das der Kakao-Fabrik Van Houten gegenüberlag. Wir haben uns das Gelände mehrmals vorher angesehen und dabei festgestellt, dass es wenig bewacht wird. Wir haben die Streifen dort beobachtet.

Am 5. 02. 89, zwischen 23.00 Uhr und 24.00 Uhr, versuchten wir, die Grenzanlagen dort zu überwinden. Durch eine Kleingartenkolonie, die schon im Grenzgebiet liegt, gelangten wir bis zum Grenzstreifen und überwanden die 1. Mauer mit Signaldrähten, einen Grenzstreifen, und kamen bis zur letzten Mauer. Hier handelte es sich um das letzte Hindernis, das wir überwinden mussten. Kurz vor Erreichen der Mauer ertönte eine Sirene. Wir haben einen Wurfanker auf den Zaun geworfen. Das Seil riss jedoch. Fast im gleichen Augenblick hörten wir Rufe: „Halt, stehen bleiben!“ und unmittelbar danach Schüsse. Wir haben noch versucht, den Stahlzaun zu überwinden, indem wir es mit einer „Räuberleiter“ versuchten. Dabei stand der Chris unten, und ich stand bereits auf seinen Schultern. Während dieser Zeit wurde ständig geschossen. Ich habe bemerkt, wie die Schüsse in meiner unmittelbaren Nähe, d.h. die Projektile, eingeschlagen sind. Das habe ich bemerkt, weil es bei Auftreffen auf Stahl aufblitzte. Das war einmal auch in unmittelbarer Nähe meines Kopfes der Fall. Ich bin jetzt wieder von den Schultern des Chris heruntergesprungen. Wir standen beide nebeneinander versetzt am Zaun. Wir haben uns nicht von der Stelle gerührt, d. h. ich habe gedacht, dass man jetzt aufhören würde zu schießen. Es wurde aber weiter geschossen. Der Chris erhielt einen Bauchschuss und ich einen Durchschuss am rechten Fuß, unterhalb des Spanns. Dass Chris einen Bauchschuss erhalten hat, weiß ich genau. Er hatte keine Kopfverletzungen. Ich habe neben ihm im Krankenwagen gesessen. Der Chris ist gleich in sich zusammengesackt und war nicht mehr ansprechbar.

Überlebender. Christian G. wird bei dem gescheiterten Fluchtversuch im Februar 1989 verletzt

Meiner Meinung wurden insgesamt mindestens bis zu 25 Schuss abgegeben. Geschossen wurde von Angehörigen der Grenztruppen, die auf uns zukamen. Ich kann die Entfernung heute nicht mehr angeben, ich habe jedenfalls die Umrisse der Soldaten erkannt. Ich selbst wurde von einem der letzten Schüsse getroffen. Meinen Ausweis habe ich noch über den Zaun geworfen, ob er gefunden wurde, weiß ich nicht.

Niedergestreckt. Chris Gueffroy erhält einen Bauchschuss und stirbt mit nur 20 Jahren bei dem Versuch, die Berliner Mauer zu überwinden

Als die Soldaten immer näher kamen, habe ich mich auch auf den Boden gelegt. Es waren ca. 10 bis 12 Mann, die dann kreisförmig um uns rumstanden. Die Soldaten machten einen ziemlich nervösen Eindruck. Namen habe ich nicht gehört. Es war ein älterer Soldat mit dabei, der vermutlich das Sagen hatte. Ca. 10 Minuten haben wir dort hilflos gelegen. Danach wurden ich und der Chris zu einem Trabant-Kübelwagen geschleift und in den Wagen reingeschafft. Ich bin zu dem Wagen noch allein gelaufen, der Chris wurde auf dem Boden langgeschleift. Zu diesem Zeitpunkt lebte der Chris noch, das habe ich bemerkt, ich musste noch helfen, ihn in den Wagen reinzuziehen. Irgendwelche Blutspuren habe ich bei dem Chris nicht gesehen.

Wir wurden aus dem Grenzstreifen rausgefahren, mussten den Wagen wieder verlassen und uns auf den Boden legen. Dabei hat man mich ziemlich unsanft mit den Füßen getreten und abgetastet. Ich musste mit gefesselten Händen auf dem Bauch liegen, mit gespreizten Beinen. Der Chris lag ca. 5 Meter neben mir. Soweit ich sehen konnte, lag er auch auf dem Bauch. Bei dem Abtasten hörte ich noch, wie ein Grenzer zu dem anderen sagte, hör bloß auf, der ist sowieso hinüber. Nach meiner Schätzung lagen wir dort eine Dreiviertelstunde. Ich habe immer wieder angefragt, wo denn der Krankenwagen bleibt. Ich habe darauf keine Antwort erhalten, man sagte mir immer nur: „Schnauze!"

Nach einiger Zeit kam ein Armeekrankenwagen. Chris wurde auf die Trage geladen, ich musste ebenfalls einsteigen. Ich hatte ein taubes Gefühl im rechten Fuß. Wir wurden ins Volkspolizei-Krankenhaus Scharnhorststraße gefahren. Seit diesem Zeitpunkt habe ich den Chris nicht mehr gesehen, man hat mir auch nicht gesagt, was mit ihm los war. Ich musste meine Personalien angeben und wurde operiert. Nach ca. 1 Stunde brachte man mich zur Keibelstraße zum Verhör. Während des Verhörs in der Keibelstraße wurde bei mir noch einmal der Verband gewechselt. Man sagte mir an diesem Tag, dass Chris leben würde. Danach kam ich in ein Krankenhaus, wo, weiß ich nicht mehr. Wenn ich nach Lichtenberg zum Sprechtermin gebracht wurde, fuhren wir immer ca. zehn Minuten. Zwei Monate war ich im Krankenhaus, zwei Monate in U-Haft in Lichtenberg, am 11. Juni 1989 erfolgte Verlegung in den Strafvollzug nach Lützow, von dort wurde ich am 17.10.89 in die Bundesrepublik nach Gießen entlassen. Der Gerichtstermin fand am 24.5.89 vor dem Stadtbezirksgericht Berlin-Pankow statt. Ich wurde zu 3 Jahren Freiheitsentzug gemäß § 213 StGB/DDR verurteilt. Bei dem Termin waren keine Zeugen zugegen, auch keine Angehörigen der DDR-Grenztruppen. Angaben über die Zusammensetzung des Gerichts kann ich nicht machen. Ich weiß nur, dass eine Staatsanwältin anwesend war, diese Staatsanwältin hatte auch 3 Jahre beantragt.

Dass der Chris verstorben war, habe ich aus einer Zeitungsannonce erfahren. Kurz danach hat es mir auch mein Vernehmer gesagt. Der richtige Name meines Vernehmers wurde mir nicht bekannt. Ich habe ihn mal nach seinem Namen gefragt, da nannte er den Namen „Schneider". Weitere Verfahren waren gegen mich in der DDR nicht anhängig. Während der Haftzeit wurde ich nicht körperlich misshandelt.

Abschließend erkläre ich auf ausdrückliches Befragen nochmals, dass Chris und ich, als wir von den Schüssen getroffen waren, in unmittelbarer Nähe des Stahlgitterzaunes, beide nebeneinander standen und uns nicht rührten. Ich bin damit einverstanden, dass meine hier gemachten Angaben dienstlich weiterverwendet werden. Vor den Sprechzeiten mit meinen Angehörigen wurde mir erklärt, dass ich nicht über den Fall sprechen darf. Man hat mir nicht einmal gesagt, dass meine Mutter zwischenzeitlich ausreisen durfte, und mich 8 Wochen darüber im Unklaren gelassen. Was sich hinterher mit den Angehörigen von Chris getan hat, im Zusammenhang mit seiner Beisetzung, habe ich im Nachhinein erst alles von meinen Angehörigen erfahren.

Selbst gelesen, genehmigt,
unterschrieben
Christian G.

Ewiggestrig. Erich Honecker grüßt während seines Prozesses mit dem kommunistischen Gruß. Das Gericht stellt das Verfahren gegen ihn aus Gesundheitsgründen ein

Mit dieser Argumentation wird eine Verurteilung von Mauerschützen und ihren Befehlsgebern möglich. Trotz dieser Argumentation wird den eigentlichen Todesschützen zugestanden, dass sie sich während ihres Grenzdienstes in einer erheblichen Drucksituation befunden haben. Tag für Tag sind die bewaffneten Posten dazu vergattert worden, Grenzdurchbrüche um jeden Preis zu verhindern.

Prominenteste Angeklagte sind Krenz, Mielke und Stoph

Vor diesem Hintergrund werden in den meisten Fällen bei einem Schuldspruch Haftstrafen zwischen sechs Monaten und zwei Jahren verhängt. Diese Urteile werden allesamt zur Bewährung ausgesetzt. Eine Ausnahme bildet das Urteil gegen den Todesschützen, der 1965 einen Flüchtenden an der Grenze zwischen Kleinmachnow und West-Berlin buchstäblich hingerichtet hat, nachdem dieser sich bereits ergeben hatte. Hier erkennt der Bundesgerichtshof in einem Revisionsverfahren auf Mord und verhängt ein Strafmaß von zehn Jahren. Von den Befehlsgebern des SED-Grenzregimes haben lediglich der Chef der Grenztruppen und die verurteilten Mitglieder des Nationalen Verteidigungsrates sowie des Politbüros ihre mehrjährigen Strafen zumindest antreten müssen, insoweit sie nicht aus gesundheitlichen Gründen Haftverschonung erhalten, ein Umstand, der zuvor bei einigen Angeklagten bereits zur Einstellung des Verfahrens geführt hat. Prominenteste Beispiele dafür waren Erich Honecker, Erich Mielke und Willi Stoph.

Das vereinigte Deutschland hält sich bei der Strafverfolgung von SED- bzw. DDR-Unrecht konsequent an rechtsstaatliche Prinzipien. Auch wenn viele die Bilanz dieser juristischen Diktaturaufarbeitung für unbefriedigend erachten, leisten die Strafverfahren doch einen wichtigen Beitrag zur Aufklärung über die SED-Diktatur, indem sie in der DDR begangenes Unrecht ermitteln und beim Namen nennen und zugleich einen der wesentlichen Unterschiede zwischen der kommunistischen

Starrsinnig und reumütig. DDR-Staatssicherheitsminister auf der Anklagebank. Anders als Erich Mielke (Foto rechts) übernimmt der Berliner SED-Bezirksvorsitzende Günter Schabowski (Foto unten, rechts) Verantwortung für die Mauertoten, sein Mitangeklagter Egon Krenz (Foto unten, links) nicht

Diktatur und dem freiheitlichen Rechtsstaat vor Augen führen: die strikte Rechtsstaatlichkeit des vereinigten Deutschlands, das jeder Versuchung widersteht, politische und moralische Überzeugungen zum Maßstab der Rechtsprechung zu machen, wie dies in der SED-Diktatur während ihrer Existenz üblich gewesen ist.

Neben der juristischen Aufarbeitung und der längst noch nicht abgeschlossenen wissenschaftlichen Erforschung bleibt das Gedenken. In der 1990 noch ungebrochenen Freude über den Fall der Mauer sind sich die Deutschen in Ost und West zunächst darin einig, dass der Abriss der Grenzanlagen ebenso rasch wie vollständig erfolgen soll. Es ist das Verdienst einer kleinen Schar von Denkmalschützern, Museumsleuten und Historikern, dass einige wenige Abschnitte der Berliner Mauer vor einem Abriss bewahrt werden: so etwa an der Bernauer Straße zwischen Prenzlauer Berg und Wedding, an der Niederkirchnerstraße zwischen Mitte und Kreuzberg sowie am Invalidenfriedhof. Das längste Stück der einstigen Hinterlandmauer ist als „East Side Gallery" zu einem Touristenmagneten geworden und erstreckt sich nahe der Spree vom Ostbahnhof bis zur Oberbaumbrücke.

Die Beseitigung der Mauer hinterlässt eine Leerstelle, die seit den 90er-Jahren gleichermaßen Tourismusverantwortliche und politische Bildner beklagen. An keinem Ort der einst geteilten Stadt kann die Perfidie des Grenzregimes in seinem ganzen Ausmaß am authentischen Ort und in den tatsächlichen Dimensionen nachvollzogen werden. In dem Maße, in dem die Brache zwischen den beiden Stadthälften Neubauten oder Parkanlagen weicht, vermögen Auswärtige nur noch mit Mühe festzustellen, auf welcher Seite sie sich bei ihren innerstädtischen Streifzügen befinden. Im innerstädtischen Bereich wird der einstige Grenzverlauf schließlich mit einem schmalen Pflasterstreifen, zum Teil mit einem Kupferband markiert. Derlei Zeichen können die Brutalität der Grenzanlagen jedoch ebenso wenig greifbar machen wie die verbliebenen, bunt bemalten, zum Teil von Mauerspechten beschädigten Mauersegmente, die ja nur einen kleinen Teil der Grenzanlagen an den jeweiligen Stel-

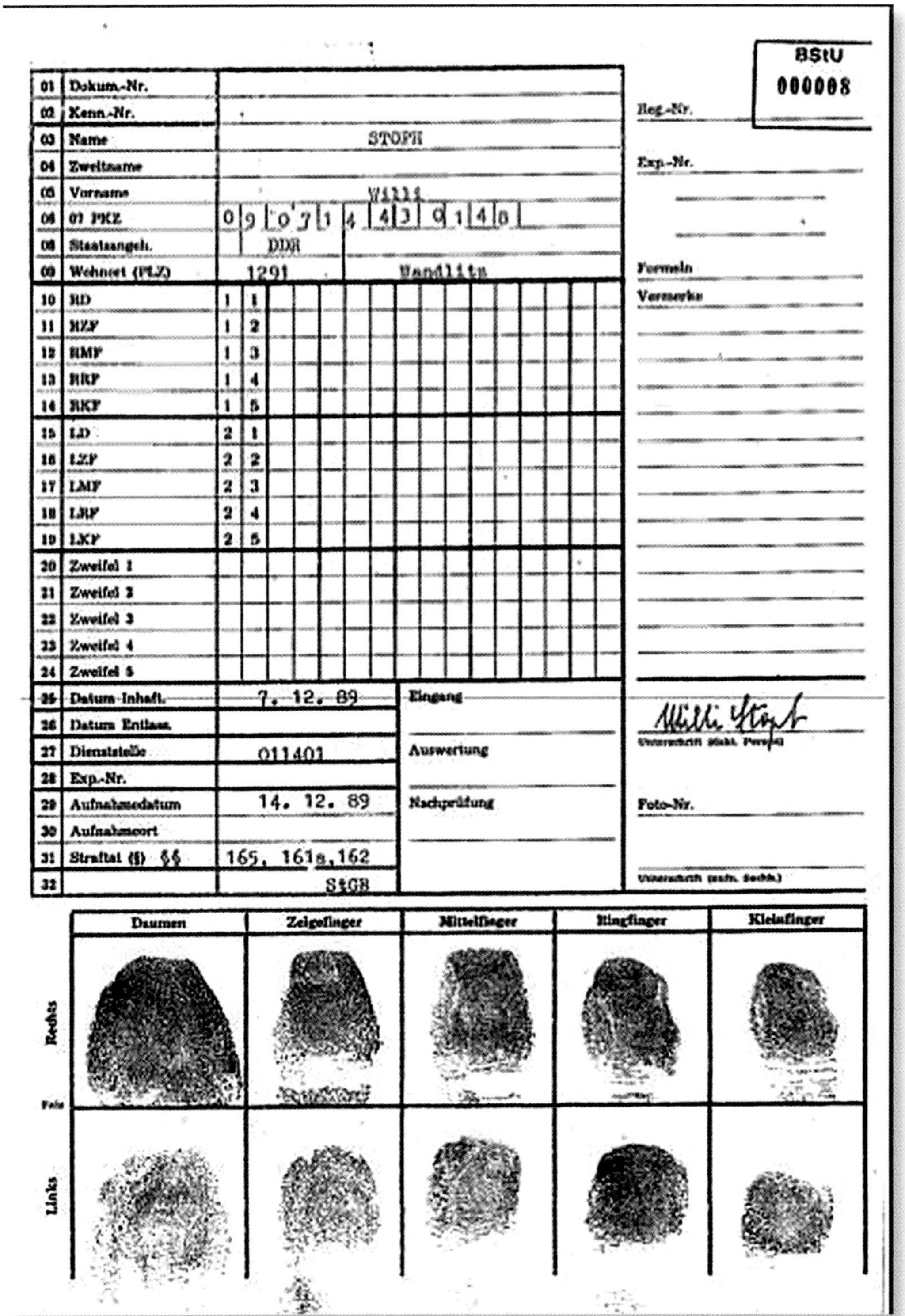

Aktenkundig. Bei seiner Verhaftung im Dezember 1989 werden von Willi Stoph, dem langjährigen Vorsitzenden des DDR-Ministerrates, Fingerabdrücke genommen

Die Verdienstmedaille der NVA in Gold für die Erschießung von Michael Gartenschläger

Ungesühnt. Im Frühjahr 2003 muss sich Wolfgang S. (hier mit Anwalt) vor dem Berliner Landgericht für den Tod von Michael Gartenschläger verantworten.

Wolfgang S. leitet von 1973 bis 1983 die Einsatzkompanie der DDR-Staatssicherheit, eine geheime Elite-Kampfeinheit. In Spezialschulen werden die rund 60 Mitglieder der Elite-Truppe für ihren Einsatz im Nahkampf und das Töten ausgebildet. Zu den Aufgaben der Einsatzkompanie gehören getarnte militärische Operationen an der Grenze. Eine solche Operation zeichnet der Leiter der Stasi-Hauptabteilung I. Generalleutnant Kleinjung am 26. April 1976 ab. Er unterschreibt einen Maßnahmeplan, um „weitere Angriffe auf die SM-70 zu verhindern und den oder die Täter festzunehmen bzw. zu vernichten“.

Der Befehl gilt Michael Gartenschläger, der nach zehnjähriger Haft vom Westen aus dem Zuchthaus Bautzen freigekauft orden ist und in Hamburg lebt. Die DDR hat ihn in einem Schauprozess zu lebenslanger Haft verurteilt, weil er als Jugendlicher 1961 mit fünf Freunden gegen den Mauerbau protestiert und eine Scheune in Brand gesetzt hat. Im Westen führt Gartenschläger seinen Kampf gegen die DDR weiter. Dem damals 32-Jährigen gelingt es, zweimal vom Westen aus eine Selbstschussanlage SM-70 an der Grenze abzubauen und in die Bundesrepublik zu bringen. Die DDR hat die Existenz der Todesautomaten bestritten.

Hinterhalt. DDR-Dissident Michael Gartenschläger im Frühjahr 1976 an der Grenze. In der Nacht zum 1. Mai 1976 wird er von einem Sonderkommando der Staatssicherheit erschossen

Die Stasi bekommt Wind von Gartenschlägers Plänen, eine dritte SM-70 zu entwenden. Wolfgang S. bezieht im April 1976 mit einer Einsatzgruppe Stellung im Grenzgebiet zu Lübeck. In der Nacht zum 1. Mai nähert sich Michael Gartenschläger dem Todesstreifen. Als er auf dem Boden kriecht, nimmt ihn das Kommando mit Kalaschnikows unter Feuer und erschießt ihn. Knapp zwei Wochen nach den tödlichen Schüssen seiner Kompanie auf den Regimefeind erhält S. am 12. Mai 1976 die „Verdienstmedaille der NVA in Gold“. Am 31. Mai wird er außerdem vom Hauptmann zum Major befördert. Sein Vorgesetzter Oberstleutnant Helmut H. schreibt in der Begründung für die Beförderung, S. beweise „in den politisch-operativen Einsätzen große persönliche Einsatzbereitschaft, Selbstlosigkeit und ein hohes Maß an politisch-operativem Denken und Handeln“.

Erst 26 Jahre später müssen sich S. und H. im Mai 2002 vor dem Landgericht Berlin für die Todesschüsse auf Michael Gartenschläger verantworten. Die Staatsanwaltschaft ist überzeugt: Die beiden haben den Maßnahmeplan verfasst, Gartenschläger „festzunehmen bzw. zu vernichten“. Wegen Krankheit des Richters wird der Prozess unterbrochen und ein Jahr später neu aufgerollt. Im Frühjahr 2003 wird Stasi-Oberstleutnant Helmut H., Leiter der Abteilung äußere Abwehr, aus Mangel an Beweisen freigesprochen. Auch Wolfgang S.

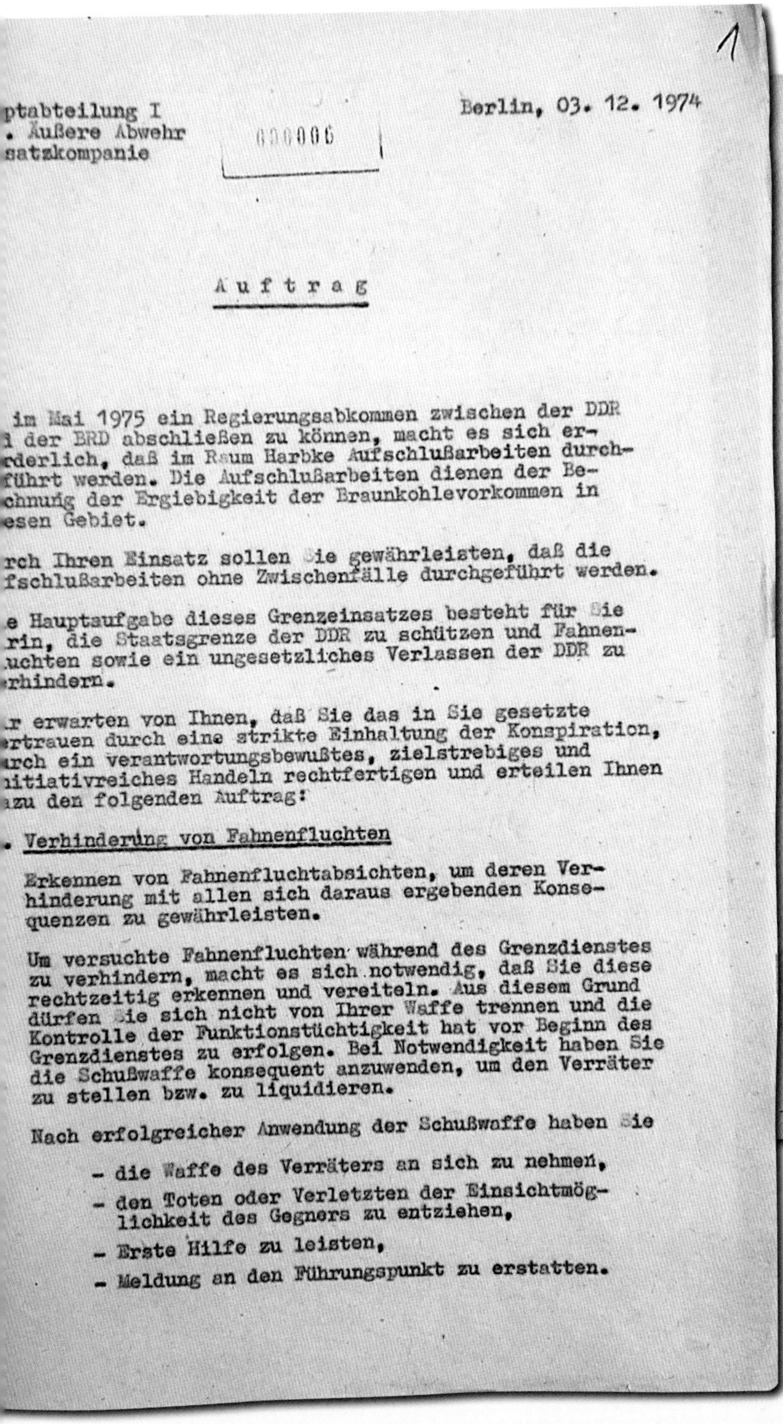

ptabteilung I
. Äußere Abwehr
satzkompanie

000006

Berlin, 03. 12. 1974

1

Auftrag

im Mai 1975 ein Regierungsabkommen zwischen der DDR
1 der BRD abschließen zu können, macht es sich er-
rderlich, daß im Raum Harbke Aufschlußarbeiten durch-
führt werden. Die Aufschlußarbeiten dienen der Be-
chnung der Ergiebigkeit der Braunkohlevorkommen in
esen Gebiet.

rch Ihren Einsatz sollen Sie gewährleisten, daß die
fschlußarbeiten ohne Zwischenfälle durchgeführt werden.

e Hauptaufgabe dieses Grenzeinsatzes besteht für Sie
rin, die Staatsgrenze der DDR zu schützen und Fahnen-
uchten sowie ein ungesetzliches Verlassen der DDR zu
rhindern.

r erwarten von Ihnen, daß Sie das in Sie gesetzte
rtrauen durch eine strikte Einhaltung der Konspiration,
rch ein verantwortungsbewußtes, zielstrebiges und
itiativreiches Handeln rechtfertigen und erteilen Ihnen
zu den folgenden Auftrag:

. Verhinderung von Fahnenfluchten

Erkennen von Fahnenfluchtabsichten, um deren Ver-
hinderung mit allen sich daraus ergebenden Konse-
quenzen zu gewährleisten.

Um versuchte Fahnenfluchten während des Grenzdienstes
zu verhindern, macht es sich notwendig, daß Sie diese
rechtzeitig erkennen und vereiteln. Aus diesem Grund
dürfen Sie sich nicht von Ihrer Waffe trennen und die
Kontrolle der Funktionstüchtigkeit hat vor Beginn des
Grenzdienstes zu erfolgen. Bei Notwendigkeit haben Sie
die Schußwaffe konsequent anzuwenden, um den Verräter
zu stellen bzw. zu liquidieren.

Nach erfolgreicher Anwendung der Schußwaffe haben Sie

- die Waffe des Verräters an sich zu nehmen,
- den Toten oder Verletzten der Einsichtmög-
  lichkeit des Gegners zu entziehen,
- Erste Hilfe zu leisten,
- Meldung an den Führungspunkt zu erstatten.

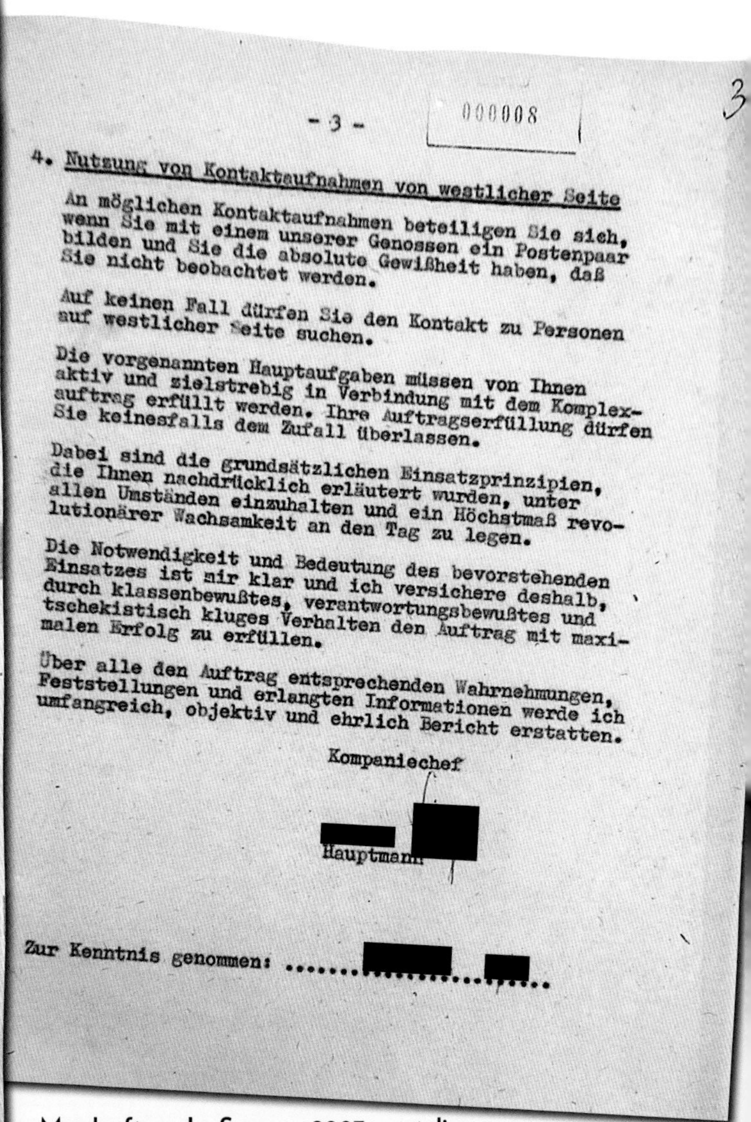

- 3 -

000008

3

4. Nutzung von Kontaktaufnahmen von westlicher Seite

An möglichen Kontaktaufnahmen beteiligen Sie sich,
wenn Sie mit einem unserer Genossen ein Postenpaar
bilden und Sie die absolute Gewißheit haben, daß
Sie nicht beobachtet werden.

Auf keinen Fall dürfen Sie den Kontakt zu Personen
auf westlicher Seite suchen.

Die vorgenannten Hauptaufgaben müssen von Ihnen
aktiv und zielstrebig in Verbindung mit dem Komplex-
auftrag erfüllt werden. Ihre Auftragserfüllung dürfen
Sie keinesfalls dem Zufall überlassen.

Dabei sind die grundsätzlichen Einsatzprinzipien,
die Ihnen nachdrücklich erläutert wurden, unter
allen Umständen einzuhalten und ein Höchstmaß revo-
lutionärer Wachsamkeit an den Tag zu legen.

Die Notwendigkeit und Bedeutung des bevorstehenden
Einsatzes ist mir klar und ich versichere deshalb,
durch klassenbewußtes, verantwortungsbewußtes und
tschekistisch kluges Verhalten den Auftrag mit maxi-
malen Erfolg zu erfüllen.

Über alle den Auftrag entsprechenden Wahrnehmungen,
Feststellungen und erlangten Informationen werde ich
umfangreich, objektiv und ehrlich Bericht erstatten.

Kompaniechef

[redacted]
Hauptmann

Zur Kenntnis genommen: ......[redacted]...[redacted]...

Mordauftrag. Im Sommer 2007 sorgt dieser Schießbefehl, den Wolfgang S. unterschrieben hat, für Aufregung in Deutschland. „Zögern Sie nicht mit der Anwendung der Schusswaffe, auch dann nicht, wenn die Grenzdurchbrüche mit Frauen und Kindern erfolgen", heißt es darin

muss nicht ins Gefängnis. Das Gericht stellt zwar eine „Aufforderung zur Begehung eines Mordes fest". Doch die Tat sei inzwischen verjährt. Stasi-Generalleutnant Kleinjung, der den Mordauftrag gegengezeichnet hat, ist bei der Urteilsverkündung bereits tot. Im Jahr 2000 wurden bereits drei Schützen des Todeskommandos vom Landgericht Schwerin freigesprochen. Sie behaupten, Gartenschläger habe zuerst geschossen und sie nur in Notwehr gehandelt. Das Gericht lässt das Argument gelten. Indizien für die Behauptung gibt es nicht. Nur die Tatsache, dass Gartenschläger eine Pistole bei sich trug. Somit bleibt der Tod von Michael Gartenschläger ungesühnt.

Im Sommer 2007 schafft es Wolfgang S. ein zweites Mal in die Schlagzeilen. Ein Schießbefehl an Soldaten der Einsatzkompanie wird einer breiten Öffentlichkeit bekannt. „Zögern Sie nicht mit der Anwendung der Schusswaffe, auch dann nicht, wenn die Grenzdurchbrüche mit Frauen und Kindern erfolgen", heißt es in dem Einsatzbefehl. Mindestens zweimal unterschreibt S. eine solche Tötungsanordnung.

Auch dafür wird er nie belangt.

Unvergessen. Gedenkkreuze mit den Namen von Maueropfern. Sie sind in unmittelbarer Nähe des Berliner Reichstagsgebäudes gestorben

len ausgemacht hatten. An verschiedenen Orten rings um Berlin stößt nur der aufmerksame Fußgänger auf Informations- sowie Gedenktafeln und -stelen, die an die Opfer des Grenzregimes erinnern. Die 1998 von der Bundesrepublik Deutschland und dem Land Berlin an der Bernauer Straße errichtete Gedenkstätte Berliner Mauer dokumentiert ein 60 Meter langes Stück der Grenzanlage in ihrem letzten Ausbauzustand. Von einer Aussichtsplattform können die Besucher in die Anlage Einblick nehmen. Neben einem Dokumentationszentrum steht in der Gedenkstätte unter anderem auch eine Kapelle der Versöhnung. Sie steht im ehemaligen Todesstreifen auf den Resten der Versöhnungskirche, die im Januar 1985 vom SED-Regime gesprengt wurde. Nachdem der Berliner Senat 2006 ein „Gesamtkonzept zur Erinnerung an die Berliner Mauer" erarbeitet und verabschiedet hat, wird nunmehr ein mehr als vier Hektar großer Stadtraum an der Bernauer Straße hin zum Nordbahnhof zu einer Erinnerungslandschaft ausgebaut, die die Dimensionen des einstigen SED-Grenzregimes nachvollziehbarer machen.

An der einstigen innerdeutschen Grenze sind es zunächst Naturschützer, die dafür eintreten, den fast 1400 Kilometer langen einstigen Grenzstreifen zu einem Naturschutzgebiet zu erklären. Dort, zwischen dem einstigen Kolonnenweg und der eigentlichen innerdeutschen Grenze, hat sich ein Refugium für seltene Pflanzen und Tiere entwickelt.

Denkmäler erinnern an Mauer und innerdeutsche Grenze

Der Bund für Umwelt und Naturschutz in Deutschland, kurz BUND, die Heinz Sielmann Stiftung und viele andere Aktivisten setzten sich erfolgreich dafür ein, das Grüne Band zu schaffen, ein Biotopverbund, der länderübergreifend zum Rückzugsgebiet für bedrohte Tier- und Pflanzenarten wurde. Jenseits aller ökologischen Erwägungen markiert die grüne Ader, die sich durch das vereinte Deutschland erstreckt, dass dauerhaft wie im Wortsinne „zusammenwächst, was zusammengehört". Seit den 90er-Jahren entwickelte sich längs der einstigen innerdeutschen Grenze eine Erinnerungslandschaft, die sich aus unzähligen Gedenkzeichen, Museen und Informationsstellen zusammensetzt, die über das einstige SED-Grenzregime, dessen Funktionsweise wie auch über dessen Opfer informiert. Zugleich

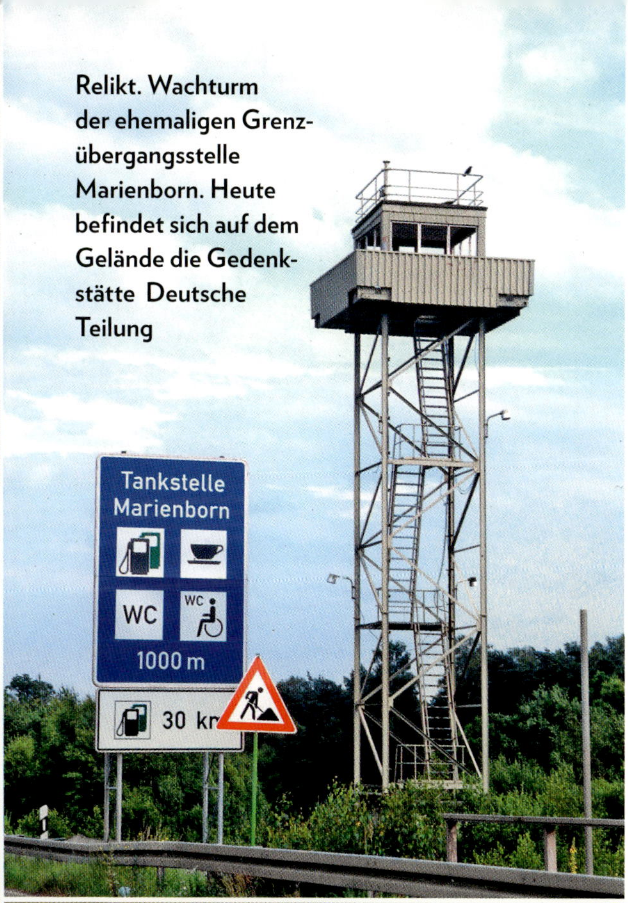

Relikt. Wachturm der ehemaligen Grenzübergangsstelle Marienborn. Heute befindet sich auf dem Gelände die Gedenkstätte Deutsche Teilung

wird dort an geschleifte Dörfer erinnert, die von der SED in den Jahren nach 1961 zerstört und deren Bewohner ausgesiedelt worden sind. Viele Denkmäler und Gedenkzeichen sind bereits vor 1989 westlich der Grenze gesetzt worden. Mancherorts ragen Skulpturen und Kunstwerke auf, die an die Teilung erinnern, vielfach jedoch auch die Wiedererlangung der staatlichen Einheit symbolisieren. Rund drei Dutzend größere und kleinere Grenzlandmuseen wurden zwischenzeitlich errichtet. Nur wenige haben überregionale Bedeutung erlangt, wie etwa das Grenzdenkmal Hötensleben, das an der Grenze zwischen Sachsen-Anhalt und Niedersachsen auf einer Länge von 350 Metern und einer Fläche von 6,5 Hektar den einstigen Grenzausbau nachvollziehbar macht. Ein anderer Ort der Information ist das Grenzlandmuseum Teistungen am ehemaligen Grenzübergang Duderstadt–Worbis zwischen Thüringen und Niedersachsen, das auf eine engagierte Bildungsarbeit verweisen kann. Ein Ort, den vor allem Westberliner und Westdeutsche mit der Zweistaatlichkeit verbinden, ist die Gedenkstätte Deutsche Teilung Marienborn, die 1996 in der einstigen Grenzübergangsstelle (GÜSt) Marienborn eingerichtet wurde. Direkt an der Bundesautobahn 2 zwischen Helmstedt und der

Geschichte. Grenzpfahl mit Hammer- und-Zirkel-Emblem der Deutschen Demokratischen Republik im Grenzlandmuseum Eichsfeld im Thüringischen Teistungen

Ausfahrt Alleringersleben gelegen, können Interessierte nachvollziehen, mit welchem Aufwand zuletzt rund 1000 DDR-Kontrolleure, Zöllner und Angehörige der Grenztruppen dort den Transitverkehr von und nach Berlin akribisch überwacht haben.

An der innerdeutschen Grenze lassen sich Geschichtsinteresse und sportliche Urlaubsgestaltung miteinander verbinden. Hier folgt ein Rad- und Wanderweg von der Ostseeküste bis zur deutsch-tschechischen Grenze dem Verlauf der einstigen Grenze. Dass es auch in Berlin einen solchen Mauerradweg gibt, ist der Beharrlichkeit des Politikers Michael Cramer zu verdanken. Wer die 150 Kilometer lange Strecke abfährt, stößt auf Mahnmale und Gedenkzeichen, die an Opfer des SED-Grenzregimes erinnern.

Einen Überblick liefert das Handbuch „Orte des Erinnerns". Darin wird unter anderem auf die Erinnerungsstätte Notaufnahmelager Marienfelde verwiesen. Es ist die erste Station von rund 1,35 Millionen Ostdeutschen gewesen, die zwischen 1949 und 1990 die DDR nach West-Berlin verlassen hatten. Vis-à-vis des Museums Haus am Checkpoint Charlie, das seit den 60er-Jahren über das SED-Grenzregime und unzählige Fluchten informiert, lässt eine reich bebilderte „Open-Air-Ausstellung" täglich Tausende Touristen innehalten und sich über die Zeit der Teilung informieren.

Nur mit Mühe ist der Verlauf der einstigen Grenze zu erkennen

50 Jahre nach dem Bau der Mauer und 22 Jahre nach deren Fall finden Berliner wie auch Gäste zahlreiche Informationsangebote und Markierungen, die darauf verweisen, dass diese so lebendige Großstadt über Jahrzehnte geteilt war. Gleichwohl verlangt es von jenen, die diese Grenze nie mit eigenen Augen gesehen haben, viel Vorstellungskraft, um nachvollziehen zu können, mit welch tödlicher Perfektion diese Stadt einst geteilt und deren Westteil hermetisch von Mauer und Grenze umschlossen gewesen war. Wer heute mit dem Wagen auf Autobahnen, Bundes- oder Landstraßen die einstige innerdeutsche Grenze überfährt oder vom Umland nach West-Berlin fährt, hat – wenn er überhaupt darauf achtet – Mühe, den Verlauf der einstigen Grenze zu bemerken. An einigen Stellen erinnern „touristische Hinweisschilder" daran, wo einst eine Grenze Deutschland über vier Jahrzehnte teilte. Auch so wird erfahrbar, zu welcher Selbstverständlichkeit die Einheit – Gott sei Dank – längst geworden ist.

Gedenken. An der Bernauer Straße liegt die zentrale Dokumentation zur Berliner Mauer. Hunderttausende Besucher informieren sich hier jedes Jahr über das unmenschliche Grenzregime

Lichtenauer Str.
Genslerstraße
Gedenkstätte
Berlin-Hohenschönhausen
Ehemaliges Untersuchungsgefängnis des Ministeriums für Staatssicherheit der DDR
Ausstellungen und Führungen,
Täglich 9.00 bis 18.00 Uhr
Telefon 030 - 98 60 82 30
Telefax 030 - 98 60 82 34

DIE AUFARBEITUNG DER SED-DIKTATUR. EIN WEGWEISER ZU BILDUNGSANGEBOTEN, MUSEEN & GEDENKSTÄTTEN

ZENTRALE EINRICHTUNGEN

Bundesstiftung zur Aufarbeitung der SED-Diktatur
Kronenstraße 5, 10117 Berlin
www.stiftung-aufarbeitung.de

Der Bundesbeauftragte für die Unterlagen des Staatssicherheitsdienstes der ehemaligen DDR
Karl-Liebknecht-Straße 31/33, 10178 Berlin
www.bstu.bund.de

Bundeszentrale für politische Bildung
Adenauerallee 86, 53113 Bonn
www.bpb.de

ZEITZEUGENBÜRO

SED-Diktatur und deutsche Teilungsgeschichte in Schule und außerschulischer Bildung
www.zeitzeugenbuero.de

BADEN-WÜRTTEMBERG

„Gegen das Vergessen" Sammlung zur DDR-Geschichte
Hagenschießstraße 9, 75175 Pforzheim
www.pforzheim-ddr-museum.de

BAYERN

Deutsch-Deutsches Museum Mödlareuth
Mödlareuth 13, 95183 Töpen
www.moedlareuth.de

BERLIN

DDR-Museum, Berlin
Karl-Liebknecht-Str. 1, 10178 Berlin
www.ddr-museum.de

Deutsches Historisches Museum
Unter den Linden 2, 10117 Berlin
www.dhm.de

Erinnerungsstätte Notaufnahmelager Marienfelde
Marienfelder Allee 66/80, 12277 Berlin
www.notaufnahmelager-berlin.de

Forschungs- und Gedenkstätte Normannenstraße
Ruschestraße 103, Haus 22, 10365 Berlin
www.stasimuseum.de

Gedenkstätte Berliner Mauer
Bernauer Straße 111/119, 13355 Berlin
www.berliner-mauer-gedenkstaette.de

Gedenkstätte Berlin-Hohenschönhausen
Genslerstraße 66, 13055 Berlin
www.stiftung-hsh.de

Informations- und Dokumentationszentrum des Bundesbeauftragten für die Unterlagen des Staatssicherheitsdienstes der ehemaligen DDR
Zimmerstraße 90-91, 10117 Berlin
www.bstu.bund.de

Museum Haus am Checkpoint Charlie
Friedrichstr. 43-45, 10969 Berlin
www.mauer-museum.com

BRANDENBURG

Dokumentationszentrum Alltagskultur der DDR e.V.
Erich-Weinert-Allee 3,
15890 Eisenhüttenstadt
www.alltagskultur-ddr.de

Gedenkstätte Lindenstraße 54/55 für die Opfer politischer Gewalt im 20. Jahrhundert
Lindenstraße 54-55, 14467 Potsdam
www.gedenkstaette-lindenstrasse.de

Gedenkstätte und Museum Sachsenhausen
Straße der Nationen 22, 16515 Oranienburg
www.stiftung-bg.de

Gedenk- und Begegnungsstätte Leistikowstraße Potsdam
Leistikowstraße 1, 14469 Potsdam
www.gedenkstaette-leistikowstrasse.de

Villa Schöningen
Berliner Straße 86, D 14467 Potsdam
www.villa-schoeningen.de

HESSEN

Gedenkstätte Point Alpha
Platz der Deutschen Einheit 1, 36419 Geisa
www.pointalpha.com

MECKLENBURG-VORPOMMERN

Dokumentationszentrum für die Opfer deutscher Diktaturen
Obotritenring 106, 19055 Schwerin
www.lpb-mv.de

Dokumentations- und Gedenkstätte des Bundesbeauftragten für die Stasi-Unterlagen in der ehemaligen Untersuchungshaftanstalt des MfS in Rostock
Hermannstraße 34b, 18055 Rostock
www.bstu.bund.de

NORDRHEIN-WESTFALEN

Haus der Geschichte der Bundesrepublik Deutschland, Bonn
Willy-Brandt-Allee 14, 53113 Bonn
www.hdg.de

SACHSEN

Dokumentations- und Informationszentrum (DIZ) Torgau
Schloss Hartenfels, Schlossstraße 27,
04860 Torgau
www.stsg.de/cms/torgau/startseite

Gedenkstätte Bautzen,
Weigangstraße 8a, 02625 Bautzen
www.stsg.de

Museum in der „Runden Ecke"
Dittrichring 24, 04109 Leipzig
www.runde-ecke-leipzig.de

Zeitgeschichtliches Forum Leipzig
Grimmaische Str. 6, 04109 Leipzig
www.hdg.de

SACHSEN-ANHALT

Gedenkstätte Deutsche Teilung Marienborn
An der BAB 2, 39365 Marienborn
http://www.stgs.sachsen-anhalt.de/

Gedenkstätte Moritzplatz Magdeburg für die Opfer politischer Gewaltherrschaft
Umfassungsstraße 76, 39124 Magdeburg
http://www.stgs.sachsen-anhalt.de/

Gedenkstätte Roter Ochse Halle/Saale
Am Kirchtor 20 b, 06108 Halle (Saale)
http://www.stgs.sachsen-anhalt.de/

THÜRINGEN

Gedenkstätte Buchenwald
99427 Weimar-Buchenwald
www.buchenwald.de

Grenzlandmuseum Eichsfeld
Duderstädter Straße 5, 37339 Teistungen
www.grenzlandmuseum.de

Ein Überblick über die zahlreichen Grenzlandmuseen findet sich hier
http://www.grenzlandmuseum.de/museen/

Simi Valley, Kalifornien, USA.
Ein Stück Berliner Mauer erinnert auf dem Gelände der Ronald Reagan President Libary an den Triumph der Freiheit

KAPITEL XIV

Die Mauer in der Welt

Schon in der Nacht vom 9. auf den 10. November 1989 hat sich in den Jubel der feiernden Menschen vielerorts an der Mauer ein Klopfen und Hämmern gemischt. Mit allen denkbaren Werkzeugen beginnen Berlinerinnen und Berliner wie auch Touristen, sich ihr Stück Mauer aus dem Bollwerk zu brechen, das die Stadt 28 Jahre lang geteilt hat. Rasch prägt der Volksmund die Bezeichnung „Mauerspechte" für jene, die ein Andenken der Teilung ergattern wollen oder nicht zu Unrecht gute Geschäfte wittern.

Über Nacht hat sich die Mauer vom Symbol parteistaatlicher Unterdrückung zu einem Symbol für den Sieg der Freiheit über die Diktatur gewandelt, das nicht nur in Berlin Begehrlichkeiten weckt. Bereits am 10.November 1989 bietet ein bayerischer Geschäftsmann dem DDR-Außenhandelsminister Gerhard Beil in einem Schreiben an, „nicht benötigte Teile Ihrer Grenzsicherungsanlagen" gegen Devisen zu kaufen. Auch die DDR-Botschaften in Washington und London erreichen bereits in den Tagen nach dem Mauerfall Anfragen, auf welchem Wege Teile des nicht mehr benötigten Grenzwalls erworben werden könnten. Angesichts der Devisennot der untergehenden DDR sind diese Angebote mehr als verlockend. Nachdem in der Nacht vom 11. auf den 12. November zunächst am Potsdamer Platz und bald darauf an weiteren Stellen Mauersegmente abgetragen worden sind, um weitere provisorische Grenzübergänge zu schaffen, gehen in Ost-Berlin aus dem In- und Ausland Angebote von bis zu 500 000 Dollar für die Mauerteile ein, die kurz zuvor medienwirksam beiseitegeräumt worden sind.

Teile der „Berlin Wall" werden schnell zum Verkaufsschlager

Als schließlich Anfang Dezember 16 Mauersegmente nur mithilfe der West-Berliner Polizei vor dem illegalen Abtransport bewahrt werden können, handelt die Regierung Modrow. Der volkseigene Außenhandelsbetrieb Limex wird mit dem Verkauf der Berliner Mauer beauftragt. Dessen Erlös – so beeilt man sich von offizieller Seite zu versichern – solle humanitären Zwecken zugutekommen. Zugleich wird das Grenzkommando Mitte beauftragt, die bereits demontierten Segmente sicher zu verwahren und weitere Mauerteile abzubauen, die für den Verkauf geeignet erscheinen. Im Januar 1990 erfolgt die Demontage der Berliner Mauer längs der Waldemarstraße bzw. des Leuschnerdamms an der Grenze zwischen den Bezirken Mitte und Kreuzberg. Hier haben in den 80er-Jahren bekannte Künstler wie Thierry Noir und Keith Haring die Westseite der Mauer mit farbenprächtigen Graffitis verschönert. Mitten in der Nacht werden hier 50 Mauersegmente sichergestellt und die entstandene Lücke wieder durch einen Zaun verschlossen. Die Nachfrage nach diesen und anderen Mauerteilen ist groß. Aus aller Welt kommen Kaufangebote. Ein japanisches Unternehmen bietet allein 185 000 Dollar für ein Mauerteil vom Brandenburger Tor. Bis Mitte April 1990 gehen Verkaufserlöse von rund 900 000 DM auf ein eigens eingerichtetes Konto in Ost-Berlin ein.

Doch die DDR-Außenhändler haben offenbar wenig Vertrauen in ihr Verkaufsgeschick, denn bereits Anfang Januar vereinbart Limex mit der eigens hierfür in West-Berlin gegründeten Agentur „Lelé Berlin Wall Verkaufs- und Wirtschaftswerbung GmbH" einen exklusiven Kooperationsvertrag. Danach soll sich Limex fortan um Anfragen nichtkommerzieller Natur, sei es von Museen oder sonstigen Institutionen, kümmern, die an die DDR-Regierung herangetragen werden. „Lelé Berlin" soll das ungleich lukrativere Geschäft mit Privatleuten, Unternehmen und Galerien abwickeln. Stets wird dabei hervorgehoben, dass alle Erlöse humanitären Zwecken in Ostdeutschland zugutekommen würden. Dafür wird unter der Regierung de Maizière eigens ein Kuratorium einberufen, das über die Verteilung der Mittel entscheiden soll.

Wegbereiter des Mauerfalls. Der ehemalige US-Präsident Ronald Reagan und Frau Nancy, April 1990

Unter der Ägide von „Lelé Berlin“ wird auch das Mauermarketing professionalisiert. Ein Fotograf setzt die Mauerteile in Szene, aufwendig gestaltete Zertifikate sollen die Echtheit der Segmente dokumentieren. Da die Zahl der vor dem Mauerfall künstlerisch aufgewerteten Betonteile begrenzt ist, werden mehr oder – meist – weniger bekannte Künstler dafür gewonnen, gut erhaltenen, aber kahlen Segmenten den begehrten künstlerischen Anstrich zu geben. 360 Mauersegmente stehen schließlich von Frühjahr 1990 an zum Verkauf zur Verfügung. Weltweit werden in Kunst- und Sammlerjournalen Anzeigen geschaltet. Der Verkauf soll über Versteigerungen erfolgen. Ein erster Versuch im April 1990 im West-Berliner Hotel „InterContinental“ erregt viel Aufmerksamkeit, erbringt aber nur einen enttäuschenden Umsatz.

Sammler ersteigern Mauerteile in Monaco für 170 000 DM

Umso mehr Resonanz findet auch in finanzieller Hinsicht eine weitere Versteigerung, die im Juni des gleichen Jahres ausgerichtet wird. Der Ort hätte kaum exotischer gewählt werden können: Ausgerechnet im Fürstentum Monaco an der Mittelmeerküste sollen die Berliner Relikte des Eisernen Vorhangs internationalen Sammlern und Geschäftemachern zum Kauf angeboten werden. Und diese greifen beherzt zu. Für 170 000 DM und mehr kommen hier einzelne Mauerteile unter den Hammer und starten so auf ihre Reise in die Welt. Über den Gesamterlös der Versteigerung gibt es nur Vermutungen. Er soll bei rund zwei Millionen DM liegen. Denn die West-Berliner Firma „Lelé“ verweigert hierüber jegliche Auskunft.

Das Versprechen, mit den Erlösen aus dem Verkauf der Berliner Mauer humanitäre Projekte zu fördern, verheddert sich in langwierigen Streitereien. Denn angesichts des schwunghaften Handels melden nun auch die Künstler finanzielle Ansprüche an, die die Mauerteile in den 80er-Jahren gestaltet haben. Mit der Wiedervereinigung endet das Mandat der Ost-Berliner Firma Limex, die sich zuvor bereits umbenannt hat. 1992/93 löst sich schließlich auch die Firma „Lelé“ auf, nachdem die Medien anhaltend über deren als unlauter erachtetes Geschäftsgebaren berichtet haben. Die Einnahmen aus den Mauerverkäufen und -versteigerungen des Jahres 1990, die ihren Weg auf das Sonderkonto in Ost-Berlin gefunden haben, sind mit der Wiedervereinigung in den Besitz der Bundesrepublik übergegangen. Erst als der Rechtsstreit mit den Mauerkünstlern Mitte der 90er-Jahre beigelegt ist und diese mit einer halben Million DM an den Einnahmen beteiligt worden sind, kann das 1990 berufene Kuratorium schließlich über die Vergabe von 750 000 DM entscheiden. Und so partizipieren schließlich einige Krankenhäuser, ein Behindertensportverein und ein paar sanierungsbedürftige Kirchen am Handel mit der Mauer zumindest ein wenig.

Viele Betonsegmente werden geschreddert und verbaut

Das Geschäft mit Mauerteilen hat sich 1990 keineswegs auf die Aktivitäten von Limex und „Lelé“ beschränkt. Als im Frühsommer 1990 offiziell mit dem Abbau der 155 Kilometer langen Grenzanlagen begonnen wird, treten die unterschiedlichsten Akteure in Erscheinung. Ost- und westdeutsche Baufirmen sollen die DDR-Grenztruppen bei der Demontage unterstützen und den anfallenden Betonschutt günstig als Baustoff erhalten. Und tatsächlich wird der Großteil der Mauerreste geschreddert. Wer heute auf der Autobahn von Berlin in Richtung Ostsee fährt, ahnt nicht, dass dort große Teile der Berliner Mauer verbaut worden sind.

Eine unbekannte Zahl an Mauersegmenten findet eine andere Verwendung. Ein Teil davon wird 1990 und in den Folgejahren zunächst vom DDR-Ministerium für Abrüstung und Verteidigung und schließlich vom Bundesverteidigungsministerium mehr oder minder offiziell verkauft. Ein anderer Teil gelangt auf weitaus informellere Art an neue Besitzer oder verschwindet von seinen Lagerplätzen. Besonderen Eifer entwickeln in Berlin stationierte Pioniereinheiten der Briten und der Amerikaner, die den Abbruch der Mauer unterstützen und zum Dank Segmente in die Heimat verschiffen dürfen. Dort herrscht eine große Nachfrage nach den Berliner Relikten des Eisernen Vorhangs, denn sie gelten als Monumente des Sieges der Freiheit über den Kommunismus. Bereits am 2. Februar 1990 findet auf dem im New Yorker Hafen als Museumsschiff vor Anker liegenden Flugzeugträger „USS Intrepid“ die erste Verkaufsaktion mit Mauerstücken aus Berlin statt, die noch von Limex auf den Weg gebracht worden ist. Zur gleichen Zeit befindet sich bereits ein weiterer Frachter mit Mauersegmenten auf dem Weg über den Atlantik. Heute dürfte es in den Vereinigten Staaten mehr Mauerteile geben als in West-Berlin, schreibt Ronny Heidenreich in der Publikation „Die Mauer in der Welt“, die 2009 von Anna Kaminsky im Auftrag der Bundesstiftung zur Aufarbeitung der SED-Diktatur herausgegeben worden ist.

New York, USA. Als Ausdruck der Verbundenheit steht ein Rest der Mauer mitten in Manhattan

Sofia, Bulgarien. Auch in den Staaten des ehemaligen Ostblocks erinnern Mauerteile an die Spaltung Europas

New York, USA. „Trophy of Civil Rights“ steht auf der Mauerkrone im UN-Park nahe dem Trump World Tower. Bei der Übergabe der Segmente im April 2002 sind UN-Generalsekretär Kofi Annan und Bundestagspräsident Wolfgang Thierse anwesend (Foto rechts)

Brüssel, Belgien. In der Nähe des Sitzes der Europäischen Union wird seit 2004 an den 9. November 1989 erinnert

Kreisau, Polen. Wo passte die Erinnerung an den Sieg über die Tyrannei besser als auf dem ehemaligen Gut des Widerstandskämpfers von Moltke?

Seoul, Südkorea. Die Berliner Mauersegmente spenden den Menschen Hoffnung im geteilten Land

Berlin, Deutschland. Der Trabant, der die Mauer durchbricht, ist ein Kultbild auf der East-Side-Galery, einem Mauerabschnitt, der von Künstlern gestaltet worden ist

Überall auf der Welt erinnern heute Mauersegmente an den Sieg der Freiheit über die kommunistische Diktatur in Deutschland. Ob vor dem Gebäude der Vereinten Nationen in New York, in den Vatikanischen Gärten in Rom oder bei einem Maschinenbauunternehmen in Nagasaki – die Denkmalsetzungen unterstreichen die Bedeutung der friedlichen Revolutionen, mit denen 1989 die kommunistischen Regime und damit die Teilung Deutschlands und der Welt überwunden worden sind. Der Mauerfall ist zum Symbol dieser Freiheitsbewegung geworden. Dessen Bilder haben sich global in das Gedächtnis der Menschen eingebrannt.

Zeugen aus Beton erinnern an die Überwindung der Diktatur

Doch die Mauersegmente vermitteln auch andere Botschaften: Im argentinischen Buenos Aires zieren sie das Foyer eines Verlagshauses und werden so auch zum Symbol für Presse- und Redefreiheit. Vor dem Nato-Hauptquartier im belgischen Mons oder im Imperial War Museum in London aufgestellt, erinnern sie an die Zeit der militärischen Blockkonfrontation. Das Denkmal auf dem Bahnhof in Chicago mag den einen oder anderen aufmerksamen Reisenden dazu anhalten, über die Freiheit zu reisen nachzudenken. Und vor der Ronald Reagan Gedächtnisbibliothek in Kalifornien erinnert ein Mauerteil an die Rede, in der der US-Präsident 1987 in West-Berlin vor dem Brandenburger Tor gefordert hatte: „Mr Gorbachev, open this gate! Mr Gorbachev, tear down this wall!" Teile der Mauer stehen heute in Korea, dessen Teilung seit sechs Jahrzehnten währt, in Südafrika, das 1990, im Jahr der deutschen Wiedervereinigung, damit begonnen hat, das Apartheidsregime zu überwinden. Und auch in Israel mag das dort errichtete Mauerdenkmal dem einen oder anderen Passanten den Anstoß geben, über Vergangenheit und Gegenwart nachzudenken.

Der Fall der Berliner Mauer ist zum weltweiten Geschichtsereignis geworden. Dies wurde einmal mehr am 9. November 2009 deutlich, als die Feierlichkeiten zum 20. Jahrestag des Mauerfalls weltweit und vielfach live übertragen wurden. Die Bilder der bunt bemalten, mehr als mannshohen Dominosteine, die die Mauer symbolisieren sollten und von Lech Walesa zum Einsturz gebracht wurden, gingen um den Globus, immer wieder begleitet von Dokumentationen der Ereignisse zwei Jahrzehnte zuvor. Pünktlich zum 20. Jahrestag der Friedlichen Revolution informierte in über 100 Staaten eine von der Bundesstiftung zur Aufarbeitung der SED-Diktatur in 15 Sprachen erstellte Ausstellung über die Geschichte der Freiheitsrevolution.

Und in Deutschland schenkt „BILD" den Bundesländern je ein Original-Mauersegment.

Die Zeugen aus Beton erinnern in den Landeshauptstädten an die Überwindung der SED-Diktatur. Fünf Jahrzehnte nach der Errichtung und mehr als zwei Jahrzehnte nach der Überwindung der Mauer hat die Erinnerung an die kommunistische Diktatur und die Zeit der Teilung, aber auch deren Überwindung, einen Ort im Gedächtnis, nicht nur der Deutschen, gefunden.

Potsdam, Deutschland.
Bundeskanzlerin Angela Merkel signiert ein Mauersegment auf dem Gelände der Villa Schöningen. Hinter ihr: der Vorstandsvorsitzende der Axel Springer AG, Mathias Döpfner

Mauer-Aktionen

Der Axel Springer Verlag erinnert an die Berliner Mauer

Mauerstücke für die Bundesländer

Im Jahr 2009 schenkt „BILD" jedem Bundesland ein Orginal-Mauerteil. In der hessischen Landeshauptstadt Wiesbaden sind neben dem damaligen Ministerpräsidenten Roland Koch auch Bundeskanzlerin Angela Merkel sowie „BILD"-Chefredakteur Kai Diekmann (von links nach rechts) bei der Übergabe anwesend. In Hannover vertritt dessen Stellvertreter Alfred Draxler „BILD". Auf dem Foto (oben Mitte) ist er zusammen mit dem damaligen niedersächsischen Ministerpräsidenten Christian Wulff zu sehen. Im Freistaat Sachsen findet das von „BILD" gestiftete Mauerteil seinen Platz vor der „Runden Ecke", der ehemaligen Leipziger Stasi-Zentrale. Dabei sind Ministerpräsident Stanislaw Tillich und „BILD"-Vize-Chef Jörg Quoos (oben rechts). In Hamburg ist der damalige Erste Bürgermeister Ole von Beust und in Stuttgart der baden-württembergische Ministerpräsident Günther Oettinger anwesend. (rechts und rechts außen).

Ein Balkenhol für Berlin

Ebenfalls im Jahr 2009 stellen der Axel Springer Verlag und „BILD" die Skulptur „Balanceakt" des weltbekannten Bildhauers Stephan Balkenhol (Foto oben) auf. Inmitten stehender und liegender Original-Mauersegmente erhebt sich ein dreieinhalb Meter hoher Mann, der auf der Mauer balanciert. Das viel beachtete Kunstwerk, das seinen Platz nur wenige Meter vom früheren Verlauf der Berliner Mauer findet, wird von der Verlegerin Friede Springer enthüllt (Foto oben). Bei der Feierstunde anwesend ist neben zahlreichen namhaften Vertretern aus Kultur, Politik und Wirtschaft auch Richard von Weizsäcker (Foto rechts, ganz links). Neben dem Altbundespräsidenten stehen Matthias Döpfner, Friede Springer, Stephan Balkenhol und Kai Diekmann. Im Hintergrund ist das Axel Springer Verlagsgebäude zu sehen.

Eine Versteigerung für einen guten Zweck. Das Mauersegment bringt „Ein Herz für Kinder" eine Million Euro

Zu den vielfältigen Aktivitäten vom Axel Springer Verlag und „BILD" gehört auch die Versteigerung eines ganz besonderen Mauersegments. Es wird vom Leipziger Künstler Michael Fischer-Art mit Motiven von den Montagsdemonstrationen gestaltet. Die Väter der Einheit, der ehemalige US-Präsident George Bush, Altkanzler Helmut Kohl und der frühere sowjetische Staats- und Parteichef Michail Gorbatschow, signieren das Gesamtkunstwerk. „BILD" organisiert hierfür die Zusammenkunft der drei Staatsmänner, die die Welt veränderten. Am 30. Oktober 2009 weilen sie im Berliner Verlagsgebäude. Das Treffen wird zu einem viel beachteten, historischen Ereignis. Das Mauersegment mit den Unterschriften der Väter der Einheit wird zugunsten von „Ein Herz für Kinder" versteigert. Unter den vielen Bietern setzt sich die Verbundnetzgas AG aus Leipzig durch. Sie erwirbt das Unikat für eine Million Euro und schickt es auf eine Bildungsreise durch Deutschland und Europa. In deren Verlauf verewigen sich auf dem Kunstwerk auch zahlreiche andere Persönlichkeiten der Wendezeit. Unter ihnen der frühere polnische Solidarnosc-Führer Lech Walesa, Ex-Bundesaußenminister Hans-Dietrich Genscher, der letzte DDR-Premierminister Lothar de Maizière sowie der langjährige Bundesbeauftragte für die Unterlagen des Staatssicherheitsdienstes der DDR, Joachim Gauck.

Ein Denkmal für die Väter der Einheit

Am 29. September 2010 enthüllt Altkanzler Helmut Schmidt das Denkmal mit den Bronze Porträts der Staatsmänner George Bush, Michail Gorbatschow und Helmut Kohl vor dem Verlagsgebäude der Axel Springer AG in der Berliner Rudi-Dutschke-Straße. Geschaffen worden ist das Kunstwerk von dem bekannten französischen Bildhauer Serge Mangin.

Väter der Einheit.
Michail Gorbatschow,
Helmut Kohl und
George Bush in der Berliner
Axel-Springer-Passage

Eine Plakatausstellung für deutsche Schulen

Zusammen mit der Tageszeitung „Die Welt“ und der Bundesstiftung zur Aufarbeitung der SED-Diktatur erarbeitet „BILD“ die zeithistorische Ausstellung „Die Mauer. Eine Grenze durch Deutschland“. Das Autorengespann Sven Felix Kellerhoff („Die Welt“) und Dr. Ralf Georg Reuth („BILD“) beschreiben auf 20 großflächigen Plakaten das SED-Grenzregime und seine Opfer, die Haltung der Westmächte zum Mauerbau, Fluchten und Fluchthilfe, den Alltag entlang der innerdeutschen Grenze und der Berliner Mauer wie auch deren Fall im Zuge der Friedlichen Revolution des Jahres 1989. Die letzten der mit einzigartigen Fotografien versehenen Plakate befassen sich mit der juristischen Aufarbeitung der Grenze durch Deutschland sowie mit den Mauerschützenprozessen. In der Art ihrer Verbreitung liegt das Besondere der Ausstellung, die im Lichthof des Auswärtigen Amtes in Anwesenheit von Vizekanzler Guido Westerwelle, dem Vorstandsvorsitzenden der Bundesstiftung Aufarbeitung, Rainer Eppelmann, und BILD-Chefredakteur Kai Diekmann eröffnet worden ist (kleines Foto rechts). Anfang des Jahres 2011 ist sie in einer Auflage von fast 5000 Exemplaren zu je 20 Plakaten gedruckt worden. Fast 4000 Exemplare sind seitdem allein an deutsche Schulen im In- und Ausland versandt worden, 2000 davon in Zuge einer von BILD gesponserten Aktion. Dank des Auswärtigen Amtes wird die Ausstellung ins Englische übersetzt, sodass sie weltweit in der deutschen Kulturarbeit verwendet werden kann. Für den Schuleinsatz hat die Stiftung vom renommierten Institut für Film und Bild in Wissenschaft und Unterricht (FWU) didaktische Materialien erarbeiten lassen. Sie geben Lehrerinnen und Lehrern eine Handreichung, auf welche Weise die Ausstellung sinnvoll in den Unterricht integriert werden kann. Weitere Informationen zur Ausstellung finden sich unter: ***www.stiftung-aufarbeitung.de/DieMauer***

LITERATUR

Arnold, Dietmar / Kellerhoff, Sven Felix:
Die Fluchttunnel von Berlin, Berlin 2008

Detjen, Marion:
Ein Loch in der Mauer. Die Geschichte der Fluchthilfe im geteilten Deutschland 1961-1989, München 2005

Diekmann, Kai (Hrsg.):
Die Mauer – Fotografien 1961-1992, Köln 2009

Diekmann, Kai / Reuth, Ralf Georg (Hrsg.):
Die längste Nacht, der größte Tag. Deutschland am 9. November 1989, München /Zürich 2009

Effner, Bettina / Heidemeyer, Helge (Hrsg.):
Flucht im geteilten Deutschland. Erinnerungsstätte Notaufnahmelager Marienfelde, Berlin 2005

Eisenfeld, Bernd / Engelmann, Roger:
13.8.1961: Mauerbau. Fluchtbewegung und Machtsicherung, Bremen 2001

Fleming, Thomas / Koch, Hagen:
Die Berliner Mauer. Geschichte eines politischen Bauwerks, Berlin 2001

Grafe, Roman:
Deutsche Gerechtigkeit. Prozesse gegen DDR-Grenzschützen und ihre Befehlsgeber, München 2004

Grafe, Roman:
Die Grenze durch Deutschland. Eine Chronik von 1945 bis 1990, München 2008

Grenzlandmuseum Eichsfeld:
Grenze – mitten in Deutschland. Begleitband zur ständigen Ausstellung im Grenzlandmuseum Eichsfeld, Heiligenstadt 2002

Harrison, Hope M.:
Ulbrichts Mauer. Wie die SED Moskaus Widerstand gegen den Mauerbau brach, Berlin 2011

Heidenreich, Ronny:
Beton zu Geld. Das Geschäft mit der Berliner Mauer, in: Kaminsky, Anna (Hrsg.): Die Berliner Mauer in der Welt, S. 236-249

Henke, Klaus-Dietmar (Hrsg):
Die Mauer. Errichtung, Überwindung, Erinnerung, München 2011

Hertle, Hans-Hermann:
Chronik des Mauerfalls. Die dramatischen Ereignisse um den 9. November 1989, Berlin 1996

Hertle, Hans-Hermann/Nooke, Maria:
Die Todesopfer an der Berliner Mauer 1961-1969, Ein biographisches Handbuch, Berlin 2009

Kaminsky, Anna (Hrsg.):
Die Berliner Mauer in der Welt, Berlin 2009

Kaminsky, Anna (Hrsg.):
Orte des Erinnerns. Gedenkzeichen, Gedenkstätten und Museen zur Diktatur in SBZ und DDR, Berlin 2007

Lehmann, Hans Georg:
Mit der Mauer leben? Die Einstellung zur Berliner Mauer im Wandel, in: Aus Politik und Zeitgeschichte, Bd. 33-34/86, S. 19-34

Nooke, Maria / Dollmann, Lydia:
Fluchtziel Freiheit. Berichte von DDR-Flüchtlingen über die Situation nach dem Mauerbau, Berlin 2011

Marxen, Klaus / Werle, Gerhard / Schäfter, Petra:
Die Strafverfolgung von DDR-Unrecht. Fakten und Zahlen. Herausgeben von der Bundesstiftung zur Aufarbeitung der SED-Diktatur und der Humboldt-Universität zu Berlin, Berlin 2007

Marxen, Klaus / Werle, Gerhard (unter Mitarbeit von Toralf Rummler und Petra Schäfter (Hrsg.):
Gewalttaten an der deutsch-deutschen Grenze. 2 Teilbände. Berlin u.a. 2002

Ritter, Jürgen / Lapp, Peter Joachim:
Die Grenze. Ein deutsches Bauwerk, Berlin 2009

Rott, Wilfried:
Die Insel. Eine Geschichte West-Berlins 1948–1990, München 2009

Sälter, Gerhard:
Grenzpolizisten. Konfomität, Verweigerung und Repression in der Grenzpolizei und den Grenztruppen der DDR 1952 bis 1965, hrsg. vom Militärgeschichtlichen Forschungsamt Potsdam, Berlin 2009

Sälter, Gerhard / Schaller, Tina / Kaminsky, Anna:
Weltende. Die Ostseite der Berliner Mauer. Mit heimlichen Fotos von Detlef Matthes, Berlin 2011

Schmidt, Leo:
Die Botschaft der Mauersegmente, in: Kaminsky, Anna (Hrsg.): Die Berliner Mauer in der Welt, S. 228-235

Sikorski, Werner / Laabs, Rainer:
Checkpoint Charlie und die Mauer. Ein geteiltes Volk wehrt sich, Berlin 2004

Thoß, Hendrik:
Gesichert in den Untergang. Die Geschichte der DDR-Westgrenze; Berlin 2004

Ullrich, Maren:
Geteilte Ansichten. Erinnerungslandschaft deutsch-deutsche Grenze, Berlin 2006

Wilke, Manfred:
Der Weg zur Mauer. Stationen der Teilungsgeschichte, Berlin 2011

Wolfrum, Edgar:
Die Mauer. Geschichte einer Teilung, München 2009

DVDS ZU MAUER UND INNERDEUTSCHER GRENZE

Der Mauerbau im DDR-Unterricht
DVD: Stiftung Aufarbeitung, FWU – das Medieninstitut der Länder

Die Berliner Mauer, 12-teilige DVD-Edition zum 20-jährigen Jubiläum des Mauerfalls

Ausführliche Informationen zur Geschichte der Berliner Mauer und der innerdeutschen Grenze finden sich auf der Webseite www.chronik-der-mauer.de
sowie auf der Internetseite der Gedenkstätte Berliner Mauer www.berliner-mauer-gedenkstaette.de.

FOTONACHWEIS

Titel: PETER LEIBING, Seite 6: VON DER BECKE/ULLSTEIN BILD, Seite 8: UNITED ARCHIVES/ULLSTEIN BILD, Seite 9: GRAFIK BILD ZEITUNG, Seite 10: HENRY RIES/THE NEW YORK TIMES/EPD, BETTMANN/CORBIS, Seite 11: ULLSTEIN BILD, Seite 12: ULLSTEIN BILD, Seite 13: PRESSEBILD-VERLAG SCHIRNER/DHM BERLIN, Seite 14: URHEBER UNBEKANNT, Seite 15: ERINNERUNGSSTÄTTE NOTAUFNAHMELAGER MARIENFELDE, Seite 16: PETER MÜLLER, PRIVAT, Seite 17: KEYSTONE/ULLSTEIN BILD, Seite 18: AKG IMAGES, Seite 19: KEYSTONE/ULLSTEIN BILD, Seite 20: AKG IMAGES/ULLSTEIN BILD, Seite 21: BUNDESARCHIV, ULLSTEIN BILD, Seite 22: PETER MÜLLER, PRIVAT, Seite 23: AP, Seite 24: HILDE/AKG IMAGES, Seite 25: PETER MÜLLER, Seite 26/27: BILD BERLIN, Seite 28: ALEX WAIDMANN/ULLSTEIN BILD, Seite 29: GEORGI/ULLSTEIN BILD, WERNER KRISCH/BUNDESARCHIV, POLIZEIHISTORISCHES ARCHIV BERLIN, Seite 30: BILD ZEITUNG, Seite 31: HERBERT MASCHKE/ULLSTEIN BILD, Seite 32: PETER MÜLLER, PRIVAT, Seite 33: MILLER/INTERFOTO, Seite 34: FRIEDRICH/INTERFOTO, Seite 35: HANK WALKER/GETTYIMAGES, Seite 36: URHEBER UNBEKANNT, W. ALBRECHT/ULLSTEIN BILD, Seite 37: W. ALBRECHT/ULLSTEIN BILD, RADKE/DAVIDS, Seite 38: BSTU, WILL MCBRIDE/BPK, Seite 39: HEINZ-JÜRGEN GOETTERT/DPA PICTURE-ALLIANCE, Seite 40/41: STICHA/ULLSTEIN BILD, Seite 42: AKG IMAGES, Seite 44: PETER LEIBING, BSTU, Seite 45: BSTU, TEUTOPRESS/ULLSTEIN BILD, Seite 46: BSTU, AP, Seite 47: CZECHATZ/ULLSTEIN BILD, Seite 48: PETER MÜLLER, Seite 49: AKG IMAGES/ULLSTEIN BILD, Seite 50: RALF ROLETSCHEK, PRIVAT, Seite 51: CHRISTIAN LOHSE, PRIVAT, Seite 52: PETER MÜLLER, Seite 53: BRAUBACH/ULLSTEIN BILD, Seite 54: BSTU, Seite 55: UPI/DPA PICTURE-ALLIANCE, PETER MÜLLER, Seite 56: PETER MÜLLER, Seite 57: BSTU, PRIVAT, Seite 58: WOLFGANG BERA/BILD BERLIN, Seite 59: DPA, Seite 60: URHEBER UNBEKANNT, Seite 61: GERT SCHUETZ/AKG IMAGES, Seite 62: PRIVAT, Seite 63: PETER MÜLLER, Seite 64: BSTU, Seite 65: JURISCH/ULLSTEIN BILD, Seite 66/67: AP, Seite 68/69: HORST SAKOWITZ, Seite 70/71: BSTU, HORST SAKOWITZ, Seite 72: DPA, Seite 73: PETER MÜLLER, PRIVAT, Seite 74: HORST SAKOWITZ, AP, Seite 75: AP, Seite 76/77: URHEBER UNBEKANNT, Seite 78: URHEBER UNBEKANNT, Seite 79: BSTU, Seite 80/81: DPA PICTURE-ALLIANCE, Seite 82: PRIVAT, Seite 83: PETER MÜLLER, Seite 84/85: BSTU, Seite 86: WOLF LUX, DEFD/DDP IMAGES, Seite 87: AP, Seite 88: WOLF LUX, PRIVAT, Seite 89: HANS WIEDL/DPA PICTURE-ALLIANCE, Seite 90: KLOSTERMEIER/AP/DDP IMAGES, AP, Seite 91: AP/DDP IMAGES, AP, Seite 92: PETER MÜLLER, NORBERT GANSER, Seite 93: PRIVAT, DPA PICTURE-ALLIANCE, Seite 94: DPA PICTURE-ALLIANCE, Seite 95: AP/AKG IMAGES, Seite 96: TOP FOTO/ULLSTEIN BILD, Seite 97: BSTU, Seite 98: MICHAEL HAHN, PRIVAT, Seite 99: RONDHOLZ/ULLSTEIN BILD, Seite 100/101: SAKOWITZ/ULLSTEIN BILD, Seite 102: BSTU, Seite 103: HGM-PRESS, BSTU, Seite 104: BSTU, Seite 105: WEYCHARDT/ULLSTEIN BILD, OTTO STARK/ULLSTEIN BILD, Seite 106/107: PETER MÜLLER, Seite 108-111: AP, Seite 112/113: BUNDESARCHIV, Seite 114/115: PETER MÜLLER, Seite 116: URHEBER UNBEKANNT, Seite 117: MÜLLER-SCHNECK/ULLSTEIN BILD, SVEN SIMON/ULLSTEIN BILD, Seite 118: SOEREN STACHE/DPA PICTURE ALLIANCE, Seite 119: ROBERT-HAVEMANN-STIFTUNG, Seite 120: THÜRINGEN PRESS/ACTION PRESS, Seite 121: HERMANN HISTORICA/INTERFOTO, Seite 122/123: SVEN SIMON/ULLSTEIN BILD, BSTU, Seite 124: HILDE/ULLSTEIN BILD, Seite 125: UPI/DPA PICTURE-ALLIANCE, Seite 126: MÜLLER-PREISSER/ULLSTEIN BILD, Seite 127: ANDREAS THELEN, PRIVAT, Seite 128/129: BERND MÜLLER/DPA PICTURE-ALLIANCE, Seite 130: CHRIS HOFFMANN/ DPA PICTURE-ALLIANCE, Seite 131: IRA SCHWARTZ/AP, BSTU, Seite 132/133: MÜLLER-PREISSER/ULLSTEIN BILD, Seite 134: PETER MÜLLER, Seite 136: KAMMERER/ULLSTEIN BILD, Seite 137: BSTU, Seite 138: INTERFOTO, Seite 139: BSTU, Seite 140: STIFTUNG HAUS DER GESCHICHTE BONN, Seite 142/143: MEHNER/ULLSTEIN BILD, Seite 144: PETER MÜLLER, Seite 145: PETER MÜLLER, PRIVAT, Seite 146: BSTU, Seite 147: BSTU, IMAGEBROKER/F1 ONLINE, Seite 148: CHYBIAK/ULLSTEIN BILD, Seite 149: MARIO GENTZEL/PICTURETEAM, PRIVAT, Seite 150/151: REINHARD FELDRAPP/FREELENS, GRAFIK BILD ZEITUNG, Seite 152: BSTU, Seite 153: GÜNTER SCHNEIDER/IMAGO, Seite 154/155: SCHERMER, Seite 156: RIHRBEIN/ULLSTEIN BILD, Seite 157: BUNDESARCHIV, Seite 158: SIPA/ULLSTEIN BILD, AP/SÜDDEUTSCHE ZEITUNG PHOTO, Seite 159: PETER, MÜLLER, BPA/ULLSTEIN BILD, Seite 160: DPA PICTURE-ALLIANCE, Seite 161: WEREK/ULLSTEIN BILD, DIRK EISERMANN/LAIF, Seite 162/163: DPA PICTURE-ALLIANCE, Seite 164: ANDREAS SCHOELZEL/FREELENS, Seite 165: ANDREAS SCHOELZEL/FREELENS, Seite 166: PETER MÜLLER, AP/ULLSTEIN BILD, Seite 167: ANDREE KAISER/CARO, KEMMETHER/DPA, BOUVET-MERILLOU/GAMMA, Seite 168: PETER MÜLLER, DPA PICTURE ALLIANCE/DPA, HANS-PETER STIEBING/SÜDDEUTSCHE ZEITUNG PHOTO, Seite 169: AP/ULLSTEIN BILD, Seite 170/171: PAUL LANGROCK/ZENIT/LAIF, Seite 172: DRESCHER/ULLSTEIN BILD, Seite 173: AURA, Seite 174: ALTWEIN/ULLSTEIN BILD, Seite 175: PRIVAT, Seite 176: DPA/ULLSTEIN BILD, UNITED PHOTOS/ULLSTEIN, Seite 177: BSTU, Seite 178: LOTHAR LIENICKE/GDT MARIENBORN/EPD, WOLFGANG KUMM/ DPA PICTURE ALLIANCE, Seite 179: UWE MEINHOLD/DAPD/DDP IMAGES, Seite 180: HEILKE HILLER/ULLSTEIN BILD, Seite 181: SIMON/ULLSTEIN BILD, JENS WOLF/ DPA PICTURE ALLIANCE, Seite 182/183: TRAPPE/CARO/ULLSTEIN BILD, Seite 184/185: TOPIC MEDIA, Seite 186: JOHN MARTORANO/THE ROYAL REAGAN PRESIDENTAL FOUNDATION, Seite 187: KEVORK, DJANSEZIAN/AP, Seite 189: MAURITIUS IMAGES, MARCO CRISTOFERI/AGE/F1 ONLINE, Seite 190: PRISMA/WALDHAEUSL, DPA PICTURE ALLIANCE/AFP, Seite 191: ISOPIX/ACTION PRESS, ECKELT/CARO, PETER UND JULIAN THOMANN/VISUM, Seite 192. IMAGEBROKER/F1 ONLINE, Seite 193: KAY KIRCHWITZ/STAR PRESS, Seite 194: PARWEZ, PATRICK LUX, ANJA JUNGNICKEL, SYBILL SCHNEIDER, THOMAS NIEDERMUELLER, Seite 195: FABRIZIO BENSCH/REUTERS, FRANK ZAURITZ, EVA OERTWIG/SCHROEWIG, Seite 196: JENS KOCH, PETER MÜLLER, Seite 197: FRANK ZAURITZ, Seite 198/199: OLIVER WALTERSCHEID/STAR PRESS, EVENTPRESS HERRMANN, BSTU= Der Bundesbeauftragte für die Unterlagen des Staatssicherheitsdienstes der ehemaligen DDR

DANK

Herausgeber und Autoren bedanken sich für die freundliche Unterstützung bei:

Lucie und Detlef Aagaard; Egon Bahr; Klaus Behling; Bundesarchiv;
Ingo, Egbert und Holger Bethke; Martina und Rudolf Bimbel; Irmgard Bittner;
Lovis und Maxim Brecht; Klaus Eppler; Michael F.; Michael Fleischman;
Brigitte Freudenberg (BSTU); Werner Friedrichsohn; Ursula Hagemann;
Dr. Hans-Hermann Hertle; Stefan Heyde; Roland Jahn; Harald Jäger; Toralf Jechorek;
Sven-Felix Kellerhoff; Dr. Hubertus Knabe (Gedenkstätte Hohenschönhausen);
Familie Alfred Kostbade; Professor Henning Köhler; Torsten Lenz-Frömmrich;
Jürgen Litfin; Ursula Mörs; Karin und Joachim Nietert;
Dr. Maria Nooke (Stiftung Berliner Mauer); Christa Paar und Familie;
Polizeihistorische Sammlung Berlin; Ingrid und Norbert Raasch;
Annelie Rosenmüller (BSTU); Elke Rosin; Dr. Gerhard Sälter
(Stiftung Berliner Mauer); Marianne und Günther Schemmel;
Meinhard Schmechel; Ernst-Otto Schönemann; Doris und Peter Strelzyk;
Rudi Thurow; Marita Ulbricht; Günter Wetzel; Hartmut Zuprit